DA
WAREN'S
NUR NOCH
NEUN

Wolfgang Schur
DA Günter Weick
WAREN'S
NUR NOCH
NEUN
Wie man auch die besten
Mitarbeiter vergrault

Eichborn.

1 2 3 4   04   03   02

© Eichborn AG, Frankfurt am Main, September 2002
Umschlaggestaltung: Moni Port
Lektorat: Ulrich Callenberg
Satz: Fuldaer Verlagsagentur, Fulda
Druck und Bindung: GGP Media, Pößneck
ISBN 3-8218-3949-X

Verlagsverzeichnis schickt gern:
Eichborn Verlag, Kaiserstraße 66, D-60329 Frankfurt/Main
www.eichborn.de

Inhalt

Vorbemerkungen

Mobbing für geschätzte Mitarbeiter?
Dass es Mobbing gibt, weiß inzwischen jeder. Ungeliebte Mitarbeiter und Kollegen sind die Opfer. Dass Unternehmen jedoch auch gute und geschätzte Mitarbeiter aktiv vergraulen, erscheint auf den ersten Blick seltsam. Und doch passiert es immer wieder – sogar viel häufiger als Mobbing. Man könnte vom »ganz normalen Wahnsinn« reden: Jeden Tag kündigen Tausende ihren Job, weil ihre Arbeitgeber grundlegende Fehler gemacht haben. Diese typischen Fehler sind in diesem Buch beschrieben.

Nützt weder dem Unternehmen noch dem Mitarbeiter: die innere Kündigung
Nicht jeder kann seinen Job einfach so hinwerfen. Es gibt Zwangslagen, die vielen Mitarbeitern die konsequente Trennung erschweren oder gar vollkommen verwehren. Nichts wäre aber falscher als anzunehmen, dass solche Menschen weniger schlimm unter solchen Fehlern litten. Anstatt einmal auf den Tisch zu hauen und einen fulminanten Abgang hinzulegen, müssen diese Mitarbeiter die falsche Behandlung in sich hineinfressen. Sie fühlen sich gedemütigt. Die Arbeit wird zur Qual – der Chef zum Feind. Unter diesen Voraussetzungen kann weder für den Mitarbeiter noch den Arbeitgeber viel Positives entstehen.

Nur in Unternehmen?
Das Phänomen zeigt sich überall dort, wo Menschen beschäftigt werden. Um im Text nicht ständig alle Organisationen aufzählen zu müssen, haben wir uns mit dem Begriff »Unternehmen« begnügt. Wenn Sie also in einer Behörde arbeiten, sollten Sie im Geiste einfach »Unternehmen« durch »Behörde« ersetzen. Als Mitarbeiter eines Krankenhauses lesen Sie »Krankenhaus«. Und so weiter.

Für wen dieses Buch geschrieben wurde
Dieses Buch richtet sich in erster Linie an Beschäftigte – aber auch Manager finden viele Denkanstöße darin. Allerdings sollten Manager keine konkreten Handlungsempfehlungen erwarten. Ein Buch zu diesem Thema kann nur immer eine Seite vertreten.

Wie Sie dieses Buch lesen sollten

Auch in diesem Buch möchten wir wieder gute Unterhaltung und Wissensvermittlung koppeln. Dazu haben wir drei Textebenen deutlich unterschieden: Die Romanhandlung, die Beschreibung typischer Fehler und Vorschläge, wie damit umzugehen ist. Wir empfehlen Ihnen, sich einfach in den Romanteil zu begeben und der Handlung zu folgen. Wann immer ein typischer Managementfehler im Umgang mit guten Mitarbeitern darin vorkommt, ist diesem ein eigener Absatz gewidmet. Sollte Sie dieser Fehler überhaupt nicht tangieren, lesen Sie einfach den Roman weiter. Falls Ihnen das Beschriebene jedoch vertraut vorkommt oder Sie sich dafür interessieren, lesen Sie die Fehlerbeschreibung. Zur Warnung: Wir haben in diesen Abschnitten gar nicht erst versucht, fair oder umfassend zu sein. Vielmehr geben wir die Gefühlslage wieder, die bei betroffenen Mitarbeitern gemeinhin herrscht. Gefühle sind in den wenigsten Fällen rational und sie malen grundsätzlich schwarzweiß. Genau das haben wir ebenfalls getan. Wenn Sie sich nach dem Studium eines solchen Abschnittes als Betroffener betrachten, sollten Sie auch die Reaktionsempfehlungen lesen. In diesem Abschnitt geben wir Tipps, bringen aber auch häufig die Sichtweise des Unternehmens ein. Sofern nötig, relativieren wir die Wahrnehmung der Mitarbeiter. Lassen Sie sich einfach darauf ein und nutzen Sie den Text für eine Reflektion Ihrer eigenen Situation – und Ihrer Emotionen. Neben den typischen Fehlern haben wir noch drei sogenannte »Grundwahrheiten« in den Text eingebaut. Diese behandeln drei Themen, die für jeden Beschäftigten existentiell wichtig sind. Sie seien allen Lesern empfohlen.

Flapp! Karlo Degenhardt ließ die Visitenkarte gekonnt auf die Theke schnalzen. »Zu Herrn Personalvorstand Dr. Bossert bitte.« Er blinzelte über das futuristisch anmutende Halbrund der Empfangstheke hinweg auf die hinter Lea Richter hängende Uhr. Die Empfangsdame verstand. »Gerne, Herr Degenhardt, ich melde Sie sofort an.« Sie tippte ein paar Ziffern ein und senkte den Blick, um deutlich zu machen, dass sie nun in das Headset sprach. »Hier Richter, Empfang. Herr Degenhardt ist da für Herrn Dr. Bossert – gut, ich sage ihm Bescheid.« Lea Richter blickte wieder auf. »Einen Moment, Sie werden gleich abgeholt. Nehmen Sie doch bitte in der Zwischenzeit dort drüben Platz.« Sie deutete auf eine Sitzgruppe in der anderen Hälfte der Empfangshalle. Degenhardt bedankte sich und schlenderte über den spiegelnden Marmorboden zu den Sitzgelegenheiten für wartende Gäste. Dabei musterte er diskret jeden, der ihm ins Blickfeld geriet. Er ließ sich auf einem der zu tiefen Ledersofas nieder und nahm sich, immer noch die passierenden Menschen im Auge, die »Financial Times« vom Glastisch.

»So ein Schnösel«, murmelte eine Stimme hinter Lea Richter. Sie fuhr herum und sah Oliver Knoff ärgerlich an. »Pssst!« Lea legte den Zeigefinger an die Lippen, und Oliver machte eine beschwichtigende Handbewegung.

»Probiert noch einmal die Rufumleitung aus. Ich hoffe, es funktioniert jetzt.«

Seit die AGATI AG eine computergestützte Telefonanlage einsetzte, war Knoff regelmäßiger Gast im Empfangsbereich. Der Systemadministrator wurde angefordert, wenn etwas nicht funktionierte. Und es kam häufig vor, dass etwas nicht funktionierte. Vielleicht riefen ihn Lea Richter und ihre beiden Kolleginnen aber auch nur deshalb so oft, weil Oliver lange, schwarze Haare und einen knackigen Hintern hatte. Möglicherweise dauerten im Gegenzug Olivers Einsätze im Empfangsbereich so lange, weil Lea Richter mit ihren vierzig Jahren eine sehr attraktive Frau war.

Lea drückte einen Knopf und gab testweise eine Rufnummer ein: »Die Rufumleitung geht. Fragt sich nur wie lange!«

Oliver zog die Schultern hoch. »Was erwarten Sie? Das sind halt Computer.« Dabei schielte er auf Degenhardts Visitenkarte, die noch auf der Theke lag.

»*High Potential Consulting*, was soll denn das heißen?«

Lea warf ebenfalls einen Blick auf die Karte. »Das ist eine Personalberatung. Und der Herr sieht richtig teuer aus. Mich würde interessieren, was da wieder im Busch ist.«

»Soll ich mal versuchen, etwas herauszubekommen?«, fragte Oliver. »Ich bin heute Nachmittag in der Personalabteilung. Die können schon wieder nicht drucken.«

»Ja, gute Idee. Aber machen Sie es bitte dezent. Okay?«

Zehn Meter weiter schüttelte Dr. Bosserts Sekretärin Herrn Degenhardt die Hand und bat ihn, ihr zum Aufzug zu folgen.

»Selbstverständlich bewegt sich das Verfahren preislich auf einem anderen Niveau als die Arbeit irgendeiner Headhunter-Klitsche.« Karlo Degenhardt rümpfte bei den letzten Worten die Nase, und in den Köpfen der Anwesenden formte sich ein Bild von schlecht gekleideten, verschwitzt riechenden Menschen. Die Anwesenden, das waren Dr. Michael Bossert, Personalvorstand der AGATI AG, und Pirmin Beutel, der Finanzvorstand. Beutel war nun wirklich nicht kleinkariert, gerade wenn es um so wichtige Dinge wie den Führungsnachwuchs von AGATI ging. Aber als Degenhardt endlich damit herausgerückt war, wie viel die *High Potential Consulting* für das Recruiting und die Auswahl von gerade einmal zehn Trainees verlangte, da hatten Beutels Augen doch deutlich gezuckt. Fast hatte Bossert geglaubt, auf Beutels Stirn die Adern hervortreten zu sehen.

»Aber 200.000 Euro – das ist doch Wahnsinn für zehn Berufsanfänger!« Beutel schüttelte demonstrativ den hageren Kopf.

Bossert unterstützte ihn. »Was machen Sie denn da schon groß? Eine Anzeige schalten, dann Vorauswahl und am Ende drei Assessments für je zehn Teilnehmer. Dafür komme ich bei großzügiger Berechnung auf die Hälfte.«

Degenhardt rümpfte wieder die Nase. »Anzeigen! Wer schaltet denn heute noch Anzeigen, wenn er wirklich erstklassige Bewerber sucht? Ich gehe doch davon aus, dass sich AGATI nicht mit dem Mittelmaß zufrieden gibt, das Sie über Anzeigen bekommen. Wir haben an den wichtigsten europäischen

Hochschulen Scouts, die dort die High Potentials schon lange vor Abschluss ihres Studiums herausfiltern. Das kostet Geld, wie Sie sich sicher vorstellen können. Eine Menge Geld.«

Degenhardt blickte leicht unwillig in die Runde.»Also, wenn Sie eher mittelmäßiges Material wollen, dann können wir auch mit Anzeigen arbeiten. Aber so hatte ich Ihren Vorstandsvorsitzenden Herrn Großknecht nicht verstanden.«

Beutel blickte kurz zu Bossert, der zuckte nur hilflos mit den Schultern.

»Machen Sie uns ein Angebot über 180000 Euro«, knurrte Beutel unzufrieden.

»Und fangen Sie gleich an«, ergänzte Bossert.»Herr Großknecht möchte in drei Monaten Erfolge sehen.«

»Sag mal«, fragte Beutel seinen Freund und Kollegen Bossert mit verständnislosem Blick, nachdem Degenhardt sich verabschiedet hatte,»wir haben doch schon ein Trainee-Programm, für das wir jedes Jahr ein paar Leute einstellen. Das läuft doch ganz ordentlich, oder?«

»Ja«, nickte Bossert.»Das führen wir auch dieses Jahr wieder durch. Aber Großknecht ist vor drei Wochen vom ›World Economic Forum‹ zurückgekommen. Von da bringt er doch jedes Mal irgendwas mit. Diesmal hat ihm wohl jemand erzählt, dass man beim Führungskräftenachwuchs klotzen muss. Seitdem ist ihm alles zu kleinkariert, was wir hier bisher gemacht haben. Er will ein Programm sehen, das andere vor Neid erblassen lässt.«

»Und was machen wir mit den Leuten, die wir da einstellen?«

»Großknecht hat zugestimmt, in ein paar Bereichen Planstellen aufzustocken, damit wir sie irgendwo unterbringen. Aber brauchen – wirklich brauchen tun wir die Neuen nicht.«

Nachmittags um 4 Uhr bewegte sich schon ein deutlicher Strom von Mitarbeitern am Empfang vorbei zum Ausgang. Die AGATI AG war ein Hightech-Unternehmen und die modern gestaltete Eingangshalle unterstrich diesen Anspruch. Doch ab einer bestimmten Größenordnung unterscheidet sich die Atmosphäre im Gebäude einer Chip-Schmiede nicht wesentlich von der Atmosphäre in einer Bank oder Versicherung. Und mit über 10.000 Mitarbeitern hatte die AGATI AG diese Größenordnung locker erreicht. So entsprach kaum einer der Mitarbeiter, die nun dem Ausgang zustrebten, dem Klischee des modernen Technik-Freaks. Nicht Turnschuhe und T-Shirts mit frechen Aufdrucken beherrschten das Bild, sondern teure Lederschuhe, Anzüge und Kostüme. Mit einer Ausnahme. Und die stand, ein Kabel in der Hand, zwischen Lea Richter und einer ihrer Kolleginnen.

»Ich weiß, was los ist!«, berichtete Oliver Knoff stolz. »Die planen ein Trainee-Programm.«

»Und wie haben Sie das herausbekommen?«

»Ich habe Bosserts Sekretärin gefragt, was das für ein Schnösel ist, der heute Vormittag da war.«

Lea Richter griff mit der Hand an die Stirn. »Diskret sollten Sie es herausbekommen!«

»Ach was, Frechheit siegt.«

Lea runzelte die Stirn. »Ich wundere mich nur, warum die dafür diesmal eine Beratungsfirma engagieren. Wir haben hier doch jedes Jahr ein solches Programm. Und das hat bisher immer die Personalabteilung selbst durchgeführt.«

»Ja, das habe ich Bosserts Sekretärin auch gefragt«, nickte Oliver. »Wir haben die Trainees doch auch immer eine Weile bei uns in der EDV. Aber sie meinte, diesmal wäre das etwas anderes. Da soll ein Riesenaufstand gemacht werden. Mit besonders hochqualifizierten Leuten. Und einem sehr aufwändigen Programm. Alles sauteuer.«

»Dann werden wir hier wohl bald einige gute Leute verlieren«, sinnierte Lea.

»Was?« Oliver zog die Stirn in Falten. »Die wollen welche einstellen, nicht verlieren.«

»Ich habe so etwas schon einmal erlebt«, klärte Lea ihn auf. »Darauf können Sie wetten!«

Fehler 1:
Vernachlässige die guten Mitarbeiter, die du bereits hast

Gute Mitarbeiter – so die allgemein akzeptierte Meinung – sind unverzichtbar. Ohne ausreichend viele, gut qualifizierte Menschen läuft weder in Fertigungsbetrieben noch in Dienstleistungsunternehmen und Behörden etwas. Nicht einmal die teuerste, vollautomatische Maschine kommt ohne qualifiziertes Bedienungs- und Wartungspersonal aus. Einige Branchen sind in ihrem Wachstum allein durch den Mangel an Spezialisten beschränkt. In anderen Branchen mag das weniger offensichtlich sein. Aber auch dort hängt das Wohl und Wehe ganzer Betriebe letztendlich davon ab, inwieweit es ihnen gelingt, qualifizierte und motivierte Menschen an sich zu binden. Nur mit guten Leuten kann sich ein Unternehmen im harten Wettbewerb behaupten. Längst wurde allerorten der »Kampf um die besten Köpfe« ausgerufen.

Unternehmen betreiben heute beträchtlichen Aufwand für die Rekrutierung. Das beginnt bei großen Konzernen bereits mit Hochschulmarketing – speziellen Scouting-Veranstaltungen an Universitäten und kostenlosen Seminar- und Konferenzangeboten für gute Studenten. Im Internet laufen zudem ständig »Recruitment«-Spiele, in deren Verlauf die Konzerne die »Diamanten« aus dem »allgemeinen Geröll« herauswaschen und für sich vereinnahmen wollen. Die Unternehmen versuchen gute Mitarbeiter vom Wettbewerber aktiv abzuwerben. Headhuntern werden inzwischen selbst für die Besetzung weniger wichtiger Positionen dicke Beträge überwiesen. Schließlich weiß jeder: Gute Mitarbeiter sind unbezahlbar.

Und genau da fängt es an, paradox zu werden!

»Gute Mitarbeiter sind unbezahlbar.« Dieser Spruch scheint in den meisten Firmen nämlich nur für jene Mitarbeiter zu gelten, die man noch nicht hat. Für die Neuen also. Für die Unerfahrenen. Für die Greenhorns. Für die, die erst noch geformt werden müssen. Für die, die erst einmal zu integrieren sind. Für die, über deren Leistungsfähigkeit man nur spekulieren kann. In die man erst einmal viel Geld und Zeit investieren muss, damit sie irgendwann einmal für das Unternehmen produktiv sind. Für solche Personen wird enormer Aufwand in finanzieller und personeller Sicht betrieben.

Der Spruch »Gute Mitarbeiter sind unbezahlbar« scheint dagegen ausdrücklich nicht für die Mitarbeiter zu gelten, die bereits im Unternehmen beschäftigt sind. Also nicht für die, die die Firma, ihre Produkte und Kunden bereits kennen. Die alle Abläufe aus dem Effeff beherrschen. Die über Jahre ihre Leistungsfähigkeit »am realen Objekt« bewiesen haben. Diese Mitarbeiter sind unattraktiv. Dem Unternehmen irgendwie zugefallen. Keiner kommt auf die Idee, dass diese Leute auch wieder gehen könnten. Für das Management sind sie Bestandteil des Inventars, in dessen Pflege man nur so wenig wie möglich investieren möchte. »Was? Drei Prozent Gehaltserhöhung? Das können wir uns überhaupt nicht leisten! Und außerdem: Ich habe jetzt keine Zeit. Wir haben da gerade ein wichtiges Projekt. Wir wollen fünfzig neue Leute einstellen. Nur die Besten natürlich. Die werden frischen Wind in diesen Laden bringen. Wird höchste Zeit.«

Es fällt immer wieder auf, dass sich Führungskräfte nur zu gerne auf Programme zur Anstellung neuer Mitarbeiter stürzen. Sicherlich gibt es mehrere Gründe dafür. Unter anderem ist es einfach viel aufregender, neue Mitarbeiter zu suchen, als das langweilige Tagesgeschäft zu betreiben. Man kommt mit neuen Leuten zusammen – meist mit sehr interessanten. Es herrscht Aufbruchstimmung. Etwas Neues soll gemacht werden! Man kann in Visionen schwelgen und die rosigsten Zukunftsbilder entwerfen. Man kann sich an den leuchtenden Augen und geröteten Wangen der beeindruckten Aspiranten ergötzen. Oder sich angesichts der aufgeregten und heimlich schwitzenden Bewerber einfach so herrlich überlegen fühlen. Mit anderen Worten: Man kann als Führungskraft aus solch einem Programm enorme persönliche Befriedigung für sich herausziehen.

Wenn das Programm zudem noch vom Top-Management initiiert wurde, kann sich die »normale« Führungskraft zusätzlich noch profilieren und nach oben Unterstützung demonstrieren. Außerdem schafft die Beteiligung an der Personalauswahl in einem sehr frühen Stadium Bindungen, die später nützlich sein können. Schließlich sind »Newhires« wie frischgeschlüpfte Entchen: Sie sagen zu dem, den sie zuerst sehen »Mama«. Oder denken zumindest: »Vorgesetzter«. Oder: »wichtiger Obermacher«. Und das ist für die Chefs ein Wert für sich. Es ist für Führungskräfte nämlich von Vorteil, an möglichst vielen Stellen Leute sitzen zu haben, die in ihrem Herzen ein Bild von ihnen tragen – versehen mit dem Begleitzettel »wichtig«. Essentiell ist das natürlich im eigenen Verantwortungsbereich. Das ist auch einer der Gründe, weshalb viele Chefs einen wichtigen Job lieber mit einem Firmenfremden als mit eigenen Mitarbeitern besetzen: Diese kennen die kleinen Schwächen und Fehler ihres neuen Chefs schlicht nicht.

Die vorhandenen Mitarbeiter sind im Vergleich dazu ziemlich unattraktiv.

Sie kennen die Schwächen und Fehlleistungen ihrer Vorgesetzten. Außerdem sind sie so ernüchternd realistisch. Sobald der Chef ihnen die schillernde Vision vom dienstleistungsorientierten Hightech-Unternehmen malt, kommen sie mit so destruktiven Fragen wie der, weshalb zum Teufel dann Entwicklungsprojekte gestrichen und der Kundendienst reduziert wurden. Oder weshalb die meisten Techniker denn immer noch ohne ein bestimmtes, teures Messgerät auskommen müssen. Diese Mitarbeiter stecken einfach zu sehr im Tagesgeschäft. Und Tagesgeschäft steht tendenziell nicht für »Aufbruch« und »Freude«, sondern eher für »Zwänge« und »ständigen Ärger«. Und Ärger sollte man sich als Führungskraft bekanntlich weitmöglichst vom Leib halten. Wozu ist man denn hier Chef geworden?!

Eine solche Einstellung wäre im Grunde für die Unternehmen nicht besonders dramatisch – wenn die Manager bloß ihre Klappe halten könnten. Genau das können sie aber häufig nicht. Sie schmieren ihren Mitarbeitern stattdessen ständig aufs Brot, dass sie die Neuen für spannender halten. Beispiel Personalsuche: Weil die für sie selbst eine so aufregende Sache ist, erzählen sie auch ihren Mitarbeitern ausführlich von dem Projekt. Sie plappern davon, dass das Unternehmen »ein Vermögen ausgibt«, »nur die Besten sucht«, den Gefundenen eine Ausbildung angedeihen lassen will, »wie sie noch keiner je bei uns bekam«, und so weiter und so weiter und so weiter.

Aus irgendeinem Grund machen sich viele Führungskräfte dabei nicht im mindesten Gedanken darüber, was solche Schilderungen bei ihren Mitarbeitern auslösen. Sie denken gar nicht daran, wie sich wohl jemand fühlen mag, dem ein einzelner Fortbildungstag (weil es das Tagesgeschäft nicht zuließ ...) verweigert wurde, wenn er erfährt, dass die Neuen ein zweijähriges Programm durchlaufen. Viele Führungskräfte scheinen sich auch nicht die Reaktion eines Mitarbeiters vorstellen zu können, der bei der letzen Gehaltserhöhung nicht besonders großzügig bedacht wurde (weil die Firma angeblich das Geld nicht hat), wenn er erfährt, dass sich das Unternehmen entschlossen hat, den Neueinsteigern Gehälter anzubieten, die selbst im Verhältnis zu den Großen der Branche als extrem attraktiv gelten dürfen.

Indem die Führungskräfte all das Gute, was den Neuen widerfahren soll, in leuchtenden Farben malen, machen sie ihren Untergebenen doppelt bewusst, wie sehr sie im Abseits stehen. Unzufriedenheit ist damit vorprogrammiert. Dazu bedarf es nicht einmal des Kardinalfehlers überhaupt, nämlich einem erfahrenen Mitarbeiter einen solchen Grünschnabel vor die Nase zu setzen.

Naturgemäß ist die Unzufriedenheit vor allem bei jenen am größten, die sich bisher als »High Potentials« und »Leistungsträger« verstanden haben.

Also bei denjenigen, die bis zu diesem Zeitpunkt selbst im Scheinwerferlicht standen. Diese Leute erleben plötzlich, wie es ist, im Dunkeln zu stehen. Sie reiben sich die Augen und denken: »Jetzt ist es aus! Ich bin abgeschrieben!«

Aber wenn sie wirklich gut sind, dann gibt es für sie natürlich auch Angebote. Headhunter und konkurrierende Unternehmen lecken sich die Finger nach Leuten, die als »High Potentials« eingestellt wurden, ihre Praxiserfahrung gesammelt haben und nun bereit sind zu wechseln. Sobald unzufriedene Mitarbeiter einmal damit anfangen, ihre Fühler nach außen zu strecken, ist es gar nicht mehr zu verhindern, dass der ein oder andere geht. Denn für den Abwerber ist dieser »alte Mitarbeiter« ein neuer und aufregender Kandidat. Gerade deshalb, weil er erfahren ist.

Was betroffene Mitarbeiter tun können

Wenn Sie sich als aktueller oder künftiger Leistungsträger im Zuge von Neueinstellungen plötzlich zur Seite gedrängt fühlen, brauchen Sie nicht sofort in die innere oder gar reale Kündigung zu emigrieren. Sie können sich zunächst einmal klarmachen, dass das einfach der Lauf der Dinge ist und dass es den Neuankömmlingen in einigen Jahren kein bisschen anders ergehen wird als Ihnen jetzt.

Im nächsten Schritt können Sie dann die Situation zu Ihrem Vorteil nutzen. Das geht ganz hervorragend. Die Tatsache, dass Chefs die vorhandenen Mitarbeiter allzu gerne als Inventar betrachten, bedeutet nämlich nicht, dass Sie wirklich ein solch stummer und unbeweglicher Einrichtungsgegenstand sind. Im Gegenteil: Sie können auf Ihren Chef zugehen und Ihre Wünsche und Forderungen deutlich formulieren. Mehr als das: Sie sollten es sogar! Sie haben jede Menge Munition. Es gibt selten bessere Gelegenheiten, um an mehr Geld, mehr Verantwortung oder mehr Freiraum zu kommen. Denn auch wenn die Chefs den Gedanken, Sie könnten das Unternehmen verlassen, ganz bewusst verdrängen, so werden sie doch hochsensibel, wenn sie mit dieser Möglichkeit tatsächlich konfrontiert werden. Frei nach dem Motto: »Ich will ja nicht drohen, aber wie soll ich mich hier noch motivieren, wenn ich mit ansehen muss, wie ich im Verhältnis zu diesen Grünschnäbeln behandelt werde?« Wer dabei ein wenig beharrlich ist, der wird anschließend feststellen, dass eine Neueinstellung ihm persönlich einen deutlichen Schub gegeben hat – auch wenn das die Personalverantwortlichen eigentlich gar nicht im Sinn gehabt hatten.

Eine nützliche Taktik besteht darin, dem Chef anzubieten, für einen der Neuen eine »Patenrolle« zu übernehmen. Schließlich brauchen die armen Neuen jemanden, der sie real und mental während ihrer ersten Zeit begleitet. Wenn Ihr Chef Ihnen diese Rolle gibt, haben Sie mehrere Fliegen mit einer Klappe geschlagen. Zum einen nimmt Ihr Chef an, dass Sie im Interesse des Unternehmens agieren und bereit sind, Verantwortung zu übernehmen. Das macht dem Chef nochmals deutlich, dass Sie wertvoller sind als der Neue. Das Gefühl, in den Augen Ihres Chefs – und den Augen derjenigen, die das mitbekommen – in einer anderen Klasse zu spielen als der Neue, ist auch für Sie sehr angenehm. Dazu kommen noch weitere, nette Nebeneffekte. Beispielsweise akzeptiert der Neue Sie automatisch als überlegen. Und Sie können ein wenig Personalführung üben. Außerdem – und das sollten Sie keinesfalls vergessen – hilft es dem Neuen ja auch wirklich, sich besser zurechtzufinden.

Was, wenn der Chef nicht bereit ist, Ihnen die Bedeutung zukommen zu lassen, die Sie verdienen? Dann sollten Sie Ihre Fühler ausstrecken. Es gibt woanders Chefs, für die Sie genau der spannende neue Mitarbeiter sind, den sie gerade suchen.

Fazit: Es wäre vollkommen unnötig, dass Neueinstellungen zum Anlass von Kündigungen guter bestehender Mitarbeiter werden. Wenn die Vorgesetzten nur ein wenig mehr zu würdigen wüssten, was sie an ihren Mitarbeitern haben, und sich entsprechend sensibler verhielten. Mit etwas Selbstvertrauen und entschiedenen Schritten können Mitarbeiter aber dafür sorgen, dass sich die Situation zu ihrem Vorteil wendet.

»Prost, Susi!« Martin Guters Stimme zitterte ein wenig vor Aufregung ob der tollen Neuigkeiten, die er zu berichten hatte.

»Prost Martin. Ich bin fast neidisch auf dich.« Susanne Klein war seit einem Jahr mit Martin befreundet und spürte zum ersten Mal so etwas wie Eifersucht in sich aufsteigen. Seltsamerweise nicht auf eine andere Frau, sondern auf ein Unternehmen. Schon als Martin sie zum Essen bei diesem sündhaft teuren Italiener eingeladen hatte, war ihr klar gewesen, dass er das Assessment bei AGATI bestanden hatte. Und sie freute sich ja auch für ihn. Nur kam ihr dieser exklusive Rahmen auch ein wenig vor wie der Abschied von der schönen gemeinsamen Zeit als Studenten in Frankfurt. Sie hatte noch ein Jahr Studium vor sich. Martin dagegen würde nun in die aufregende Welt eines Großunternehmens einsteigen. Ohne sie. Und daher wollte bei ihr nicht die rechte Freude aufkommen angesichts der aufgeregt vorgetragenen Schilderungen ihres Freundes.

»Stell dir vor, die haben fast einhundert Bewerber getestet!«, strahlte er. »Und davon haben sie dreißig zum Assessment eingeladen. Nur zehn davon haben das bestanden. Und wer ist dabei? Dein Martin!« Er setzte das Glas ab, atmete einmal tief durch und ballte siegessicher die Faust. »Ich glaub', ich hab's geschafft. Die Zukunft kann nur gut werden!«

»Was haben die denn jetzt mit euch vor?«, fragte Susi, weniger aus echtem Interesse, sondern mehr, um zu erfahren, ob er denn wenigstens in der Stadt bliebe.

»Das ist ein Wahnsinnsprogramm«, begann Martin mit vollem Mund, ehe er schnell die Nudeln herunterschluckte. »Zunächst mal haben wir eine Woche hier in der Zentrale. Da präsentiert jeden Tag ein anderer Manager seinen Bereich. Das sind wirklich hohe Tiere! Und die nehmen sich einen ganzen Tag Zeit für uns. Allein daran merkt man schon, wie wichtig wir denen sind. Nach der ersten Woche wird dann jeder von uns einem Geschäftsbereich zugeordnet, in dem er sein Trainee-Programm beginnt. Und dann wird regelmäßig rotiert. Begleitend gibt es immer wieder Trainings außerhalb der Firma. Verkaufstrainings, Präsentationstrainings und solche Sachen. Wenn ich da durch bin, dann bin ich ein Crack, verlass dich drauf.« Er stopfte sich eine Gabel Nudeln in den Mund und kaute schnell, um weitersprechen zu können. »Was das alles kosten muss«, begann er wieder, kaum dass sein Mund leer war, »das muss sich ein Unternehmen erst mal leisten können. Aber die AGATI ist schon ein riesiger Laden. Ich bin mir sicher, dass ich da auch bald ins Ausland komme. Und unheimlich aufregende Jobs mache. Toll. Einfach toll!«

Susi prostete ihm wieder zu. »Ich freue mich für dich.« Sehr überzeugend klang es nicht, war es auch nicht gemeint. Vor ihrem inneren Auge sah sie ihren Martin in der Business Class eines Transatlantikfluges mit der Stewardess flirten. Sie schüttelte den Kopf, um das Bild loszuwerden und lächelte Martin an. »Heb mir bloß nicht ab, okay?«

Zwei Monate später saß Martin Guter mit Jürgen Dreher, einem Co-Trainee, in einer Eckkneipe in der Nähe der AGATI AG. Jürgen hatte eine Menge Angebote in der Tasche gehabt. Warum er sich letztlich für die AGATI AG als

Einstieg ins Berufsleben entschieden hatte? Wohl in erster Linie, weil ihm elektronische Schaltkreise spannender, interessanter erschienen waren als Lastwagen, Haarshampoo oder Möbel – also die Produkte jener Firmen, mit denen er sonst noch im Gespräch gewesen war. Dass die AGATI ein bombastisches Trainee-Programm angeboten hatte, war nur das Sahnehäubchen gewesen.

Jürgen war immer ein Streber gewesen. Einer, der einfach Spaß dabei hatte, etwas zu lernen und dann anzuwenden. Und einer, der früh zu der Auffassung gelangt war, die besten Noten an Schule und Universität würden in der Zukunft das dickste Bankkonto garantieren. Diese grundsätzlich pragmatische Linie hatte er nur ein einziges Mal verlassen: eben als er sich für die vermeintlich spannendere Firma als Arbeitgeber entschieden hatte. Darüber ärgerte sich Jürgen jetzt. Und weil dieser Ärger nach drei Bier immer noch nicht nachgelassen hatte, bestellte er sich ein viertes.

»Wir müssen morgen früh raus«, versuchte Martin Guter ihn zu bremsen. Die beiden gingen öfter in diese Kneipe. Ihre Trainee-Laufbahn hatte gemeinsam in der Abteilung Abrechnungskontrolle begonnen und so hatten sie sich näher kennen gelernt.

»Ach was, das ist doch egal«, knurrte Jürgen in sein Bierglas. »Morgen machen wir wieder den gleichen Mist wie heute. Das kann ich nach drei Wochen schon aus dem Rückenmark. Wenn das die Aufgaben sind, die bei der AGATI auf uns warten, dann gute Nacht.«

Martin sah Jürgen betreten an: »Ganz Unrecht hast du nicht. Mir gibt zu denken, dass einer von uns nach dem Programm tatsächlich in der Abrechnungskontrolle landen wird. Ich will nicht überheblich wirken, aber dafür sind wir definitiv überqualifiziert.«

Jürgen nahm einen Schluck aus dem frischen Glas Bier, das der Kellner gerade gebracht hatte. »Ich habe gehört, dass der Vorstandsvorsitzende persönlich die Abteilungen ausgewählt hat, in die wir nach dem Training kommen. Nach welchen Kriterien hat der das bloß entschieden?«

»Vielleicht hat er gewürfelt.«

Am nächsten Morgen marschierte Martin Guter mit einem Packen Papier in der Hand durch die Gänge. Der Kopf brummte ihm noch vom Vorabend. Nach derart massivem Bierkonsum bekam er stets einen schrecklichen Kater.

Auf den Blättern, die er trug, waren peinlich genaue Aufstellungen von Reisekosten gelistet, zum Teil rot markiert oder mit Anmerkungen versehen. Martin und Jürgen hatten diese Listen seit zwei Tagen bearbeitet – gelangweilt und mit steigendem Murren. Sie verstanden nicht, warum ausgerechnet sie dafür eingesetzt wurden, die Reisekosten von Vertriebsbeauftragten zu kontrollieren. Das ging Martin durch den Kopf, als er sich durch die Schwingtür zur Abteilung »Vertrieb Systemkomponenten« zwängte. Die Büros, an denen er vorüberging, waren leer. Der Gang erweiterte sich am Kopfende zu einem Vorraum, in dem sonst die beiden Vertriebsassistentinnen saßen. Doch auch sie waren nicht zu sehen. Aus einem der Zimmer hörte er das Klingeln eines Telefons.

»Hallo?«, rief Martin, in der Hoffnung, irgendjemand könne ihm sagen, wo der Stapel Papier hingehörte. Keine Antwort. Nur das Klingeln des Telefons sägte an seinen Nerven. Da fiel sein Blick auf die Planungstafel an der Wand hinter einem der Schreibtische im Vorraum: »Dienstag – Monatsreporting«. Die Leute saßen also alle irgendwo in einem Besprechungsraum und der Vertriebsleiter ließ sich von den Verkäufern über die laufenden Projekte berichten. Das Telefon hörte kurz auf zu klingeln, um dann sofort wieder loszulegen. Martin legte die Papiere auf einen der Schreibtische und machte sich auf den Rückweg. Als er das Zimmer passierte, in dem das Telefon Sturm läutete, blieb er stehen. »M. Michalski – Vertrieb Süd« stand auf dem Schild neben der Tür. Bei jedem Klingeln des Telefons wurde Martins Kopfschmerz stärker. Kurzentschlossen ging er in das Büro und nahm den Hörer ab. »AGATI AG, Guter?«, meldete er sich unsicher.

»Gott sei Dank! Endlich meldet sich jemand! Wo ist denn Herr Michalski? Ich brauche ihn dringend!«

»Ich bin hier zufällig vorbeigekommen«, stotterte Martin – und dachte, dass diese Antwort wohl nicht sehr professionell gewesen war. »Ich kann ihm einen Zettel hinlegen. Er ist in einer Besprechung. Ich weiß aber nicht wo.«

»Nein, ich kann nicht warten. Besorgen Sie ihn mir! Ich brauche dringend Informationen zur PT96! Und zwar innerhalb der nächsten 15 Minuten, sonst ist es zu spät!« Der Mann am anderen Ende war atemlos vor Aufregung.

»Oder nein«, änderte der Mann seine Meinung, »besorgen Sie mir die Informationen. Bis Sie den Michalski finden, kann ich nicht warten.«

»Mit wem spreche ich denn?«, fragte Martin endlich.

»Rodenberg, von MARGA SYSTEMS. Ich versuche hier, ihre PT96 einzuführen. Aber Ihr Wettbewerber hat kurz vor Torschluss unsere Produktion noch mal völlig verunsichert. Ich muss unbedingt wissen, ob auf den Sockel der PT96 der ASIC7P passt und wie viel Megahertz die Backplane dann noch macht.«

Martin schwirrte der Kopf, und während er nur Bahnhof verstand, kramte er hektisch nach etwas zum Schreiben.

»Und in einer knappen Viertelstunde fällt hier die Entscheidung«, drängte Rodenberg weiter. »Wenn ich bis dahin keine Antwort habe, sind Sie draußen!«

Endlich hatte Martin einen Kugelschreiber und ein Blatt Papier gefunden und ließ sich nochmals erklären, welche Informationen Rodenberg brauchte. Mit den Notizen und mit Rodenbergs Telefonnummer stürmte er aus dem Zimmer. Nur wohin? Martin blieb abrupt stehen. Er tappte völlig im Dunkeln, hatte keine Ahnung, wen er fragen sollte, ja nicht einmal, um was es denn ging. In seiner Verzweiflung lief er zurück zum Telefon und wählte die Null.

»Richter, Zentrale?«, meldete sich eine weibliche Stimme.

»Guter hier, der Trainee, bei Herrn Michalski, es ist dringend, ich brauche Informationen ...«

»Halt, halt«, bremste ihn Lea Richter. »Bitte der Reihe nach. Was brauchen Sie?«

»Informationen über eine PT96, aber fragen Sie mich nicht, was das ist. In zehn Minuten braucht ein Kunde das, sonst verlieren wir ein Geschäft.«

Lea Richter fragte sich zwar, warum ausgerechnet ein Trainee mit dieser Aufgabe betraut wurde, wenn es denn so dringend wäre; aber sie versuchte sich vorzustellen, was wohl eine PT96 wäre und vor allem, wer dazu etwas sagen könnte. »Moment, ich verbinde Sie mal mit unserem Helpdesk, die haben vielleicht eine Idee.« Sie stellte Martin durch.

»Sie sind verbunden mit dem Produktsupport von AGATI AG. Wenn Sie Fragen zu Consumerprodukten haben, dann drücken Sie bitte die Eins ...«

Martin hatte keine Ahnung, ob eine PT96 ein Consumerprodukt ist und drückte die »Eins«.

»Unsere Plätze sind im Moment alle belegt. Bitte drücken Sie die Eins, wenn Sie ...« Martin legte auf. Er wählte wieder die Null. »Da geht keiner dran!«, rief er in den Hörer, noch bevor sich Lea Richter melden konnte. »Jetzt ist die Zeit bald um!« Lea Richter wusste auch nicht, was sie nun tun sollte. Da stand sie auf und rief in die Menge derer, die in das Gebäude strömten: »Wer weiß hier, was eine PT96 ist?« Fragende Blicke aus allen Richtungen. Vereinzelt Kopfschütteln. Sie verdrehte die Augen. »Das gibt's doch nicht!« Als sie wieder geradeaus schaute, stand ein kleiner, untersetzter Mann vor ihr: »Ich weiß, was eine PT96 ist.«

»Mir reicht's. Ich gehe jetzt zu Neumüller.« Jürgen Dreher stand auf und verließ das Büro, das er mit Martin teilte. Martin wusste, dass es keinen Sinn hatte, Jürgen zu bremsen, also nickte er nur stumm. Beide hatten anfangs gehofft, dass Hubert Neumüller als Abteilungsleiter doch ein Interesse daran haben müsste, sie für die Arbeit in seiner Abteilung zu begeistern. Diese Hoffnung war bald der Enttäuschung über Neumüller gewichen, und dann der Erkenntnis, dass es in dieser Abteilung überhaupt keine spannenden Tätigkeiten gab.

»Sie werden noch sehen, wie wichtig ein gutes Gefühl für Zahlen ist«, schwadronierte Neumüller. »Und Ihre momentane Aufgabe gibt Ihnen dieses Gefühl.«

»Es mag ja sein, dass sie Recht haben«, entgegnete Jürgen, »nur frage ich mich, welche Aufgaben ein Absolvent des Trainee-Programms in Ihrem Bereich übernehmen soll. Das Nachrechnen von irgendwelchen Zahlenkolonnen kann es doch nicht sein.«

»Wenn Sie glauben, hier nicht ausgelastet zu sein, dann sollten Sie vielleicht ein Gespräch mit Herrn Bossert suchen.« Neumüller war sichtbar sauer. »Was sagt denn eigentlich Ihr Kollege, Herr Guter? Ist der auch unzufrieden?«

»Da müssen Sie ihn selbst fragen.«

»Dann holen Sie ihn doch bitte.«

Wortlos verließ Jürgen Neumüllers Büro, um Martin zum Gespräch zu holen. Doch der telefonierte gerade:

»Ja, ich weiß, wo die Abteilung ›Vertrieb Systemkomponenten‹ ist. Ich komme gleich hoch.« Er legte auf.

»Der Neumüller will dich auch sehen«, sagte Jürgen trocken.

»Oh nein, was soll ich dem denn erzählen? Außerdem habe ich gerade einen Anruf bekommen. Ich muss mal schnell ein paar Stockwerke hoch, mir einen Anpfiff abholen. Wegen dieser Sache heute Morgen, als ich ein fremdes Telefon abgenommen habe. Ich weiß nicht, was da herausgekommen ist,

aber anscheinend nichts Gutes, denn sie haben mich zu sich zitiert. Erzähl'
doch bitte dem Neumüller, ich wäre schon weg gewesen.«

»Mach ich«, versprach Jürgen. »Viel Glück da oben!«

Hannes Küderlein war erst seit knapp drei Jahren Vertriebsleiter für Systemkomponenten bei der AGATI AG. Aber in diesen drei Jahren hatte er graue
Haare bekommen. Der Markt war mittlerweile so brutal, dass um jedes Geschäft, und sei es noch so klein, mit harten Bandagen gekämpft wurde. Wie
hart, konnte man ohne weiteres an seiner fahlen Gesichtsfarbe ablesen. »Ein
gehetzter Mann«, das war Martin Guters erster Eindruck, als er Küderleins
Büro betrat.

»Herr Guter?« Küderlein richtete sich in seinem Stuhl auf.

»Ja, der bin ich. Es tut mir leid, wenn ich heute voreilig war, das Telefon
hörte nur überhaupt nicht auf zu klingeln.«

»Leid braucht es Ihnen nicht zu tun. Dem Michalski tut es leid, dass er
sich nicht bei Ihnen bedanken kann, er musste gleich los zu MARGA SYS-
TEMS. Es scheint, Sie haben ihm dort ein Geschäft gerettet. Michalski hatte
wohl sein Telefon nicht umgestellt, als wir im Meeting waren.«

Küderlein zündete sich eine Zigarette an, und nun fiel Martin der mit Kippen gefüllte Aschenbecher auf. »Das ist ja eine wilde Geschichte. Unsere
Frau Richter hat quer durch die Empfangshalle gerufen und zufällig läuft da
einer aus unserer Entwicklungsabteilung durch. Die Chance dazu war sicher
weniger als eins zu hundert.« Er drückte die gerade angerauchte Zigarette in
dem Berg von Kippen aus. »Wissen Sie schon, was Sie machen wollen, wenn
Ihr Trainee-Programm beendet ist?«

»Ehrlich gesagt, nein«, antwortete Martin.

»Wissen Sie, dass man bei der AGATI AG das meiste Geld im Vertrieb verdient?«

»Nein, das wusste ich nicht.« Martin neigte sich gespannt nach vorn.

»Und wissen Sie, dass der Vertrieb ein ausgezeichnetes Karriere-Sprung-
brett ist?«

»Ja, davon habe ich schon gehört«, log Martin.

»Ich würde mich freuen, wenn Sie nach Ihrer Ausbildung bei uns anfangen würden.«

»Nur weil ich das Telefon abgenommen habe?«

»Nein. Weil Sie ganz offenbar im richtigen Moment auch das notwendige Quäntchen Glück haben.«

Das musste Martin erst einmal verdauen. Er ging nicht gleich zurück in sein Büro, sondern beschloss, sich zuerst noch bei Frau Richter zu bedanken, die den rettenden Einfall gehabt hatte.

»Ich suche Frau Richter.« Martin stand vor dem Empfangstresen und sah abwechselnd die drei Damen dahinter an.

»Das bin ich«, meldete sich Lea Richter.

»Mein Name ist Martin Guter. Ich habe heute Morgen bei Ihnen angerufen und Sie wegen einer PT96 um Hilfe gebeten.«

»Ach, Sie sind das!« Sie schüttelte über die Theke seine Hand. »Was ist denn herausgekommen? Ich habe nur mitbekommen, dass der Mann, der sich angeblich damit auskannte, wie ein geölter Blitz in den Aufzug gerannt ist, nachdem er mit Ihnen gesprochen hatte.«

»Offenbar hat er den Kunden noch rechtzeitig erreicht. Und ich habe ein Angebot, im Vertrieb anzufangen. Ist das nicht verrückt?« Martin konnte sich ein freudiges Grinsen nicht verkneifen.

»Wissen Sie denn nun, was eine PT96 ist?«

»Keine Ahnung.«

»Das sind beste Voraussetzungen für den Vertrieb«, feixte Lea Richter. »Sind Sie einer unserer neuen Trainees?«

»Ja, bin ich. Auf jeden Fall vielen Dank. Ich weiß jetzt, wohin ich mich wenden kann, wenn es Probleme gibt. Einfach die Null wählen.«

Lea Richter lächelte.

Martin kehrte in sein Büro zurück. Jürgen war nicht da, also machte er sich wieder an die eintönige Arbeit. Zwei Stunden später erschien Jürgen mit zusammengepressten Lippen in der Tür. Er lehnte sich an den Türstock. »Ich habe gekündigt.«

»Was hast du?« Martin fuhr aus den Stuhl hoch.

»Gekündigt. Ich bin vorher zu Bossert in die Personalabteilung gegangen und habe ihn um einen Einsatz in einer anderen Abteilung gebeten. Da hat er sich stur gestellt und mir irgendwas von gleichen Rechten und Pflichten für alle erzählt. Und daraufhin habe ich gesagt, ich kündige. Wenn das schon so losgeht, dann nichts wie weg. Ich werde morgen ein paar Telefonate führen und bin mir sicher, dass ich eines von den anderen Angeboten aufwärmen kann, die ich vor AGATI hatte.«

»Das heißt, du gehst heute und kommst nicht wieder?«

»Genau. Ich verschwende hier keinen Tag länger als nötig. Und ich empfehle dir, das Gleiche zu tun.«

»Ich habe heute ein ganz interessantes Angebot bekommen, ich glaube ich bleibe noch.«

»Das musst du wissen. Aber ich bin weg.« Jürgen packte seine Tasche, warf den Regenmantel über den Arm und ging.

Martin stand fassungslos hinter seinem Schreibtisch.

»Jetzt bin ich gerade mal ein paar Wochen bei der AGATI und habe schon ein Angebot für die Zeit nach dem Trainee-Programm! Ist das nicht ein Hammer?« Martin hatte Susi zur Feier des Tages zum Essen eingeladen. Sie mochte die Restaurants nicht, in die er sie einlud, seitdem er Geld verdiente. Aber sie wagte auch nicht, etwas zu sagen. Sie wollte auf keinen Fall den Eindruck erwecken, nicht in Martins neue Welt zu passen.

»Und glaubst du, Verkäufer zu sein macht dir Spaß?«, fragte sie vorsichtig.

»Das nennt man heute nicht mehr Verkäufer, sondern Vertriebsbeauftragter«, korrigierte sie Martin. »Das hat auch nichts mehr mit Klinken putzen zu tun.«

»Aha«, nickte Susi.

Dann erzählte ihr Martin von der Kündigung seines Co-Trainees und dass die Arbeit in den nächsten Wochen eher dröge sein würde. Die Aussicht machte ihn traurig. Aber Susi schien daran nicht sonderlich interessiert. Martin beschloss, das Gesprächsthema zu wechseln. »Jetzt, wo ich eine langfristige Perspektive habe, könnten wir uns eigentlich zusammen eine schöne Wohnung nehmen. Was hältst du davon?«

»Tolle Idee!«, freute sich Susi. Martin entglitt ihr also doch nicht.

»Dann lass uns gleich morgen anfangen etwas zu suchen. Auf uns!« Martin erhob das Glas.

Lea Richter zog die Handbremse an und den Schlüssel aus dem Zünd-schloss. Sie nahm die Sonnenbrille ab und ließ sie in einem Seitenfach ihrer Handtasche verschwinden. Nach einem Blick in den linken Außenspiegel zö-gerte sie ein wenig mit dem Aussteigen, bis neben ihr ein zweiter Wagen ein-geparkt hatte. Dann stieg sie aus. Es war halb acht Uhr morgens und der Parkplatz der AGATI-Zentrale füllte sich um diese Zeit rasch.

Aus dem Auto neben ihr stieg Lisa Schwind, eine Produktmanagerin aus dem Bereich Unterhaltungselektronik. Die beiden kannten sich von einer Weihnachtsfeier vor einem Jahr, bei der sie an einem Tisch gesessen hatten. Lisa Schwind hatte damals gerade wieder angefangen zu arbeiten – als allein-erziehende Mutter kein leichtes Unterfangen, wenn man einen 60-Stunden-Job hat. Lea bewunderte sie ob ihres Organisationstalents, das wohl unbe-dingte Voraussetzung für dieses Kunststück war.

»Hallo Lisa! Was ist denn mit dir? Du siehst etwas müde aus.«

»Müde ist überhaupt kein Ausdruck. Jens, mein Kleiner, hat die ganze Nacht gekotzt. Der Arme hat sich den Magen verdorben. Ich habe mitten in der Nacht meine Mutter angerufen, die sich dann die letzten Stunden um ihn gekümmert hat. So habe ich wenigstens noch ein bisschen Schlaf bekom-men.«

»Das ist ohnehin eine Meisterleistung, wie du das alles unter einen Hut bringst«, lobte Lea sie. »Aber warum nimmst du dir denn nicht einfach frei, wenn es dem Jens nicht gut geht?«

»Glaub mir, das hätte ich sicher getan. Zu großen Taten bin ich heute oh-nehin nicht imstande. Aber ich habe hier ein kleines Problem zu lösen.« Sie schaute auf die Uhr. »Ich muss jetzt hoch ins Büro, habe gleich eine Bespre-chung. Bis bald!«

»Ja, bis bald!« Lea folgte dem Strom von Mitarbeitern in das Gebäude.

»Guten Morgen, Herr Guter!« Leas Gruß schreckte Martin hoch, als er gera-de am Empfang vorbei in Richtung Aufzug trottete.

»Guten Morgen, Frau Richter«, grüßte er mit gequältem Lächeln zurück.

»Welche Laus ist Ihnen denn über die Leber gelaufen?«, fragte Lea. »Sie haben doch noch gestern ganz gute Nachrichten gehabt?«

Martin blieb an der Theke stehen. »Ein Kollege aus dem Trainee-Pro-gramm hat gekündigt. Der Einzige, den ich hier näher gekannt habe. Der war wirklich ein netter Kerl.«

»Oh, das tut mir leid.« Lea war neugierig, warum schon nach drei Wochen der erste Neuankömmling wieder von Bord ging. »Wenn Sie Zeit haben, dann kommen Sie doch um halb zehn hier vorbei auf eine Tasse Kaffee«, schlug sie vor.

Martin überlegte kurz, ob für einen Trainee wohl irgendetwas dagegen spräche, mit den Empfangsdamen Kaffee zu trinken, es fiel ihm aber nichts ein. »Ja, gern, bis dann!«

Die nächsten Stunden verbrachte Martin wieder mit »number crunching«, wie Jürgen und er die eintönige Zahlendreherei genannt hatten. Er war sauer auf Neumüller und Bossert, die beide ganz offensichtlich der Meinung waren, dass es wichtiger war, ein Trainee-Programm mit teuren Seminaren und Auslandsaufenthalten aufzusetzen, als die Frage zu beantworten, wofür man denn die eingestellten Trainees überhaupt brauchte. Kurz vor halb zehn warf er den Taschenrechner auf den Tisch und machte sich auf den Weg zum Empfang.

Der kleine Raum hinter der Empfangstheke war mit einer Küchenzeile, einem kleinen Tisch und drei Stühlen ausgestattet. Da immer nur eine Mitarbeiterin Pause machen konnte – zwei waren mindestens nötig, um den Empfang und die Telefonzentrale zu besetzen –, freuten sich Lea und ihre Kolleginnen stets über Besuch in den Pausen.

So lernte Martin Guter das kennen, was er bald als den heimlichen Informationsknotenpunkt der AGATI AG schätzen würde. Als er den Raum betrat, saß bereits ein Mann in schwarzen Lederhosen, der einen Pferdeschwanz und einen Ohrring trug, am Tisch.

»Ich bin der Olli, bin hier Sysadmin«, stellte der sich vor und streckte Martin die Hand hin. Martin stutzte ob der vertraulichen Ansprache. Dann entschloss er sich, es dem sympathisch wirkenden Olli gleichzutun. Er konnte wirklich Freunde brauchen.

»Und ich heiße Martin, ich bin hier seit drei Wochen im Trainee-Programm«, sagte er.

»Kaffee gibt es hier.« Lea deutete auf die Thermoskanne neben der Kaffeemaschine. Martin bediente sich.

»Aber nun erzählen Sie doch, was mit Ihrem Kollegen passiert ist. Nach drei Wochen schon die Flinte ins Korn werfen – das ist ja eigenartig.«

Martin schüttelte den Kopf. »Eigenartig ist das nicht. Ich habe mir selbst überlegt, ob ich nicht wieder gehen soll. Vielleicht bin ich nicht so konsequent wie Jürgen. Außerdem hat mich Küderleins Angebot abgehalten.« Martin erzählte von der Arbeit, die Jürgen und er in der Abrechnungskontrolle leisteten, und von der Angst, nach dem Trainee-Programm in solche einer Abteilung zu landen. »Ich habe wirklich das Gefühl, dass die uns überhaupt nicht brauchen. Dass wir eher so etwas wie ein Dekorationsgegenstand sind.«

»Schick genug gekleidet seid ihr ja alle«, grinste Oliver.

Lea blitzte Oliver kurz an. »Ich befürchte, dass Herr Guter damit sehr nahe an der Realität liegt. Seit Jahren wird hier der Nachwuchsbedarf an Führungskräften über ein hausgemachtes Trainee-Programm gedeckt und das hat sehr gut funktioniert. Und jetzt stellt man Leute ein, die man zwar sicher gut gebrauchen könnte, aber keiner hier weiß, wie man mit ihnen umgehen soll. Wenn man auch nur ein wenig die Augen öffnet und sein Gehirn bemüht, dann sieht man doch, dass schlichtweg die Falschen eingestellt worden sind.«

Fehler 2:
Stelle die Falschen ein

Wie findet man die ideale Besetzung für eine Position? Nichts einfacher als das: Man sieht sich zuerst die vakante Stelle an, dann möglichst viele Kandidaten. Anschließend pickt man sich den geeignetsten heraus. Dann wirft man ihn in sein neues berufliches Umfeld und erfreut sich seiner Leistungen.
Fertig! So einfach ist das!
So einfach?
Ja, so einfach!
Obwohl eine Stellenbesetzung im Grunde derart einfach ist, stellt die Fehlbesetzung von Stellen einen der häufigsten Gründe für Frustration und Kündigung dar. Die Sätze: »Das hat sich beim Einstellungsgespräch ganz anders dargestellt. Wenn ich das gewusst hätte, dann hätte ich das nie gemacht!« werden in großen Unternehmen beinahe täglich ausgesprochen. Enttäuschte Erwartungen sind bei Mitarbeitern ein weit verbreiteter Kündigungsgrund.

Die enttäuschten Hoffnungen beschränken sich aber nicht nur auf die Mitarbeiter. Auch die Chefs fühlen sich oft ent- und getäuscht, wenn sich ein Bewerber nicht als derjenige entpuppt, den sie sich gewünscht hatten. Sofern die Vorgesetzten das Arbeitsverhältnis nicht noch in der Probezeit beenden, lassen sie den Mitarbeiter ihre Enttäuschung meist sehr deutlich spüren – in manchen Unternehmen sogar bis zum unverblümten Mobbing. Das vergiftete Klima lässt dem Mitarbeiter dann mittelfristig keine andere Wahl, als sich anderweitig umzusehen. Dabei hat er eigentlich nichts falsch gemacht. Schließlich hat er sich nicht selbst eingestellt. Das war der Chef. Wenn dieser unzufrieden ist, müsste er es mit sich selbst sein. Denn er hat ganz offensichtlich Fehler bei der Einstellung gemacht.

Weshalb gehen so viele Besetzungen schief? Weshalb werden in Unternehmen so oft die Flinten frustriert ins Korn geworfen? Von Vorgesetzten und von Stelleninhabern gleichermaßen?

Der erste Fehler besteht schlichtweg darin, dass Unternehmen immer wieder die Reihenfolge im Einstellungsprozess vertauschen. Sie stellen Leute ein, für die es überhaupt noch keine konkrete Position gibt. Firmen unterscheiden sich hierin nicht sonderlich von Schnäppchenjägern beim Sommerschlussverkauf: Im Gefühl, unter Umständen eine einmalige Gelegenheit zu versäumen, greifen sie schon mal schnell zu – auch wenn der Mitarbeiter im Augenblick nicht gebraucht wird. Das geschieht beispielsweise häufig dann, wenn einem Unternehmen Initiativbewerbungen ins Haus flattern, die der Personalabteilung zu gut erscheinen, um sie beiseite legen zu können. Ähnliches kann auch geschehen, wenn eine Bewerbung auf eine Position erfolgt, für die der Bewerber nicht in Frage kommt. »Wir können den Mann/die Frau zwar im Moment nicht gebrauchen, aber schau dir das mal an! Das ist ein Juwel«, heißt es dann. »Der/die hat so viel Potenzial, da müssen wir die Hände drauf legen.«

Das Unternehmen deckt sich also auf Verdacht und Vorrat ein – im festen Glauben, für den Diamanten über kurz oder lang eine geeignete Stelle zu finden. Für den neuen Mitarbeiter, der sich häufig durch diese »bevorzugte« Behandlung sogar geschmeichelt fühlt, wäre das kein Problem, wenn sich eine solche Stelle auch wirklich bald fände. Dummerweise ist das aber meistens nicht der Fall. Der Mitarbeiter hängt derweil ständig zwischen den Welten, gehört nirgends richtig dazu und hat keine richtige Aufgabe. Von allen skeptisch beäugt fühlt er sich als Exote und Außenseiter. Die »kurzfristige Parkposition« verkommt zum Dauerzustand. Oder er wird auf eine Stelle abgeschoben, für die er niemals zum Unternehmen gekommen wäre. Wer kann einem Mitarbeiter verübeln, dass er in einer solchen Situation frustriert wird? Wohl keiner!

Der zweite Fehler, der Unternehmen allzu häufig unterläuft, besteht im Fehlen zutreffender Stellenprofile. Wer nicht genau weiß, welchen Anforderungen ein Stelleninhaber konkret genügen soll, der kann sich auch nicht denjenigen aus den Bewerbern herauspicken, der dafür am besten passt. Schließlich ist das Anforderungsprofil der Maßstab, an dem die Fähigkeiten der potenziellen Mitarbeiter gemessen werden sollen. Wer die falschen Eigenschaften prüft, braucht sich nicht zu wundern, wenn er Leute einstellt, die später unglücklich werden oder mit denen er selbst nicht glücklich wird.

Natürlich wenden die meisten Manager ein, dass sie sehr wohl wüssten, welche Fähigkeiten für eine Stelle notwendig seien. Schließlich gehe es um einen Bereich, den sie schon seit Jahren kennen. Sie hätten, sagen sie, ein »sehr deutliches Bauchgefühl«, was den erfolgreichen Kandidaten ausmache. Dieses Bauchgefühl sei tausendmal mehr wert als alles Papier der Welt. Eine schriftliche Beschreibung der Stelle sei da eher störend.

Das klingt sehr plausibel.

Und doch ist es total falsch!

Jeder Manager, der schon einmal die Diskrepanz zwischen seinem »Bauchgefühl« und einem formalen Abgleich mit einem von ihm selbst erstellten, strukturierten Anforderungsprofil vor Augen geführt bekam, wird sich künftig tunlichst nicht mehr nur auf sein Bauchgefühl verlassen. Die Fälle, in denen der selbe Kandidat bei beiden Auswahlverfahren das Rennen macht, sind nämlich sehr selten.

Noch frappierender wird die Diskrepanz, wenn mehrere Leute das Stellenprofil gemeinsam erstellen und die Auswahl gemeinsam treffen. Da tauchen plötzlich Anforderungen auf, die der einzelne Manager noch nie gesehen hat – beispielsweise deshalb, weil die vorherigen Stelleninhaber diese Anforderungen mit Eigenschaften auffingen, die vom Vorgesetzten überhaupt nicht als etwas Besonderes wahrgenommen wurden.

Das »Bauchgefühl« täuscht meist. Es lässt sich von auffallend herausragenden Einzeleigenschaften eines Bewerbers blenden und vergisst, die andern lästigen Voraussetzungen in Betracht zu ziehen. Beispielsweise kann man bei einem fachlich Hochqualifizierten versäumen, die soziale und emotionale Intelligenz unter die Lupe zu nehmen. Oder einem blendenden Redner wird zugleich auch die fachliche Detailkenntnis unterstellt. Dummerweise prüft aber später der Berufsalltag alle Voraussetzungen ab – und nicht nur die Sonnenseiten eines Stelleninhabers. Es ist deshalb auch im ureigensten Interesse jedes Bewerbers, dass es Stellenbeschreibungen gibt, an deren Formulierung mehrere unterschiedliche Menschen mitgearbeitet haben.

Umfassende Stellenbeschreibungen zu erstellen, ist nicht einfach. Aus diesem Grund sind sie auch immer wieder unzutreffend und führen damit zu falschen Personalentscheidungen. Häufig wollen die Entscheider nämlich überhaupt nicht die Wirklichkeit sehen. Sie belügen sich selbst. Sie wollen sich in den Stellenbeschreibungen etwas wünschen dürfen. Sie beschreiben die Positionen, die sie gerne hätten. Nicht die Stellen, die sie wirklich haben. Da wird ein »offener, teamfähiger Mitarbeiter« gesucht, obwohl aufgrund des herrschenden Abteilungsklimas besser ein »knüppelharter, selbstgenügsamer Einzelkämpfer« angesagt wäre. Wie lange wird der auf soziale Einbindung bedachte neue Mitarbeiter wohl brauchen, bis er merkt, dass er nicht in einem Team, sondern in einem Haifischbecken gelandet ist? Und wie lange wird er es dort wohl aushalten? Etwa so lange, wie der »selbstständig denkende, selbstbewusste Assistent«, den ein Eigentümerunternehmer sucht, der sein Geschäft patriarchalisch und selbstherrlich führt? Verantwortliche in Unternehmen gestehen sich ungern ein, dass bei ihnen Werte zum Erfolg führen, die gemeinhin als nicht sehr angenehm gelten. Deshalb bauen sie eine Kulisse auf, die nicht stimmt und nie gestimmt hat, anstatt gezielt Leute zu suchen, die sich in einem solchen Umfeld behaupten können.

Extrem wird die »Wünsch-dir-was«-Veranstaltung, wenn innerhalb einer Einstellungskampagne nicht eine einzelne Person für einen ganz konkreten

Job gesucht wird, sondern gleichzeitig mehrere Personen für mehrere Jobs. Man könnte annehmen, dass in diesen Fällen das Anforderungsprofil auf ganz wenige, universell geltende Anforderungen reduziert wird. Schließlich sucht man nicht fünfzig Klone, die sich einen Arbeitsplatz teilen sollen, sondern fünfzig Menschen, die künftig an fünfzig unterschiedlichen Stellen mit fünfzig unterschiedlichen Anforderungen Leistungsträger sein sollen. Doch weit gefehlt! Die Profile dieser Recruitingveranstaltungen sehen oft so aus, als habe jede der beteiligten Abteilungen ihre Maximalanforderungen einbringen dürfen. Häufig werden absolute Superwesen charakterisiert. Jedermann kennt den bösen Spruch vom »Fünfundzwanzigjährigen mit dreißigjähriger Berufserfahrung«. Bei derartigen Wunschlisten ist es fast unmöglich, einen Kandidaten zu finden, der dieser Erwartungshaltung langfristig gerecht werden kann.

Bei regulären, positionsspezifischen Stellenbesetzungen könnte meistens wirklich der Kandidat auf die Stelle gesetzt werden, bei dem der Erfolg garantiert ist. Dass es trotz vorhandener (und auch ganz passabler) Stellenbeschreibungen immer noch zu Fehlbesetzungen kommt, liegt an einem lächerlich trivialen Grund: Die Entscheider sehen sich nicht genügend Kandidaten an, bevor sie eine Position besetzen. Sie nehmen einen, der ihnen hinreichend geeignet erscheint. Einen, der gerade zufällig da ist. Das passierte lange Zeit mit Programmierern. Wenn einer nur den Eindruck erweckte, er könne codieren, wurde er eingestellt. »Wir werden ja sehen, ob er es kann«, wurde gesagt. »Falls nicht, suchen wir uns halt einen anderen.« Ähnliche Missgriffe geschehen, wenn ein bereits im Unternehmen tätiger Mitarbeiter auf eine Managementposition gesetzt wird, nur weil er gerade verfügbar ist.

Für den Mitarbeiter ist eine solche Schlamperei katastrophal. Denn sein Risiko ist für gewöhnlich wesentlich höher als das des Unternehmens. Wenn er merkt, dass das Anforderungsprofil der Stelle nicht seinen Wünschen und Fähigkeiten entspricht, dann muss er sich entscheiden, was er tun will: Den schlechten Ruf eines Jobhoppers in Kauf nehmen oder eine Weile auf einer Stelle ausharren, auf der er von seinen Vorgesetzten ständig kritisiert wird. Keine der beiden Alternativen ist besonders verlockend.

Mitarbeiter, die ein solches »Versuchskaninchen«-Management an sich oder anderen erleben, stellen sich vollkommen zu Recht die Frage, ob das Management ihre Bedürfnisse überhaupt in irgendeiner Art und Weise berücksichtigt.

In eine vollkommen andere Kategorie fallen jene »Einstellungsfehler«, bei denen eine Stelle mit voller Absicht mit einem ungeeigneten Kandidaten besetzt wird. Die Vorstellung, Vorgesetzte würden immer den besten Kandidaten für die Stelle suchen, ist nämlich vollkommen blauäugig. Die Übereinstimmung mit dem Stellenprofil ist nur ein Kriterium für die Einstellung – und für manche Vorgesetzte sogar das schwächste. Manager stellen Leute auch aus einer Vielzahl von karrieretaktischen Gründen ein. Der eine braucht noch drei Planstellen, damit er Hauptabteilungsleiter wird – obwohl für die drei Neuen eigentlich gar keine Arbeit da ist. Ein anderer wirbt einen guten Mann von der Nachbarabteilung oder einem Wettbewerber ab, um diesen zu schaden. Ein Dritter sucht sich schwache Leute aus, die seine Position nicht gefährden.

Für einen derart falsch Eingestellten ist die Situation besonders schlimm. Im Gegensatz zu den Fällen, in denen eine Stelle zwar nach bestem Wissen und Gewissen, aber falsch dargestellt worden ist, und man auf die Unterstützung seines Vorgesetzen hoffen kann, weil dieser im gleichen Boot sitzt, kann man in einem solchen Fall nicht auf seinen Vorgesetzen zählen. Denn der wird versuchen, den Mitarbeiter so lange auf seiner Position zu halten, wie dies seinen Zielen zuträglich ist. Das Interesse des Mitarbeiters spielt dabei keine Rolle.

Eine Falscheinstellung ist auch für die bereits im Unternehmen tätigen Mitarbeiter höchst frustrierend. Bei fachlichen Defiziten des Neuen sind nämlich sie es, die dessen Schwächen durch eigene Mehrarbeit ausgleichen müssen. Und wenn der Vorgesetzte zudem nicht darauf geachtet hat, dass der neue Mitarbeiter ins Team passt, dann wird dieser von seinen Kollegen häufig schnell als Ärgernis eingestuft. Oft reagieren sie mit Abwehr und Ausgrenzung – bis hin zum knallharten Mobbing. Das macht die Situation für den Neuen besonders schwierig.

Was betroffene Mitarbeiter tun können

Für jemanden, der eine neue Stelle sucht, ist die Gefahr, unter falschen Voraussetzungen einen neuen Job anzutreten, sehr konkret. Es gibt nur wenige Abwehrmechanismen, die vorbeugend wirken. Schließlich hat der Kandidat primär eine Informationsquelle: seinen künftigen Vorgesetzten. Und der kann ihm das Blaue vom Himmel herunter erzählen. Deshalb ist ein gutes Stellenprofil auch für den Bewerber wichtig. Fragen Sie also danach. Sofern eines existiert, sollten Sie es mit dem künftigen Chef detailliert durchsprechen und sich selbst bezüglich Ihrer Eignung einschätzen. Ist keine Stellenbeschreibung vorhanden, sollten Sie die unterschiedlichen Anforderungen eine nach der anderen ansprechen. Ist der Einsatzort schon bekannt? Mit wem wird zusammengearbeitet? Welche Kompetenzen hat man? Wie häufig sind Entscheidungen zu fällen? Gilt es diese hart durchzusetzen? Ist man weisungsbefugt oder auf Goodwill angewiesen? Hat man ein eigenes Budget? Falls ja: Wie hoch ist es? Wie wird es verwaltet? Und so weiter. Dabei dürfen Sie sich nicht auf die ersten Auskünfte des Interviewpartners verlassen, sondern müssen diese ständig hinterfragen. Und zwar wirklich fragen. Fragen und nochmals fragen. Sie müssen davon ausgehen, dass Ihr Gegenüber gerade dabei ist, Sie einzukaufen. Besser gesagt: Er will sein Unternehmen an Sie verkaufen, damit er Sie in den Kreis der verfügbaren Kandidaten aufnehmen kann. Dafür ist er bereit, vieles geschönt darzustellen. Eine Frage sollte auf jeden Fall dazugehören: Nämlich die, wie viele Bewerber für die Stelle interviewt wurden. Sehr hilfreich ist es auch, den künftigen Chef den idealen Bewerber beschreiben zu lassen. Da merken Sie dann meistens schnell, wie nah Sie diesem Idealprofil kommen.

Wenn möglich sollten Sie auch versuchen mit Leuten zu sprechen, die bereits auf dieser Stelle saßen. Bestehen Sie ruhig auf Gesprächen mit künftigen Kollegen oder Untergebenen. Nur so können Sie sicher sein, dass sich Ihre Vorstellungen mit denen der künftigen Kollegen decken. Sofern Sie auch nur den geringsten Verdacht haben, dass Ihr künftiger Chef Ihnen die Situation absichtlich falsch dargestellt hat, sollten Sie den Job nicht annehmen. Ein unehrlicher Chef wird in der täglichen Arbeit gemeinhin nicht viel redlicher. Und Kollegen, bei denen man schon zu Beginn Zweifel folgt, ob die Chemie stimmt, werden mit Sicherheit auch nicht besser.

Bevor Sie sich auf einen neuen Job einlassen, sollten Sie wirklich sicher sein, dass er Ihren Vorstellungen entspricht. Dazu müssen Sie natürlich genau wissen, was Sie selbst von dem neuen Job erwarten und was Sie nicht zu akzeptieren bereit sind. Sofern Sie unsicher sind, ob die Werte zusammenpassen, sollten Sie lieber die Finger von der angebotenen Stelle lassen. Wenn Sie sich trotzdem auf das Abenteuer einlassen wollen, beispielsweise, weil Ihnen der in Aussicht gestellte Job und das Unternehmen so interessant erscheinen, dass es Risiken rechtfertigt, dann sollten Sie für sich ein »Abbruchkriterium« definieren, bei dessen Eintreten Sie das Experiment für gescheitert erklären.

Was aber tun, wenn Sie feststellen, dass Sie bereits im falschen Boot sitzen? Dass das Unternehmen und Sie nicht zusammenpassen? Dann sollten Sie sorgfältig die Gründe dafür analysieren.

Falls Sie sich den fachlichen Anforderungen nicht gewachsen fühlen, sollten Sie sich einige Monate Zeit geben. Es ist vollkommen normal, dass man in eine neue Aufgabe erst hineinwachsen muss. Das, was einem in der ersten Zeit als sehr schwierig vorkommt, wird bald Routine. Fordern Sie Unterstützung ein. Sie werden sie mit großer Wahrscheinlichkeit erhalten.

Entspringt Ihr Unbehagen dagegen einer mangelnden Übereinstimmung mit der Unternehmenskultur, hilft nichts anderes, als schnellstmöglich den Absprung zu suchen. Menschen haben nämlich die Eigenschaft, sich schnell an Situationen zu gewöhnen – man arrangiert sich, bleibt aber zeit seines Lebens unter seinen Möglichkeiten. Und wenn man dann schlussendlich doch gehen muss, weil es eben partout nicht so passt, hat man kaum noch Chancen, sich wieder auf sein altes Leistungsniveau zu begeben. Wer einmal »verdorben« ist, tut sich unheimlich schwer. Tun Sie sich also einen großen Gefallen: Gehen Sie. Und tun Sie es schnell! In Großunternehmen muss ein Wechsel übrigens nicht unbedingt gleich ein Firmenwechsel sein. Oft gibt es im Unternehmen andere Bereiche, die dem eigenen Fähigkeits- und Persönlichkeitsprofil näher kommen.

Der Rat zum Absprung gilt auch, wenn Sie sich von den Kollegen ausgegrenzt fühlen. Es ist sehr schwer, eine ganze Gruppe zu ändern. Um Ausgrenzung zu vermeiden, müssten Sie sich ändern. Wenn Sie dazu nicht bereit sind, ist es das Einfachste, sich ein neues Team zu suchen.

In einer ganz besonderen Lage sind jene Menschen, die erstmals einen »ordentlichen Job« haben – beispielsweise Studienabgänger. Sie führen ihr Unwohlsein und ihre Unzufriedenheit häufig auf den »Praxisschock« zurück und sind bereit, längere Zeit auszuharren. Ihnen ist dringend anzuraten, beim nächsten Arbeitgeber festzustellen, ob es wirklich der Praxisschock oder doch schlicht und einfach das falsche Unternehmen beziehungsweise der falsche Job war.

Fazit: Auf einer falschen Stelle zu sitzen ist mit das Schlimmste, das einem Mitarbeiter passieren kann. Es gilt die Regel: Nichts wie weg! Unternehmen sind gut beraten, alles zu tun, um solche schnellen Wechsel zu vermeiden, indem sie schon bei der Stellenausschreibung und -besetzung darauf achten, den Richtigen auszuwählen.

Sechs Wochen Abrechnungskontrolle waren Martin Guter wie eine Ewigkeit vorgekommen. Doch ein Anruf von Küderlein, der sein Angebot noch einmal bestätigte, hatte Martin motiviert, das Trainee-Programm bei AGATI doch bis zum Ende durchzuziehen. Zudem schien ihm der Bereich, in dem er nun zu tun hatte, erheblich interessanter. Er war jetzt im Marketing des Produktbereiches »Unterhaltungselektronik«. Ein wenig erfüllten die Mitarbeiter dort sein Klischee von Marketingmenschen. Es ging legerer zu, alles war lauter und schneller. Und Martin hatte diesmal eine richtige Aufgabe: Gemeinsam mit einer Produktmanagerin entwickelte er einen Marketingplan für eine Familie von DVD-Recordern. Lisa Schwind, die Produktmanagerin, gab sich auch alle Mühe, ihm in kürzester Zeit das Rüstzeug für diese Aufgabe zu vermitteln. Nicht aus Mitteilungsbedürfnis, sondern, wie sie betonte, aus reinem Eigennutz. Sie sah in Martin eher eine Unterstützung für ihre Arbeit als einen Schüler. Genau das gefiel Martin.

Anfangs war Martin etwas darüber befremdet gewesen, dass Lisa an bestimmten Wochentagen absolut pünktlich das Büro verließ – selbst dann, wenn etwas Dringendes anlag. Doch nachdem Heiner Müller, Lisas Vollzeitassistent, ihm von Lisas eineinhalbjährigem Sohn erzählt hatte, verstand er auch das. Nein, er verstand es nicht nur, vielmehr genoss er bald die Zeiten, in denen Heiner und er Aufgaben alleine zu bewältigen hatten, auch wenn sie über ihren normalen Verantwortungsbereich hinausgingen. So hatte Lisa mit ihren 33 Jahren bereits einen Nachfolger aufgebaut, der jederzeit ihre Position übernehmen konnte.

Eines Abends berichtete Lisa von überraschenden Neuigkeiten: Jörg Marquard, ihr Abteilungsleiter, hatte sie für ein internes Entwicklungsprogramm vorgeschlagen. Dabei würde sie zuerst gemeinsam mit anderen jungen Führungskräften bestimmte Tests und Übungen durchlaufen. Wer dabei gut abschnitt, der würde nach einem Jahr Arbeit in einer Auslandsniederlassung eine Position mit internationaler Verantwortung übernehmen.

»Und was machst du dann mit Jens, deinem Sohn?« war Heiners erste Reaktion.

»Ich weiß es noch nicht«, antwortete Lisa. »Deshalb kann ich mich darüber auch nicht richtig freuen. Für dich wäre es auf jeden Fall super, du könntest meine Position übernehmen. Und ich weiß, dass du sie großartig ausfüllen würdest.«

»Wegen mir musst du nicht aufsteigen, ich habe Zeit mit meiner Karriere«, bremste Heiner. »Hier hast du deine Mutter, die einspringt, wenn du jemand für den Kleinen brauchst. Wie willst du das im Ausland machen?«

»Das Problem ist, dass ich gar keine Wahl habe. Wenn ich nicht an dem Programm teilnehme oder absichtlich durch die Tests falle, dann bleibe ich sicher nicht, wo ich bin: Marquard wird mich dann für entweder undankbar oder unfähig halten. Und dann wird es hier nicht mehr so sein wie vorher.«

Martin saß still dabei und hörte zu. Ihm waren solche Gedanken neu, aber es klang alles logisch. Lisa war in einer Situation, in der sie nur verlieren konnte. Und das, obwohl ihr Chef es sicher gut mit ihr meinte.

»Wir haben, so viel ich weiß, ein Werk in Buenos Aires«, dachte Lisa laut. »Da habe ich eine Tante. Ich werde mal den Kontakt aufwärmen. Vielleicht ist das ja eine Möglichkeit.« Sie machte eine Pause. »Aber nun sehen wir erst einmal, wie diese Tests ausgehen.«

Die Psychologin legte einen Schnellhefter mit einem Bericht und einigen Tabellen vor sich auf den Tisch. Sie warf noch einmal einen Blick hinein und wandte sich dann Lisa zu.

»Guten Morgen, Frau Schwind, ich möchte Ihnen ein Feedback zu den Ergebnissen des Career Development Workshops geben, an dem Sie letzten Monat teilgenommen haben. Bereits die Nominierung zum Workshop stellt ja eine Anerkennung und Wertschätzung Ihrer Leistungen dar. AGATI bietet nur besonders qualifizierten Mitarbeitern die Möglichkeit, ihr Können im CD-Workshop unter Beweis zu stellen. Ziel des Workshops ist es, die Leistungsfähigkeit und das Potenzial der Leistungsträger für Positionen im internationalen Management einzuschätzen.«

Lisa rutschte unruhig auf dem Stuhl hin und her und wünschte sich, die Dame ihr gegenüber möge auf den Punkt kommen.

»Gleich zu Beginn: Ihr Ergebnis ist hervorragend. Sie haben deutliche Stärken in den Bereichen ›Driving the Business‹ und ›Relating and Networking‹ gezeigt und wurden von unseren Beobachtern als kompetent im Bereich ›Understanding the Market‹ eingeschätzt. Sie haben hervorragende kommunikative Fähigkeiten gezeigt. Es gelingt Ihnen leicht, sich auf unterschiedliche Gesprächspartner einzustellen und Ihre Ideen überzeugend zu verkaufen. In den Simulationsübungen haben Sie einen partnerschaftlichen Führungsstil genutzt, Ihre Mitarbeiter motiviert und erfolgreich zur Zielerreichung hingeführt. In den unternehmerischen Fallstudien überzeugte Ihre systematische Arbeitsweise, ein solides unternehmerisches Verständnis und insgesamt eine klare Ergebnisorientierung. Durchaus kompetent, aber weiter verbesserungsfähig sehen wir Ihr strategisches Verständnis, vor allem über den eigenen Markt hinaus. Ein hervorragendes Lernfeld in diesem Bereich kann eine strategische Projektarbeit sein, bevorzugt bereichsübergreifend oder im Ausland.

Die Beobachter schlagen Sie deshalb für die Aufnahme in den Potenzial-Pool vor. Herzlichen Glückwunsch, Ihre Fahrkarte nach Kapstadt.«

Kapstadt! Lisa hatte gewusst, dass Marketing-Leute stets nach Kapstadt geschickt wurden, wenn sie Auslandsluft schnuppern sollten. Marquard hatte dort einen Freund sitzen und deshalb galt die Regel: Marketing, Kapstadt. Lisa hatte sich wegen ihres kleinen Sohnes bereits mit ihrer Tante in Buenos Aires in Verbindung gesetzt. Auch hatte sie nach adäquaten Tätigkeiten bei AGATI Argentina geforscht. Und sie war, wie sie meinte, durchaus fündig geworden. Einen kleinen Haken hatte die Sache allerdings: Bei AGATI suchten die High Potentials nicht selbst den Ort ihres Auslandseinsatzes aus, das erledigte für gewöhnlich der Vorgesetzte.

»Sie haben es gut!« Oliver Knoff sah den Mann im Blaumann neidvoll an. »Sechs Wochen – und dann ab in den sonnigen Süden!«

»Sonniger Süden? Ich bin froh, wenn ich mal die Zeit finde, mich um unseren Garten zu kümmern. Und daheim ist jede Menge zu reparieren.« Georg Wicke war noch nie ein Liebhaber großer Reisen gewesen. Und jetzt, kurz vor der Rente, freute er sich vor allem darauf, auf der eigenen Terrasse zu sitzen und nichts zu tun – oder eben zu Hause etwas auf Vordermann zu bringen oder zu verschönern. Das Talent dazu hatte der Betriebshandwerker der AGATI-Zentrale.

Außer den beiden standen noch Martin Guter und Lea Richter in der kleinen Empfangsküche. Georg Wicke hatte dort oft seine Pause verbracht. Aber das würde bald vorbei sein. Eigentlich liebte er seine Arbeit. Aber seit dieser unglückseligen Geschichte vor einem Jahr hatte sich sein Elan spürbar reduziert. Und um etwas zu reparieren, an komplizierten Aufgaben zu tüfteln, brauchte er die AGATI AG nicht. Er freute er sich ohne jegliche Wehmut auf seinen letzten Arbeitstag.

Martin schaute auf die Uhr und trank seinen Kaffee aus. »Ich muss mal schauen, ob mein Parkplatz mittlerweile frei ist«, sagte er zu Lea.

»Wieso denn das?«, wunderte sich die.

»In letzter Zeit stehen ständig irgendwelche Besucher drauf. Und dann stelle ich mein Auto an der Straße ab. Ich habe mir schon zwei Strafzettel eingefangen.«

»Das ist mir noch nie passiert«, schüttelte Lea den Kopf. »Frag mal in der Hausverwaltung nach, was da los ist.«

»Mach ich, das geht mir nämlich wirklich auf die Nerven.« Martin stellte seine Tasse ab und ging hinaus. Sein Parkplatz war immer noch besetzt. Martin war kein Pedant. Aber nachdem es den Trainees als etwas Besonderes verkauft worden war, dass sie von Anfang an einen eigenen Parkplatz unweit des Haupteinganges bekamen, ärgerte er sich. Er machte sich sofort auf den Weg zur Hausverwaltung, die die Verteilung der Parkplätze organisierte.

»Nein, der Parkplatz gehört nicht mehr Ihnen. Der ist vor zwei Wochen frei gemeldet worden. Deshalb lassen wir Besucher dort parken.«

»Martin war wie vom Blitz gerührt. Er sah den Sachbearbeiter mit großen Augen an. »Wie ... frei gemeldet ... ich bin doch noch hier?«

»Ja, seltsam ist das schon. Normalerweise werden Parkplätze frei gemeldet, wenn jemand das Haus verlässt.« Der Mann sah noch einmal im System nach. »Ja, er ist tatsächlich frei. Das habe sogar ich gemacht.«

»Und wer hat das angeordnet?«

»Um ehrlich zu sein, das weiß ich nicht mehr. Nein, warten Sie, ich erinnere mich. Ich hatte da eine schriftliche Notiz auf dem Schreibtisch liegen. Und habe es gleich ins System eingegeben.«

»Und von wem war die Notiz?«

»Keine Ahnung. Das prüfen wir nicht nach. Warum sollte auch jemand einen Parkplatz freigeben, wenn der betreffende Mitarbeiter noch da ist?«

»Gute Frage! Auf jeden Fall brauche ich den Parkplatz noch. Wie Sie sehen, bin ich noch da. Ändern Sie das am besten gleich wieder.«

»Nein, das kann ich nicht. Um einen Parkplatz zu reservieren, brauche ich eine Anordnung der Personalabteilung. Das geht nicht so ohne weiteres.«

»Aber freigeben dürfen Sie die Parkplätze ohne die Personalabteilung?«, fragte Martin bissig.

»Dafür gibt es keine Regel.«

»Na gut, dann gehe ich jetzt zur Personalabteilung.« Martin stapfte wütend aus dem Büro und war zwei Minuten später im Sekretariat von Herrn Dr. Bossert.

»Ich möchte meinen Parkplatz wieder haben«, eröffnete er der verdutzten Sekretärin.

»Wieso? Sie haben doch einen.«

»Ich hatte einen. Aber der wurde frei gemeldet. Und fragen Sie mich bitte nicht, von wem und warum.«

»Sehr seltsam«, antwortete die Sekretärin. »Aber ich kümmere mich darum. Morgen haben Sie ihn wieder. Versprochen.«

Mit einem knappen »Danke« verabschiedete sich Martin und ging wieder in sein Büro zurück.

»Nein, tut mir leid, das geht nicht.« Jörg Marquard schüttelte heftig seinen Kopf. Dann rümpfte er kräftig die Nase, was bei ihm allerdings kein Zeichen von Unwillen war: Er schob mit dieser Grimasse lediglich die Brille wieder nach oben, die bei seinem heftigen Kopfschütteln verrutscht war.

Lisa Schwind fühlte sich elend, denn sie wusste, wohin das Gespräch unweigerlich führen würde, wenn Marquard so unnachgiebig blieb. Sie konnte nicht fassen, dass Marquard das ganz offensichtlich nicht kapierte.

»Das machen wir immer so«, fuhr Marquard fort. »Und das aus gutem Grund. In Kapstadt haben wir exzellente Marketing-Leute. Und schließlich sollen Sie ja dort etwas lernen.«

»Ich ging davon aus, dass es bei diesem Lernen in erster Linie um den Umgang mit anderen Kulturen in einem anderen Sprachkreis geht. Und dafür wäre Buenos Aires genauso gut geeignet wie Kapstadt.« Lisa kannte Marquards Starrköpfigkeit, wollte aber nicht gleich aufgeben.

»Liebe Frau Schwind« – wie Lisa das hasste, wenn Marquard einen Satz so begann – »trauen Sie mir doch auch einmal zu, dass ich etwas besser beurteilen kann als Sie. Wir machen das seit einer ganzen Weile so und haben beste Erfahrungen.«

»Das mag ja alles sein«, erwiderte Lisa, mittlerweile ungeduldig, »es löst aber nicht das Problem, wer sich um meinen Sohn kümmert, wenn ich mal wieder überraschend bis mitten in die Nacht arbeiten muss. Ich glaube, Sie unterschätzen dieses Problem wirklich.«

»Das mag sein«, gestand Marquard, »aber ich traue Ihnen zu, dass Sie dafür eine Lösung finden. Hier ging es ja auch wunderbar.«

»Es ging hier gut, weil meine Mutter mich unterstützt. Und es ginge in Buenos Aires gut, weil ich dort eine Tante habe, die bereit wäre, den Kleinen ab und an zu nehmen.«

»Nehmen Sie sich ein Hausmädchen. Das ist in Kapstadt billig«, schlug Marquard vor.

»Nein. Wenn ich den Kleinen schon so oft alleine lassen muss, dann will ich wenigstens volles Vertrauen in die Person haben, der ich ihn überlasse. Mir scheint, Sie unterschätzen massiv den Aufwand, eine geeignete Person zu finden. Ein Jahr ist so schnell vorbei. Und wenn ich das erste Viertel vor allem damit verbringe, die Dinge für meinen Sohn zu organisieren, dann hat es keinen Sinn. Das kann doch auch nicht in Ihrem Interesse liegen.«

Marquard setzte seinen »Ich stelle auf stur«-Blick auf: »Das zu organisieren, ist Ihre Aufgabe. Ihr Einsatzort ist Kapstadt.«

»Dann kündige ich.«

Marquard rümpfte die Nase.

Martin nannte es Dummheit. Lea nannte es Blindheit, was aber auf das Gleiche hinauslief. Die Kündigung von Lisa Schwind war das beherrschende Thema während der Kaffeepause hinter dem Empfang. Für Martin war Marquards Sturheit einfach unfassbar. Er war empört und deprimiert zugleich. Lea wirkte bei alldem viel gelassener.

»Ich verkneife mir jetzt mal ein ›typisch Mann‹, weil das Frauen auch manchmal passiert. Aber sicher laufen Frauen nicht so oft in diese Falle: nicht zu erkennen, dass aus einer guten Regel eine schlechte Regel wird, wenn ich ihr blind gehorche.«

»Wie meinen Sie das?«, fragte Martin.

»Ich bin mir sicher, dass Herr Marquard an einem bestimmten Punkt genau gesehen hat, dass Lisa nicht nach Südafrika gehen kann. Und wenn er nüchtern abgewägt hätte, dann wäre Lisa jetzt auf dem Weg nach Argentinien. Aber aus mir schleierhaften Gründen passiert es immer wieder, dass Menschen sich an Gewohnheiten festklammern, obwohl das ganz offensichtlich Unsinn ist. Es ist eine eigenartige Art von Blindheit, die einen da befällt.«

»Aber hätte nicht Bossert eingreifen müssen, als Frau Schwind ihm die Kündigung auf den Tisch gelegt hat?«

»Das hätte er definitiv tun müssen«, nickte Lea. »Aber leider haben wir hier bei der AGATI eine Kultur, die Fehler, wie den von Marquard fördert. Eine Kultur, die falsche Prioritäten setzt.«

»Welche Prioritäten?«, fragte Martin.

»Stelle Regeln über Menschen.«

Fehler 3:
Stelle Regeln über Menschen

Seit dem Turmbau zu Babel kommt kein größeres Vorhaben ohne eine vernünftige Organisation aus. Wo viele Menschen an einer großen Aufgabe arbeiten, muss diese zwangsläufig in viele kleinere aufgeteilt und auf unterschiedliche Menschen verteilt werden. Damit ein »Mit«-Arbeiter nicht das Ergebnis eines anderen über den Haufen wirft und zum »Gegen«-Arbeiter wird, sind Regeln zwingend notwendig. Deshalb schreiben heutzutage alle Organisationen die geltenden Zuständigkeiten, Entscheidungsbefugnisse, Verantwortlichkeiten, Ablaufbeschreibungen und vieles mehr in formalen und informellen Statuten, Vorschriften, Richtlinien, Verfahrensanweisungen, Geboten und Verboten fest.

Regeln sind für große Unternehmen unverzichtbar. Sie sind eine Grundvoraussetzung für die funktionierende Zusammenarbeit. Sie sind wichtiges Mittel zum Zweck. Sie stehen in der Hierarchie hinter »Ziel« und »Aufgabe« gleich an dritter Stelle. Ein gut geführtes Unternehmen mit klaren, zielgerichteten Regeln ist wie eine riesige Lokomotive: Jedes Rädchen greift ins andere. Nichts kann das Ungetüm aufhalten, wenn es seinem Ziel entgegendampft.

Allerdings tun viele Organisationen zu viel des Guten. In ihnen verkommen Regeln zum Selbstzweck. Diese Organisationen vergessen, dass die Regeln hinter dem Ziel und der Aufgabe zurückstehen. Stattdessen erheben sie die Regeln an die erste Stelle. Das ist das Dümmste, was sie tun können.

Wer Regeln als Selbstzweck betrachtet, perfektioniert sie. Solche Unternehmen schreiben deshalb alles bis ins kleinste Detail vor und nehmen damit ihren Mitarbeitern Freiräume für eigenverantwortliches Handeln. Sie degradieren den Mitarbeiter zum kleinen Rädchen, das gefälligst seine Funktion zu erfüllen und ansonsten den Mund zu halten hat. Auch wenn Unternehmen das natürlich niemals so sagen würden, so spricht die detaillierte Regelung eine deutliche Sprache: »Ihr seid zu dumm, um selbst vernünftige Entscheidungen treffen zu können. Deshalb tun wir es für euch. Wir brauchen nicht eure ganze Person, sondern nur eure Funktion.« Muss es angesichts einer solchen Botschaft verwundern, wenn die Mitarbeiter sich nicht besonders stark mit dem Unternehmen identifizieren?

In höchstem Maße frustrierend für Mitarbeiter ist besonders eine Eigenschaft, die Regeln innezuwohnen scheint: das ewige Leben. Vielen Unternehmen ist es fast unmöglich, veraltete Regeln wieder loszuwerden – und sei es, dass sie nur im Sinne von »das haben wir schon immer so gemacht« weiterleben. Interessanterweise fehlt selbst in ansonsten überreglementierten Organisationen häufig eine klare Regel, wie veraltete Regeln aus dem Verkehr zu ziehen sind. Deshalb müssen sich Mitarbeiter mit Anweisungen herumschlagen, deren Zielsetzung und Zweck schon lange verloren gegangen sind. Im Gegenteil, die Einhaltung solcher Vorschriften erschwert sogar häufig das Erreichen der neuen Ziele und Aufgaben. Unternehmen könnten bei ihren Beschäftigten massenhaft Pluspunkte sammeln, wenn sie solche unsinnigen Regeln schnell und unbürokratisch aus der Welt schafften.

Angenommen, ein Mitarbeiter würde folgendes Anliegen vortragen: »Für unsere Abteilungsfeier hätte ich gerne den Beamer aus dem Besprechungszimmer ausgeliehen. Laut Anweisung soll das aber nicht erlaubt sein.« Welche Reaktion wäre wohl besser? »Da haben Sie verdammt Recht. Das ist nicht erlaubt.« Oder die Antwort: »Diese Regel gibt es noch? Meine Güte! Das wurde festgelegt, als die Dinger noch riesig waren und alleine der Aus- und Einbau sauteuer war. Die Regel müssen wir schnellstens über Bord werfen. Danke, dass Sie mich darauf aufmerksam gemacht haben! Natürlich können Sie sich das Gerät ausleihen.«

Können Sie sich vorstellen, wie motiviert ein Mitarbeiter nach einer solchen Antwort das Zimmer verlässt? Leider ist so eine Reaktion des Vorgesetzten viel zu selten. Üblicherweise ist das höchste der Gefühle, dass der Chef zugibt, dass die Regel eigentlich unsinnig sei und »demnächst einmal« beseitigt werden sollte. Bis dahin bleibt der Beamer aber natürlich hier. Denn eine Regel ist schließlich eine Regel. Und damit basta!

Sich als Sklave unsinniger Regeln zu sehen frustriert und ärgert. Täglich werfen Mitarbeiter das Handtuch, weil sie es nicht aushalten können, dass eine »dumme Regel« wichtiger genommen wird als ihre Bedürfnisse. Da fragt eine alleinerziehende Mutter vorsichtig an, ob sie gelegentlich früher gehen könne, um ihren Sprössling vom Kindergarten abholen zu können. Und was macht ihr Chef? Geht er auf sie ein? Nimmt er sie mit ihrem Problem ernst? Weit gefehlt! Er bügelt sie ab: »Kommt nicht in Frage. Unsere Kernarbeitszeit geht bis 16 Uhr.« Muss es da wundern, dass sich die Mitarbeiterin als unwichtig betrachtet? In einer anderen Abteilung schuften die Mitarbeiter aufgrund der Personalknappheit mehr oder weniger ohne Unterbrechung. Mit hohem persönlichen Einsatz halten sie den Laden am Laufen. Dann wird Ihnen Ende Dezember mitgeteilt, dass ihr Resturlaub am 31. März verfällt. »Eine Ausnahmeregelung? Wo kämen wir da hin?«

Chefs müssten eigentlich wissen, dass es keine Regel ohne Ausnahmen gibt und dass Sie selbst es sind, die im Interesse ihrer Mitarbeiter diese Ausnahmen schaffen sollten. Stattdessen ziehen sie sich kurz angebunden auf eine Organisationsanweisung zurück.

Wer Regeln über den Respekt gegenüber anderen Menschen stellt, braucht sich nicht zu wundern, wenn diese es an Einsatz fehlen lassen. Ebenso wenig braucht er sich zu wundern, wenn sie sich einen anderen Arbeitgeber suchen.

Nicht wenige Organisationen sind über solche Kündigungen sogar froh. Ein Teilchen, das sich weigert, klaglos seine Funktion im großen Zusammenhang zu erfüllen, hat ihrer Meinung nach ohnehin keinen Platz in der Maschine. Also raus damit! Dabei sollte ein Unternehmen gerade jene Menschen, die Regeln hinterfragen, auf jeden Fall halten: seine kritischen und engagierten Mitarbeiter.

Was betroffene Mitarbeiter tun können

Ihr Unternehmen pflegt Regeln, die noch aus Zeiten der Sklaverei stammen? Oder zumindest aus der Dampfmaschinenzeit?

Dieses Problem ist lösbar. Nicht zuletzt durch Sie. Betreiben Sie Vorschriftenhygiene. Erklären Sie einfach unsinnigen und veralteten Anweisungen den Krieg. Es kann sein, dass Sie dazu nicht nur mit Ihrem Chef, sondern auch mit der Organisationsabteilung, mit dem Betriebsrat oder mit Nachbarabteilungen sprechen müssen. Es kann sein, dass Sie stapelweise Verbesserungsvorschlagsformulare ausfüllen müssen. Egal wie: In den meisten Fällen werden Sie erleben, dass Sie mit der Zeit etwas bewegen. Das ist befriedigend und verschafft Ihnen – wenn Sie es sachlich und professionell tun – den Ruf eines Mitarbeiters, der engagiert über seinen Tellerrand blickt. Dieses Image hat in einem Unternehmen noch niemandem geschadet. Also versuchen Sie es einfach einmal.

Schwieriger ist es, wenn Ihr Chef das Regelwerk des Unternehmens mit Gottes Wort verwechselt und es mit Klauen und Zähnen verteidigt. Die meisten Mitarbeiter versuchen bei solchen harten Brocken erst gar nicht, eine Regel in Frage zu stellen oder um eine Ausnahme zu ersuchen. Tun Sie es trotzdem! Nur wenn ein Chef regelmäßig mit einem Problem konfrontiert wird, besteht die Chance, seine Wahrnehmungsschwelle zu überwinden. Stellen Sie offene, problemorientierte Fragen, die nicht Ihren Chef in Frage stellen, sondern ihn in die Position eines Erneuerers drängen. »Wie könnten wir das Problem anders lösen?« »Was könnte ich tun, um ...« Bringen Sie die Autorität Ihres Chefs nach und nach auf Ihre Seite.

Wenn sich aber herausstellt, dass Sie immer gegen Mauern laufen? Dann sollten Sie sich überlegen, ob diese Regeln Sie wesentlich beengen. Falls ja, können Sie es zunächst mit Ignorieren versuchen. Es ist erstaunlich, gegen wie viele Regeln man ständig und ungestraft verstoßen kann. Wenn das nicht möglich ist, sollten Sie sich klar darüber werden, ob Sie wirklich an einem Ort bleiben wollen, in dem Regeln mehr gelten als die Menschen, für die sie gemacht wurden.

Fazit: Regeln sind dazu da, dass Mitarbeiter besser am Erreichen des Unternehmensziels mitarbeiten können. Wenn Regeln der Leistungserstellung im Wege stehen – und dazu gehört auch, dass sie jemanden demotivieren –, dann ist es legitim, sie in Frage zu stellen oder Ausnahmen zu fordern. Das sollte man sich auch niemals nehmen lassen.

Zwei Wochen, nachdem Lisa Schwind das Unternehmen verlassen hatte, war auch Martins Einsatz in der Marketing-Abteilung beendet. Jörg Marquard war in diesen zwei Wochen auffallend wortkarg gewesen. Heiner Müller, Lisas ehemaliger Assistent und nun ihr Nachfolger, war ebenfalls erheblich stiller als sonst. Für Martin erweckte er den Eindruck eines Mannes, der sich innerlich bereits von seiner Firma verabschiedet hat. So wirkte sich Heiners Loyalität zu seiner ehemaligen Vorgesetzten auf eine Weise aus, die Herrn Marquard bald eine weitere Kündigung bescheren würde: eine noch schmerzhaftere Kündigung, da noch kein Nachfolger zur Verfügung stand.

Martins neuer Einsatzort war direkt beim Vorstand angesiedelt. Genauer gesagt beim Assistenten des Vorstandsvorsitzenden Markus Großknecht. Als geistiger Vaters des High-Potential-Trainee-Programmes wollte Großknecht wohl die Gelegenheit haben, die Trainees einmal persönlich aus der Nähe zu begutachten. Großknechts Assistent, Leo Keulemans, begrüßte Martin mit hochgezogener Stirn: »Ihnen eilt ja kein besonders erfreulicher Ruf voraus.«

Martin war sprachlos vor Schreck. Als er sich wieder erholt hatte, fragte er: »Welcher Ruf eilt mir denn voraus? Ich kann mir überhaupt nicht vorstellen, was ...«

»Man munkelt, dass überall dort, wo Sie auftauchen, Mitarbeiter gehen. Wie machen Sie denn das?«

»Dafür kann ich doch nichts!«, entgegnete Martin entrüstet.

»Ich habe gehört, dass es nicht einfach sein soll, mit Ihnen auszukommen. Ob nun etwas Wahres daran ist oder nicht: hier haben wir keine Zeit für irgendwelche Mätzchen. Die Arbeit für unseren Vorstandsvorsitzenden ist hart und beinahe jede Aufgabe muss unter enormem Zeitdruck erledigt werden.«

Martin hatte noch immer weiche Knie vor Schreck. Niemand hatte ihm je gesagt, dass es schwer gewesen wäre, mit ihm zu arbeiten. Im Gegenteil, er hatte stets das Gefühl gehabt, sich mit seinen Kollegen gut zu verstehen.

»Wer behauptet denn, mit mir könne man nicht auskommen?«, fragte er hilflos.

»Das wird eben gemunkelt«, antwortete Keulemans nebulös. »Und ein Quäntchen Wahrheit ist an solchen Gerüchten immer dran.«

»Fragen Sie doch die Leute, mit denen ich zusammengearbeitet habe«, schlug Martin vor. »Ich bin mir sicher, dass sie Ihnen das Gegenteil sagen werden.«

»Wer ist denn noch da?«, fragte Keulemans mit ironischem Unterton.

Martin errötete. »Fragen Sie Heiner Müller aus dem Marketing.«

»Gut, das werde ich bei Gelegenheit tun«, beschloss Keulemans die Diskussion. »Aber nun erkläre ich Ihnen erst einmal, was hier zu tun ist.«

»Mach dir nichts daraus«, versuchte Susi ihren Martin zu trösten. Sie saß auf dem Bett in ihrer Wohnung, den Rücken an die Wand gelehnt. Martin lag neben ihr, den Kopf in ihrem Schoß. Im Zimmer verteilt standen schon die Kartons für den Umzug in die gemeinsame Wohnung.

»Du weißt doch, wie schnell Gerüchte entstehen«, sagte Susi. »Jemand versteht etwas falsch, erzählt die falsche Version weiter und so entstehen die verrücktesten Geschichten.«

»Das mag ja sein«, sagte Martin. »Das Problem bleibt aber das gleiche: Wie werde ich diesen Ruf wieder los?«

»Einfach dadurch, dass du das Gegenteil beweist. Du bist doch gut, das weiß ich.«

»Wenn Keulemans nur auch davon überzeugt wäre. Ich hoffe, er macht es mir nicht allzu schwer.«

»Es schadet sicher auch nicht, wenn du dir Gedanken machst, ob du irgendetwas getan hast, was zu diesen Gerüchten führen konnte.«

Martin fuhr hoch. »Was soll das denn heißen? Glaubst du etwa auch, dass ich der unausstehliche Typ bin, als der ich dargestellt werde?«

»Nein, nein, versteh mich nicht falsch! Aber irgendeinen Grund muss es doch für das Gerücht geben.«

»Gibt es eben nicht!« Martin stand auf und ging zu dem kleinen Kästchen, das über der Küchenzeile hing. Er nahm eine Flasche Grappa heraus und schenkte sich einen Doppelten ein. Mit einem Zug kippte er das Glas und schüttelte sich.

»Ich bin heute nicht gut drauf. Ich glaube, ich gehe jetzt besser. Ich ruf dich morgen an.«

»Wenn du meinst«, seufzte Susi. »Komm gut heim.«

An seinem neuen Einsatzort wurde Martin genau beobachtet. Keulemans wunderte sich darüber, dass Martin so gar nicht der unangenehme Mensch war, von dem man ihm berichtet hatte. Anfangs machte ihn Martins recht unauffälliges Verhalten besonders argwöhnisch, vermutete er doch in jeder seiner Aktivitäten die Vorbereitung einer besonders subtilen Fiesheit. Doch mit der Zeit kam er zu dem Schluss, an den Gerüchten über Martin sei doch nichts Wahres. Trotzdem nahm er sich vor, weiterhin ein wachsames Auge auf seinen Schützling zu haben.

Schon seit einer Woche war allerdings eine ganz andere Art von Unruhe in der Vorstandsetage zu spüren. Großknecht führte ununterbrochen mit seinen Vorstandskollegen und Bereichsleitern Gespräche hinter geschlossenen Türen. Es lag Spannung in der Luft. Leo Keulemans erklärte Martin, dass dieser Koller einmal im Jahr den Vorstand befiel: in der Woche vor der Bekanntgabe der Jahresergebnisse und der nachfolgenden Analystenkonferenz. Großknecht wurde in dieser Zeit stets sehr still. Kaum ein Wort kam außerhalb seines Büros über seine Lippen. Dafür ging es in seinem Büro, das zugleich ein kleiner Konferenzraum war, streckenweise laut her. So laut, dass Gesprächsfetzen sogar durch die dick gedämmte Türe drangen.

»Großknechts Schweigsamkeit kommt nicht nur von dem Druck, der auf ihm liegt«, sagte Keulemans zu Martin. »Das liegt auch daran, dass er sehr vorsichtig mit seinen Äußerungen sein muss. In dieser Woche weiß er etwas, das draußen Tausende von Aktionären und Bankern gerne wüssten, und zwar, wie nun definitiv die Zahlen der AGATI AG ausfallen werden. In Zeiten, in denen Aktionäre sofort zum Rechtsanwalt rennen, wenn sie auch nur den leisesten Verdacht haben, jemand hätte die Ergebnisse früher als sie erfahren, ist das beste Rezept für einen Vorstand den Mund zu halten. Wer nichts sagt, sagt nichts Falsches.«

Die gespenstische Atmosphäre auf dem Stockwerk bereitete Martin fast eine Gänsehaut. »Deshalb auch der Wachmann, der seit einer Woche hier auf dem Stockwerk aufpasst?«

»Ja, schließlich befinden sich in Großknechts Tresor Unterlagen, die für viele äußerst interessant wären. Auch nur einen Tag früher als die anderen zu wissen, wie die Jahresergebnisse ausfallen, kann einen Spekulanten reich machen.«

»Und die Informationen liegen nur in diesem Tresor?«

»Die Präsentation, die Großknecht geben wird, liegt darin. Die Zahlen sind natürlich auch in der Buchhaltung bekannt. Aber nur wenige wissen, was unter dem Strich dabei herauskommt.«

Und als Wolfram Großknecht just in diesem Augenblick an den Tresor ging, um die Unterlagen für die Analystenkonferenz herauszuholen, erlebte er eine böse Überraschung.

»Prost, Georg!« Die Kollegen erhoben ihre Gläser und prosteten dem Betriebshandwerker zu. Georg Wicke trank selten Sekt. Er schmeckte ihm nicht. Sekt war in seinen Augen kein Getränk, sondern ein zeremonieller Stoff für Jubiläen, Ein- und Ausstände. An diesem Tag war ein besonderer Ausstand, nämlich sein eigener. Er hatte am Vortag, seinem letzten Arbeitstag, noch bis Dienstschluss gearbeitet und war nun extra zu der kleinen Feier ins Büro gekommen, die seine Kollegen für ihn organisiert hatten.

»Prost, Kollegen!« Er nippte einen Schluck und stellte das Glas ab. »Schluss, aus! Es ist schon ein seltsames Gefühl, wenn ein Ausstand plötzlich der eigene ist. Aber es ist auch genug.«

Trotz der 25 Jahre, die Wicke bei der AGATI AG gearbeitet hatte, glaubte ihm keiner so recht, dass er wirklich genug hatte. Zu viel Freude hatte Wicke die Arbeit gemacht. Er war noch ein Handwerker aus der Generation, die versuchte etwas zu reparieren, bevor sie es austauschte. Damit hatte Wicke der AGATI im Laufe seiner Berufslaufbahn sicher Hunderttausende gespart.

»Ach, gib's doch zu«, klopfte ihm einer seiner Kollegen auf die Schulter, »du würdest am liebsten weiter machen. Kaum einer hier übt seinen Beruf mit so viel Leidenschaft aus wie du.«

»Das ja«, stimmte Wicke zu. »Mir macht der Beruf nach wie vor Spaß. Aber trotzdem will ich hier nicht weiter machen. Du weißt ja, seit der Geschichte von vor einem Jahr habe ich mit der AGATI abgeschlossen. Das hat mich sehr verletzt. So geht man mit niemandem um.«

Er schaute nachdenklich an einen unendlich weit entfernten Punkt an der Wand.

Das Telefon klingelte. »Georg, für dich«, sagte verwundert der Kollege, der abgenommen hatte. »Jemand vom Vorstand.«

Wicke schreckte aus seinen sichtlich nicht erfreulichen Gedanken auf. »Ich bin nicht mehr im Dienst«, entgegnete er brüsk.

»Du, der ist ganz aufgeregt. Komm, geh doch hin, da ist irgendwas passiert. Es geht um den Tresor.«

»Ja, ich weiß, der klemmt alle Jahre mal«, brummelte Wicke. »Ich habe ihn aber immer wieder aufbekommen.« Er wackelte mit den Fingern. »Dafür braucht man jede Menge Gefühl. Ohne mich müssen die den Tresor wohl abholen und im Werk öffnen lassen.« Er warf sich die Jacke um und ging zur Türe. »Sag denen, ich bin nicht mehr im Dienst.« Georg Wicke ging hoch erhobenen Hauptes hinaus und schloss die Türe hinter sich.

»Was? Nicht mehr im Dienst? Was soll denn das? Hat der Mann denn nicht einen Funken Verantwortungsgefühl?« Großknechts Stimme überschlug sich. Die Tür des Tresors bewegte sich keinen Millimeter und im Konferenzsaal eines Hotels einen Kilometer weiter füllten sich die Sitzreihen in Erwartung der Quartalsergebnisse.

»Holen Sie den Mann sofort her! Das ist eine Katastrophe!«

Keulemans legte kreidebleich den Telefonhörer auf die Gabel. »Sein ... sein Kollege sagte, er sei gerade zur Tür hinausgegangen.«

Großknecht schoss zum Fenster, von dem aus er einen Blick auf den Firmenparkplatz hatte. Weit unten sah er einen Mann, die Jacke über die Schulter geworfen, zu seinem Auto gehen. Er erkannte Georg Wicke, der ihn schon zweimal aus einer ähnlichen Zwickmühle gerettet hatte.

»Ich verstehe das nicht. Was ist denn mit dem Mann los? Rufen Sie sofort

unten im Empfang an! Halten Sie ihn auf! Nein ... vergessen Sie es. Zu spät.«
Hilflos sah er zu, wie Georg Wicke seinen Wagen startete und davonfuhr.

»Ich rufe den Notdienst der Tresorfirma.« Keulemans lief aus dem Zimmer.

»Ja, tun Sie das«, sagte ihm Großknecht leise hinterher. »Aber das dauert alles viel zu lange. Wir müssen die Analystenkonferenz verschieben. Mein Gott, die zerreißen uns in der Luft.«

Großknecht atmete flach. »Kann mir einer sagen, was in den Mann gefahren ist, diesen Handwerker? Der war doch immer loyal bis zum Geht-nicht-mehr. Der ist doch richtiggehend aufgeblüht, wenn er am Tresor herumtüfteln konnte! Ich werde nie vergessen, wie der gegrinst hat, als damals die Ingenieure von der Tresorfirma meinten, das Ding wäre nur im Werk zu öffnen.«

Großknecht wandte sich vom Fenster ab und sah Michael Bossert an, der wie die anderen Vorstandskollegen erstarrt im Raum stand. »Was ist mit dem los?«

Bossert zuckte mit den Schultern.

»Ich weiß, was mit ihm ist«, sagte Evelyn Laske, Großknechts Sekretärin. »Er hat es mir erzählt, als er vor zwei Monaten das neue Schloss in die Tür eingebaut hat. Er fühlte sich unfair behandelt und freute sich deshalb auf den Tag, an dem er endlich gehen könnte.«

»Wieso unfair behandelt?«, fragte Bossert.

»Weil er vor einem Jahr angeblich keine Gehaltserhöhung mehr bekommen hat. Er sagte, man hätte ihn bei der Gehaltsrunde ausgelassen, weil er ohnehin nur noch ein Jahr bis zum Ruhestand hätte. Dadurch bekommt er jetzt dreihundert Mark weniger Betriebsrente. Er meinte, das täte ihm richtig weh. Ich glaube aber, dass er das vor allem als persönliche Kränkung erlebt hat. Er machte fast einen verbitterten Eindruck.«

Großknecht sah Bossert fragend an.

»Das kann durchaus sein«, nickte Bossert und sah Großknecht geduckt an. »Sie erinnern sich an das Sparpaket, das Sie letztes Jahr durchgedrückt haben? Keine Gehaltserhöhungen mehr für Mitarbeiter im letzten Arbeitsjahr?«

Großknecht ließ sich in seinen Leder-Drehsessel fallen und drehte sich von den Anwesenden weg. »Scheiße.«

Lea Richter und Oliver Knoff lauschten gebannt Martins Bericht. Natürlich hatten sie alle mitbekommen, dass die Analystenkonferenz um mehrere Stunden hatte verschoben werden müssen. Die einschlägigen Nachrichtensender hatten diesen Vorgang durchweg bissig kommentiert und selbst der Aktienkurs der AGATI AG war von dem Vorgang in Mitleidenschaft gezogen worden. Lea und Oliver hatten der offiziellen Darstellung, eine Tresortür hätte geklemmt, nicht geglaubt. Beide waren deshalb überrascht zu erfahren, dass es tatsächlich so war.

»So viele versteinerte Gesichter auf einem Haufen habe ich noch nie gesehen«, erzählte Martin. »Und ich musste dabei immer an den Herrn Wicke denken. Ich habe ihn ja vor ein paar Wochen hier kennen gelernt. Wie so ein Mann, dem man das wirklich nicht zutrauen würde, die ganze AGATI AG erschüttern kann!«

»Das geschieht denen da oben ganz recht«, sagte Oliver. »Manchmal gibt es eben doch so etwas wie ausgleichende Gerechtigkeit. Wie muss sich wohl ein Mann fühlen, der jahrelang mit vollem Einsatz für die Firma arbeitet und dem man plötzlich zeigt, dass er nur noch ein Mitarbeiter zweiter Klasse ist? Ich kann ihn total gut verstehen.«

»Ich auch«, nickte Lea Richter. »Einmal ganz davon abgesehen, dass eine Anordnung, Mitarbeiter je nach Alter von Gehaltserhöhungen auszuschließen, rechtlich höchst zweifelhaft ist, ist es einfach unfair. Herr Wicke hätte die Gehaltserhöhung wahrscheinlich jederzeit einklagen können. Aber ihn hat es vor allem gekränkt. Und gekränkte Mitarbeiter gehen entweder plötzlich oder sie leisten im entscheidenden Augenblick eben nicht das zusätzliche Quäntchen, auf das es ankommt. Wenn man sichergehen will, dass Situationen wie die Sache mit dem Tresor passieren, dann muss man nur diesen einen Fehler begehen:«

Fehler 4:
Verhalte dich unfair

Menschen, die sich in eine Sache einbringen und dabei eine gute Leistung zeigen, erwarten dafür vollkommen zu Recht eine Gegenleistung. Und zwar nicht irgendeine, sondern eine angemessene. Was sie als »angemessen« oder »fair« betrachten, hängt stark von den Rahmenbedingungen ab. Im Endeffekt läuft »angemessen« aber immer auf »vergleichbar« hinaus. Es ist ganz einfach: Die erhaltene Gegenleistung darf nicht schlechter sein als die Gegenleistung, die andere Menschen in ähnlicher Situation für ähnliche Leistungen erhalten. Sofern das gegeben ist, sind die Menschen zufrieden. Falls nicht, fühlen sie sich unfair behandelt. Sie werden unzufrieden. Und wer unzufrieden ist, wird über kurz oder lang aufhören, Leistung zu erbringen. Entweder indem er seinen Einsatz herunterschraubt, oder indem er ihn ganz einstellt. Im Unternehmen bedeutet Letzteres die Kündigung.

Es liegt in der Natur des Menschen, bei seinen Vergleichen vor allem zwei Maßstäbe heranzuziehen. Der eine besteht aus den allgemeinen ethischen Grundüberzeugungen, die in der Gesellschaft bestehen. Also dem, was »man« tut oder eben nicht. Den anderen Maßstab bildet das unmittelbare Umfeld. Alle anderen Vergleiche sind weniger wichtig. Beispielsweise sind Vergleiche mit den Menschen in anderen Abteilungen oder mit Menschen innerhalb derselben Branche für die meisten beinahe irrelevant. Vergleiche mit anderen Branchen oder gar mit Beschäftigten in anderen Ländern werden fast nie gemacht. Selbst wenn diese Vergleiche einmal vorgenommen werden und negativ ausfallen, hat das in der Regel keinen Einfluss auf die allgemeine Zufriedenheit. Wie sonst könnten Menschen in Südamerika, die wissen, dass Sie nur einen Bruchteil der Gegenleistung eines europäischen Arbeitnehmers erhalten, mit ihrem Arbeitsplatz zufrieden sein?

Menschen vergleichen erfahrene Handlungen also in allererster Linie mit den Handlungen, die sie in ihrer nächsten Umgebung beobachten, und entscheiden dann, ob sie sich fair oder unfair behandelt fühlen.

Durch diesen starken lokalen Bezug ist die faire Behandlung eines der bevorzugten Instrumente direkter Vorgesetzter, um Mitarbeiter zufrieden zu stellen. Ein Vorgesetzter, der von seinen Mitarbeitern als fair erlebt wird, trägt mehr dazu bei, die Leute im Unternehmen zu halten, als die tollsten Mitarbeitermotivationsprogramme. Man sollte nun annehmen, dass die Vorgesetzten dieses wunderbare und zumeist auch preiswerte Instrument intensiv und ganz bewusst nutzen. Davon merkt man bei vielen Vorgesetzten allerdings herzlich wenig. Im Gegenteil. Viele Mitarbeiter haben das Gefühl, von ihren Chefs ständig oder zumindest gelegentlich unfair behandelt zu werden. Sie haben den Eindruck, von ihrem Chef nicht die Gegenleistung zu erhalten, die ihnen zusteht.

Allzu häufig verstehen Vorgesetzte unter »angemessener Gegenleistung« nur ein vergleichbares Gehalt. Sie delegieren die Verantwortung dafür an die Personalabteilung, die durch Gehaltspläne diese Vergleichbarkeit gewährleisten soll. Damit betrachten sie das Thema für sich als erledigt. Das angemessene Gehalt ist zweifellos sehr wichtig. Allerdings ist es nur ein Teil dessen, was Mitarbeiter dafür erwarten, dass sie ihrem Arbeitgeber den Großteil ihres wachen Lebens widmen. Mitarbeiter wünschen sich darüber hinaus aber auch viele nichtmonetäre Zusatzleistungen wie angemessene Arbeitsbedingungen, interessante Aufgaben, menschliche Zuwendung, persönliche Aufmerksamkeit und freundlichen Umgangston. Und zwar nicht von »dem Unternehmen«, sondern hauptsächlich von ihrem direkten Chef. Und der macht dann in allen Bereichen Fehler, indem er gegen die allgemeinen Konventionen oder die Vergleichbarkeit verstößt.

Es gibt kaum einen Mitarbeiter, der nicht mindestens eine der folgenden Situationen schon selbst erlebt hat:

- Die Stillen, Arbeitsamen werden schlechter gestellt als laute, fordernde Kollegen. Sie erhalten weniger Aufmerksamkeit, weniger persönliche Zuwendung, weniger Weiterbildung, weniger Gehalt etc.
- Der Chef bevorzugt seine »Lieblinge«, wobei diese ihre Vorzugsposition nicht ihrer Leistung verdanken, sondern dem Umstand, dass sie ihm nach dem Mund reden, ihn schon seit der gemeinsamen Lehrzeit kennen, etc. etc. etc.
- Notlagen und Zwangslagen werden ausgenutzt, um dem Mitarbeiter weniger Gegenleistung geben zu müssen, als angemessen wäre. Beispielsweise werden Mitarbeiter kurz vor dem Ruhestand von Gehaltsrunden ausgeschlossen. Schwervermittelbaren werden Arbeitszeiten und Arbeiten zugemutet, die von anderen nicht verlangt werden.
- Der Vorgesetzte ist sprunghaft und entscheidet jeden einzelnen Fall vollkommen unabhängig davon, wie er in anderen Fällen entschieden hat. Man weiß nie, woran man mit ihm ist.
- Der Chef nutzt seine Machtstellung ungebührlich, indem er absichtlich weniger gibt, als er fairerweise eigentlich müsste. Es ist eine Art von Gehorsamsübung, in der er den Mitarbeitern die Machtverhältnisse demonstriert.

- Der Einzelfall eines Mitarbeiters wird aufgebauscht, um an ihm ein Exempel zu statuieren. Die »Exekution« ist eigentlich gar nicht für den Betroffenen gedacht, sondern für die anderen.

Mitarbeiter können eine ziemlich dicke Haut bezüglich ungerechter Behandlung entwickeln. Damit ist gemeint: ein Verstoß gegen die allgemeinen Gepflogenheiten. Was sie allerdings rasend macht, ist Ungleichbehandlung. Wenn ein Chef zum Beispiel Mitarbeiter wegen Lappalien öffentlich in einem Ton »anpfeift«, der selbst bei größeren Fehlern unangemessen wäre, bedeutet das nicht automatisch, dass seine Mitarbeiter grundsätzlich unzufrieden sein müssen. Sofern der Chef als Choleriker in diesen Situationen stets so (über-)reagiert, zuckt der betroffene Mitarbeiter wahrscheinlich lediglich mit den Schultern. Zu seinen Kollegen meint er dann grinsend, dass »der Alte« wieder mal ausgerastet sei, und schüttelt gemeinsam mit ihnen den Kopf über dieses unkontrollierte Verhalten. Er fühlt sich zwar nicht besonders nett behandelt, aber doch seinen Kollegen gegenüber vergleichbar. Vollkommen inakzeptabel ist solch ein Anpfiff für ihn jedoch dann, wenn derselbe Chef andere Kollegen für eklatantere Versäumnisse bisher überhaupt nicht rügt. Wann immer ein vernünftiger Grund für diese Ungleichbehandlung fehlt, treibt das einen Pfahl der Unzufriedenheit in den Mitarbeiter, der schwerlich wieder herauszuziehen ist.

Eine ähnliche Reaktion erfolgt, wenn Chefs ihre Mitarbeiter alle gleich gut behandeln. Es gibt Chefs, die es dabei zu wahren Meisterleistungen bringen. Sie verteilen Lob und Anerkennung gleichmäßig auf alle ihre Untergebenen. Damit verprellen sie die Leistungsträger, die es als äußerst unfair empfinden, dass ihre Leistung genauso bewertet und gesehen wird wie die des Schlusslichts. Auch die Leistungsverweigerer und Dünnbrettbohrer schütteln angesichts eines derart schlecht informierten Chefs die Köpfe und sehen sich in ihrer Meinung noch mehr bestätigt, dass sich Leistung nicht lohnt. Wenn es ganz dumm läuft, fahren sie ihre Leistung noch weiter zurück. Was zu noch mehr Frustration beim gleichbehandelten Leistungsträger führt.

Was betroffene Mitarbeiter tun können

Wenn Sie sich unfair behandelt fühlen, sollten Sie – trotz Ihrer Erregung – zunächst einmal versuchen, selbst fair zu sein. Das bedeutet, dass Sie sich fragen, ob Sie und Ihre Situation wirklich mit den Situationen vergleichbar sind, die Sie (unbewusst) als Maßstab herangezogen haben. Schließlich bedeutet

»fair zu sein« für den Chef ausdrücklich nicht, dass er alle Mitarbeiter gleich behandeln soll. Es bedeutet lediglich, dass er Vergleichbares gleich handhabt. Auch wenn es manchmal schwer fällt zu akzeptieren – vor allem dann, wenn man erregt ist –, so gibt es doch Rahmenbedingungen, die eine Ungleichbehandlung rechtfertigen oder diese sogar zwingend fordern. Es gibt nun einmal Kollegen, die sich mehr einsetzen, bessere Resultate erzielen, mehr Förderung nötig haben oder sich in besonderen Lebensumständen befinden. Das sind alles Faktoren, die Ihr Chef bei seinen Entscheidungen und seinem Verhalten zu berücksichtigen hat.

Sofern Sie nicht alle Fakten der Vergleichssituationen kennen, sollten Sie versuchen, diese in Erfahrung zu bringen. Zunächst einmal, indem Sie Kollegen oder andere Wissensträger befragen (zum Beispiel den Betriebsrat). Im nächsten Schritt sollten Sie den Chef direkt ansprechen. In manchen Unternehmen erwartet das die Firmenkultur sogar. »Wer den Mund nicht aufmacht, muss wohl zufrieden sein«, heißt dort die Devise. Das betrifft alle jene Unternehmen, die eine »Hol«-Kultur anstelle einer »Bring- bzw. Versorgungskultur« haben.

Das Gespräch mit Ihrem Chef sollte zu einem Zeitpunkt stattfinden, an dem sowohl er als auch Sie gesprächsbereit sind. Sofern keiner von Ihnen emotional engagiert ist, kann das unmittelbar nach der unfairen Behandlung geschehen. Ansonsten ist zeitlicher Abstand anzuraten. Sie sollten das Gespräch nicht damit beginnen, dass Sie sich massiv über die Ungleichbehandlung beschweren. Das führt nur dazu, dass der Chef »die Schotten dicht macht«. Aus diesem Grunde sollten Sie auch keinen aggressiven Ton anschlagen. Das schaukelt höchstens Emotionen hoch. Stattdessen sollten Sie sachlich und konstruktiv sein und den Eindruck erwecken, dass Sie etwas lernen wollen. Ein guter Anfang für ein solches Gespräch kann sich so anhören: »Sie haben ... folgendermaßen entschieden ... Offen gestanden verstehe ich diese Entscheidung/Handlung nicht und würde gerne einige Fragen stellen, um besser mit dieser Entscheidung umgehen zu können.« Kaum ein Chef kann ein solches Ersuchen ablehnen. Die darauf folgenden Fragen sollten direkt sein und zunächst einmal abklären, ob wirklich eine unterschiedliche Behandlung vorliegt. Der Umstand, dass Ihre Gehaltserhöhung mager ausfiel, bedeutet ja nicht automatisch, dass sie für andere besser ist. Was liegt also näher als die Frage: »Bekommen die anderen mehr?«. Falls ja, sollten Sie versuchen herauszubekommen, wo der Chef Ihre Defizite sieht. Verzichten Sie soweit als möglich darauf direkt zu fragen, was die anderen besser machen als Sie. Schließlich geht es nicht um Ihre Kollegen, sondern um Sie. »Wo sehen Sie bei mir weniger Leistung als bei anderen?« ist solch eine Frage. Sie können auch formulieren: »Was hätte ich Ihrer Meinung nach anders machen müssen, um vergleichbar zu sein?« Sofern Kriterien genannt werden, können Sie den so gewonnenen Grund absichern, indem Sie fragen: »Wenn das und das gegeben wäre, was würde das an Ihrer Entscheidung ändern?« Denken Sie immer daran, dass es viel effektiver ist zu fragen, als Forderungen oder Behauptungen aufzustellen. Das gilt auch für Punkte, die Sie neu in die Diskussion einbringen. Statt zu sagen: »Meiner Meinung nach hätten Sie auch meine Doppelbelastung durch das Abendstudium berücksichtigen müssen« sollten Sie besser fragen: »Inwieweit ist in Ihre Entscheidung eingeflossen, dass ich mich für das Unternehmen in meiner Freizeit weiterbilde?« Wer fragt, führt – und er kann an den kritischen Stellen ein- und nachhaken.

Am Ende der Klärungsphase sollten Sie deutlich machen, was Sie empfinden. Das kann bedeuten, dass Sie sagen: »Offen gestanden war ich sehr unzufrieden, als ich zu Ihnen kam. Doch das Gespräch hat einiges geklärt. Ich denke, dass ich Ihre Überlegungen nachvollziehen kann.« Damit ist das Gespräch beendet.

Falls Sie dagegen weiterhin unzufrieden sind, könnten Sie sagen: »Danke, dass Sie sich die Zeit genommen haben, mir Ihre Überlegungen auseinander zu setzen. Offen gestanden bin ich mit der Situation aber nicht zufriedener als zu Beginn unseres Gesprächs. Ich fühle mich im Vergleich mit anderen unfair behandelt. Und zwar aus folgenden Gründen ...« Anstatt lange über die einzelnen Gründe zu diskutieren, sollten Sie sofort fortfahren, indem Sie in den Lösungsmodus umschalten. Sie tun dies wieder, indem Sie eine Frage stellen: »Womit sich die Frage stellt, wieweit Sie bereit sind, etwas zu tun, um diese Unzufriedenheit zu beseitigen?« Sie können danach fragen, wie solch eine Lösung aussehen kann oder aber selbst etwas Konkretes vorschlagen.

Bei den Lösungen sollten Sie realistisch sein. Eine Gehaltsrunde, die seit Tagen abgeschlossen ist, wird von kaum einem Vorgesetzten wieder eröffnet werden. Stattdessen können Sie sich die Zusage holen, dass die jetzige Situation im nächsten Jahr berücksichtigt wird. Oder dass Sie als Ausgleich an einem Fortbildungsprogramm teilnehmen können.

Es ist sehr wichtig, dass Sie es Ihrem Chef sagen, wenn Sie unzufrieden sind. Denn nur so kann er feststellen, wo er unabsichtlich ungerecht ist. Viele Vorgesetzte müssen nämlich erst lernen, dass ihre Mitarbeiter nicht das gleiche Denk- und Prioritätenmodell haben wie sie. Vorgesetzte denken beispielsweise viel mehr an die Eigentümer des Unternehmens, als das normale Mitarbeiter tun. Andere Vorgesetzte denken, dass sie mit ihrer Bequemlichkeit (»Ich werde bei denen aktiv, die den Mund aufmachen. Alle anderen haben von mir nichts zu erwarten.«) oder ihrer Scheu vor Konflikten (»Der Müller hätte die Fortbildung zwar mehr verdient, aber den Ärger, den ich dann mit dem Schmidt bekäme, tue ich mir nicht an.«) durchkommen. Auch dort, wo Vorgesetzte absichtlich unfair sind (»Ich habe den Maier als abschreckendes Beispiel ans Scheunentor genagelt.«), wird deutlich geäußerter Unmut sie vorsichtiger werden lassen.

Es ist unrealistisch zu erwarten, dass Ihr Chef Ihnen immer eine Lösung anbietet, die Sie zufrieden stellt. Doch der Ruf, dass Sie sich (a) nichts gefallen lassen und (b) dabei immer sachlich und konstruktiv bleiben, wird dafür sorgen, dass sich der Chef bei Entscheidungen, die Sie betreffen, immer besonders viele Gedanken macht. Wenn Sie es dann noch schaffen, Ihrem Chef das Gefühl zu geben, dass Sie wohl wissen, dass nicht einmal ein Supermann immer unfehlbar und objektiv ist, und Sie ihm deshalb kleinere Ungerechtigkeiten auch einmal nachsehen, haben Sie ein Klima geschaffen, in dem Sie sich sicherlich nicht mehr über unfaire Behandlung zu beschweren brauchen.

Fazit: Unfaire Behandlung ist verletzend. Sie lässt sich nachweisen. Und das sollte man auch tun.

»Ich hatte letztens auch einmal das Gefühl, unfair behandelt zu werden«, bemerkte Martin, »und es ist gar nicht so einfach, sich dagegen zu wehren.«

»Was war denn?«, fragte Lea Richter.

»Irgendjemand hat behauptet, ich wäre ein unangenehmer Kollege.«

»Und wer war das?«

»Keine Ahnung, deshalb ist es ja so schwer.«

Lea Richter runzelte die Stirn. »Ihnen passieren aber seltsame Dinge. Erst das mit dem Parkplatz und nun verbreitet auch noch jemand üble Nachrede über Sie. Und in beiden Fällen ist es nicht herauszubekommen, wer der Verursacher war.«

Martin sah sie mit großen Augen an. »Das habe ich noch überhaupt nicht in Zusammenhang gebracht! Aber jetzt, wo Sie es sagen – seltsam ist es schon, das stimmt.«

»Hat jemand etwas gegen Sie?«

»Ich wüsste nicht warum. Ich habe niemandem etwas getan, und als Trainee bin ich doch auch niemandem gefährlich. Ich kann mir nicht vorstellen, warum sich jemand die Mühe machen sollte, mir das Leben schwer zu machen.«

»Mir fällt auch kein Grund ein«, nickte Lea. »Aber halten Sie trotzdem lieber die Augen offen.«

»Vielleicht habe ich in letzter Zeit nur einfach Pech«, sinnierte Martin. »In ein paar Monaten lachen wir darüber.«

Es dauerte Wochen, bis Wolfram Großknecht sich von der Blamage mit dem Jahresbericht erholt hatte. Nur langsam war die aschfahle Blässe aus seinem Gesicht gewichen, die es in den Stunden des Wartens auf die Tresoröffnung angenommen hatte. Evelyn Laske wusste, wie sie mit ihrem Chef in solchen Phasen umzugehen hatte, und ließ ihn so weit wie möglich in Ruhe. In den fünf Jahren, die sie nun schon für Großknecht arbeitete, hatte sie sich nach und nach für all seine Gemütszustände kleine Strategien zurechtgelegt. Und so hatte sie eben in den letzten Wochen die Strategie »Möglichst unauffällig agieren« angewandt.

Evelyn war Mitte fünfzig und das, was man eine gestandene Vorstandssekretärin nennt: eine gut organisierte, professionelle und diskrete Managerin ihres Chefs. Zu Großknecht war sie gekommen, als der noch Vorstand für Forschung und Entwicklung war. Er war jemand, der stets so viel wie möglich delegierte. Evelyn mochte das, gestattete es ihr doch, weitgehend eigenverantwortlich zu arbeiten. Dafür nahm sie das eine oder andere Ärgernis in Kauf, auch wenn es ihr nicht immer leicht fiel.

Derzeit stand die Planungsphase für die Jahreswanderung an. Die Jahreswanderung war vor acht Jahren von Großknecht ins Leben gerufen worden und mittlerweile eine kleine Institution. Sie bestand darin, dass er mit einer Gruppe von bis zu zehn Leuten eine einwöchige Wanderung unternahm. Diese Leute waren nicht irgendwer, sondern sehr sorgfältig ausgewählte Spitzenmanager und Politiker. Während man jedes Jahr ein anderes Gebiet erwanderte, wurden Informationen ausgetauscht, Pläne geschmiedet, Geschäfte eingefädelt und Schicksale bestimmt. Organisator war immer Großknecht, der dadurch seinen Einfluss auf die Zusammensetzung der Gruppe wahrte. Er ließ es sich nicht nehmen, persönlich die Route und die Unterkünfte auszuwählen. Dass er dies in seiner Arbeitszeit von seinem Büro aus machte, war selbstverständlich – hatte doch mehr als einmal ein kurzes Gespräch auf der Wanderung einen Geschäftsabschluss beschert, der von einem ganzen Verkaufsteam monatelang vorbereitet worden war.

Für Evelyn Laske bedeutete die Wanderung: Informationen über potenzielle Reiseziele besorgen, den Gepäcktransport organisieren und vor allem Termine abstimmen. Dabei gab es eine klare Aufgabenteilung. Evelyn Laske sprach mit den Sekretärinnen des »harten Kerns«, also der Handvoll Teilnehmer, die jedes Jahr dabei waren. Und Großknecht übernahm persönlich die Einladung derer, die dieses Mal als Gast dabei sein sollten, da sie für den harten Kern aus dem ein oder anderen Grund interessant waren.

Und so landete eines Morgens wie jedes Jahr die Liste mit den Teilnehmern auf Evelyns Tisch. Und wie jedes Jahr ärgerte sich Evelyn darüber, dass die Namen kaum leserlich auf einen Zettel gekritzelt waren. Wie immer standen oben die Namen des »harten Kerns« und unten die Gäste, die Großknecht ansprechen würde. Sie zerbrach sich den Kopf, wie wohl die Hieroglyphen auf dem Zettel zu interpretieren wären. Großknecht hatte eine fürchterliche Klaue. Und er war für den Rest des Tages nicht mehr erreichbar, das kam noch dazu. Als Evelyn nicht weiterkam, rief sie Martin aus dem Büro nebenan. Vielleicht hatte er ja mehr Glück beim Entziffern.

Martin versuchte sein Bestes, aber zwei der Namen blieben unentschlüsselt. »Mit so einer Schrift kann man also Vorstandsvorsitzender werden?«, witzelte er.

»Ja, darauf kommt es nicht an«, belehrte ihn Evelyn. Sie schaute noch einmal auf den Zettel. »Oh, und er hat auch einen zu notieren vergessen.« Sie schrieb einen Namen in der oberen Hälfte des Zettels, beim »harten Kern«, dazu. Sie bedankte sich bei Martin für seine, wenn auch vergebliche Hilfe. Als er wieder weg war, schüttelte sie den Kopf. Großknecht hatte beim »harten Kern« Herrn Dr. Krocke vergessen, einen derer, die von Anbeginn mit dabei waren.

Dann griff sie zum Telefon. Binnen zwei Stunden hatte sie von den meisten Herren Terminvorschläge. Allein diese Reaktionszeit zeigte, wie wichtig den Teilnehmern diese jährliche Zusammenkunft war. Als letzten aus dem »harten Kern« nahm sie sich Dr. Krocke vor. Sie wählte die Telefonnummer seines Sekretariats.

»Sibelius?«, meldete sich Krockes Sekretärin, mit dem Bewusstsein, dass jemand, der ihre Nummer wählte, wohl wisse, dass er bei der Arkania AG gelandet war.

»Guten Tag, Frau Sibelius, hier ist Evelyn Laske, Sekretariat Herr Großknecht.«

»Oh, guten Tag«, grüßte Frau Sibelius etwas überrascht.

»Guten Tag. Es geht wieder einmal um die Wanderung. Ich bin dabei, Terminvorschläge dafür zu sammeln. Wie sieht es denn im Juni bei Herrn Dr. Krocke aus?«

Frau Sibelius räusperte sich. »Es sieht im Juni bei Herrn Dr. Krocke sehr gut aus. Allerdings bezweifle ich, dass er an dieser Wanderung teilnehmen wird.«

Evelyn Laske stutzte. Sofort wusste sie, dass irgendetwas nicht stimmte. Ihr schwante, dass der Name des Herrn Dr. Krocke absichtlich nicht auf der Liste gestanden hatte. Ein Gefühl der Peinlichkeit, das sich von der Bauchgegend aus im ganzen Körper verbreitete, bemächtigte sich ihrer. Hatte sie da etwas nicht mitbekommen?

Frau Sibelius beendete die Pause, die durch Evelyns Unsicherheit entstanden war. »Sie sind offensichtlich nicht informiert über den Stand der Beziehungen zwischen Herrn Großknecht und Herrn Dr. Krocke?«

Evelyn war froh, dass Frau Sibelius wenigstens nicht sehen konnte, dass sie kräftig errötete. Sie brachte nur ein »Was ist denn?« hervor, das sie sofort massiv bereute. Nun war es endgültig öffentlich: Sie – die langjährige Sekretärin von Herrn Großknecht, hatte keine Ahnung davon, wie es um seine wichtigsten Geschäftskontakte stand. Frau Sibelius dagegen war auf dem Laufenden und zeigte das mit einer nicht überhörbaren Häme in der Stimme. »Frau Laske, ich werde mich darüber sicher nicht am Telefon verbreiten. Bitte fragen Sie doch Ihren Herrn Großknecht.« Allein wie sie das »Ihren Herrn Großknecht« genüsslich in die Länge gezogen hatte, zeigte Evelyn, wie Frau Sibelius ihre momentane Überlegenheit genoss. Die würde sich nichts entlocken lassen, das war klar. Gleichzeitig wusste Evelyn, dass, was auch immer die Ursache gewesen sein mochte, das Verhältnis zwischen Großknecht und Krocke äußerst schlecht sein musste. Sie überlegte kurz, wie sie das Gespräch beenden konnte, ohne vollständig als Idiotin dazustehen. Doch sie kam zu dem Schluss, dass das nicht mehr zu vermeiden war. Also zog sie die Notbremse: »Dann wünsche ich Ihnen noch einen schönen Tag. Auf Wiedersehen.«

»Auf Wiedersehen«, antwortete Frau Sibelius süffisant und legte auf.

Evelyn Laske legte den Hörer ganz vorsichtig und leise ab, als wollte sie vor sich selbst verbergen, dass dieses Telefonat jemals stattgefunden hatte. Sie atmete tief durch. Ihre Gesichtsfarbe wechselte von dem kräftigen Rot zu Kalkweiß und wieder zurück. Sie stand auf und wusste, dass sie nun erst einmal etwas frische Luft brauchte. Sie stellte das Telefon auf die Zentrale um, nahm ihren Mantel und ging hinaus.

»Ich weiß nicht ... muss das wirklich sein? Ich habe das Gefühl, mit Kanonen auf Spatzen zu schießen.« Der jüngere Mann sah den älteren unsicher an.

»Warum das?«, fragte der Ältere und blies einen Ring Zigarrenrauch in die Luft. Sein Blick war dabei auf das Schachbrett geheftet. Er griff einen seiner Springer und schlug einen Bauern seines jüngeren Kontrahenten. »Du bist unkonzentriert.«

»Ja, ich weiß. Mir macht das alles ein wenig zu schaffen. Er ist doch nur ein Trainee. Es dauert noch Monate, bis er tatsächlich richtig zu arbeiten anfängt. Bis dahin läuft noch viel Wasser den Main herunter.«

»Das stimmt. Und mit jedem Kubikmeter, der hinunterläuft, etabliert sich der Bursche mehr. Mit jedem Tag, den er im Unternehmen ist, wird es schwerer, ihn loszuwerden. Und du kennst deinen lieben Chef. Der verfolgt den Werdegang dieses Jungen aufmerksam. Schließlich hat er sich ziemlich aus dem Fenster gelehnt.«

»Aber die Sache gerät doch schnell in Vergessenheit. Ich glaube nicht, dass mir das schaden kann.«

»Kurzfristig hast du Recht. Aber in dem Augenblick, in dem der Junge bei euch auf der Matte steht, ist die Geschichte wieder sehr präsent. Es ist eine gute Story, verstehst du? Und deshalb wird sie immer wieder erzählt werden. Und du gibst bei der Story den Verlierer ab. Den, der die Hilfe eines Lehrlings nötig hat. Das ist nicht gerade das Bild eines Mannes, der Abteilungsleiter werden will.«

Der Jüngere sah mutlos auf das Schachbrett. Dort war die Schlacht bereits geschlagen. Die folgenden Züge würden seine Niederlage nur noch vollziehen, beschlossen war sie bereits. »Na gut, dann mache ich weiter. Was soll ich denn als Nächstes tun?«

»Nicht so hastig. Lass erst einmal das Gerücht eine Weile kursieren. Wenn du zu hektisch agierst, dann schöpft dein Chef Verdacht.« Wieder zog der Ältere an der Zigarre und blies den Rauch genussvoll aus. »Sag mal, hat er eine Frau oder Freundin?«

Martin Guter beobachtete, wie sich Oliver Knoff auf dem Computer an Martins Arbeitsplatz durch eine Unzahl von Fenstern klickte.

»Was ist denn kaputt?« Martin hatte den PC morgens eingeschaltet und war mit einer Flut von kryptischen Fehlermeldungen konfrontiert worden. Er hatte daraufhin Oliver angerufen und um Hilfe gebeten.

»Kaputt ist nichts. Aber der Rechner hat alle Netzwerkeinstellungen vergessen. Hast du daran irgendetwas geändert?« Oliver klickte sich weiter mit virtuoser Geschwindigkeit durch diverse Fenster, klickte auf Buttons und wählte irgendetwas aus aufklappenden Menüs aus.

»Nein, diese Fenster habe ich noch nie gesehen. Ich bin froh, wenn das Ding läuft.«

»Dann gehört die Sache wohl in die Kategorie ›Das sind halt Computer‹«, erklärte Oliver. »Die haben auch ab und zu einmal einen schlechten Tag.«

Beide schreckten auf, als sie durch die halb geöffnete Türe Wolfram Großknechts fassungslose Stimme hörten: »Wen haben Sie angerufen?«

Und dann die Stimme von Evelyn Laske: »Woher soll ich denn wissen, dass ich ihn nicht anrufen darf?«

»Weil er nicht auf der Liste steht!« Großknecht betonte jedes Wort einzeln und besonders laut, als wäre sein Gegenüber schwer von Begriff.

Martin und Oliver hörten, wie Evelyn mit der Hand gegen ein Stück Papier klatschte. »Das nennen Sie eine Liste? Das ist so unleserlich und schlampig, dass ich natürlich davon ausgegangen bin, dass Sie den Namen von Herrn Dr. Krocke vergessen haben! Was glauben Sie, wie peinlich das war, von Herrn Krockes Sekretärin zu erfahren, dass er nicht mehr an der Wanderung teilnimmt!«

»Ich habe Ihnen nicht aufgetragen, Krocke anzurufen!«, verteidigte sich Großknecht.

»Ich frage mich, wie ich meine Arbeit vernünftig erledigen soll, wenn ich die wichtigsten Dinge nicht erfahre«, beschwerte sich Evelyn. »Ich bin es ja mittlerweile gewöhnt, mir meine Informationen an allen möglichen Stellen im Haus zusammenzusuchen. Das hat mich mehr als nur einmal unnötige Arbeit gekostet. Aber das hier« – sie klatschte wieder auf die Liste – »ist der Gipfel.«

»Ich wiederhole mich«, belehrte Großknecht sie, »Herr Dr. Krocke steht nicht auf der Liste.«

»Sie verstehen mich nicht«, entgegnete Evelyn mit resignierter Stimme. »Wenn ich hier so selbstständig arbeiten soll, wie Sie das verlangen, dann brauche ich mehr Informationen als nur die blanke Anordnung, etwas zu tun.«

Das Gespräch schien beendet, denn Martin und Oliver hörten nur noch Großknechts Bürotüre laut ins Schloss fallen. Sie hielten immer noch den

Atem an, teils weil sie als Zuhörer unentdeckt bleiben wollten, teils weil sie erfassten, wie unangenehm die Situation war. Sie hörten Frau Laske schniefend den Vorstandsbereich verlassen.

»Was ist denn nur in Ihrem Bereich los, Herr Marquard?« Michael Bossert beugte sich etwas über den Schreibtisch, Jörg Marquard entgegen. »Das ist innerhalb eines Monats schon die zweite Kündigung.«

Marquard sah Bossert hilflos an. Heiner Müller, der Nachfolger von Lisa Schwind, hatte nach nur vier Wochen in der neuen Position das Unternehmen verlassen. Marquard vermutete, dass Lisa Schwind Müller abgeworben hatte und zu sich an ihren neuen Arbeitsplatz bei der Konkurrenz geholt hatte. Aber Müller hatte kein Wort darüber verloren, wohin er denn gehen würde. Er hatte nur ganz lapidar gekündigt. Marquard ärgerte sich besonders darüber, dass er es nicht mehr geschafft hatte, Müllers Kündigungsfrist rechtzeitig zu verlängern. Nach Lisa Schwinds Weggang hatte er einen neuen Vertrag für Müller vorbereiten lassen, mit einer Kündigungsfrist von drei Monaten statt nur sechs Wochen zum Quartalsende. Jetzt aber würde Müller, wenn er seinen Urlaub nahm, gerade noch zwei Wochen im Unternehmen sein. Viel zu wenig Zeit, um Ersatz einzuarbeiten – geschweige denn, welchen zu finden.

»Frau Schwind zu verlieren, war sicher ein Fehler«, fuhr Bossert fort. »Aber so etwas kommt vor. Allerdings hätten Sie auf jeden Fall vermeiden müssen, dass Müller geht.«

»Wie sollte ich das denn tun?«, verteidigte sich Marquard.

»Herr Müller hat wohl sehr an Frau Schwind gehangen. Vielleicht hätten Sie ihm etwas deutlicher machen müssen, wie sehr auch Sie Frau Schwinds Weggang bedauern. Damit wären Sie in seinen Augen weniger Feindbild gewesen, sondern eher ein ebenfalls Leidtragender. Aber das ist nur eine Vermutung. Sie kennen Ihre Mitarbeiter besser. Ich sehe nur das Ergebnis: Für einen wichtigen Produkt-Launch fehlt der Produktmanager.«

»Ja soll ich denn vor meinen eigenen Mitarbeitern zu Kreuze kriechen und um Verzeihung bitten, wenn jemand gegangen ist? Da bin ich ja nicht mehr Herr in meinem eigenen Bereich.«

»Das sind Sie sowieso nicht – und das wissen Sie so gut wie ich.«

»Wie meinen Sie das?«, fragte Marquard verunsichert.

»Das bezieht sich jetzt nicht speziell auf Sie«, beruhigte ihn Bossert. »Es ist generell so: Vorgesetzte sind letztendlich gegenüber ihren Mitarbeitern in einer schwächeren Position.«

Grundwahrheit 1:
Der Chef ist nicht so mächtig, wie er wirkt

»Der Boss sitzt immer am längeren Hebel!«
Das ist eine Binsenweisheit. Zumindest für die meisten Arbeitnehmer. Manche Chefs würden sich indes wünschen, dass der Spruch von mehr Mitarbeitern geglaubt würde. Noch lieber hätten sie es, wenn er auch wirklich der Realität entspräche. Viele Vorgesetzte haben nämlich den Eindruck, dass es sich im Ernstfall gerade umgekehrt verhält.

Die Mitarbeiter verfügen mit dem Betriebsrat über eine starke Rückendeckung.

Wer unterstützt dagegen den Manager? Höchstens die Personalabteilung!

Für den Schutz der Arbeitnehmer gibt es Gesetze.

Welche Gesetze gibt es für den Schutz der Manager? Keine!

Wer gewinnt nahezu alle Arbeitsgerichtsverfahren? Die Unternehmen? Mitnichten! Arbeitsrichter sind sehr mitarbeiterfreundlich. Deshalb bezahlen die Unternehmen fast immer die Rechnung des gesamten Verfahrens. Auch dann, wenn sie einmal gewinnen sollten. In manchen Unternehmen machen die Rechtsanwaltskosten des Betriebsrats einen namhaften siebenstelligen Betrag aus. Kein Unternehmen zahlt diese Rechnungen gerne.

Es ist eine Tatsache, dass die stärkste Waffe des Unternehmens, der Rausschmiss, in hohem Maße stumpf geworden ist. Ein cleverer Mitarbeiter kann ein Unternehmen ewig hinhalten, bevor es ihn entlassen kann. Je »sozial schwächer« er ist, desto schwieriger ist es für das Unternehmen. »Sozial schwach« ist, wer älter ist. Oder wer Familie hat. Dagegen gelten jene, für die eine Kündigung die wenigsten negativen Auswirkungen hat und die schnell wieder einen neuen Job finden, als sozial stark. Der Doppelverdiener gilt als stärker als der Alleinverdiener, der Kinderlose stärker als der Kinderreiche und der Gesunde stärker als der Kränkliche. Ein Unternehmen kann nicht einfach sagen: »Wir haben zu wenig Arbeit, deshalb muss der Älteste gehen.« Nicht der Älteste muss nämlich gehen, sondern der sozial Stärkste. Anstelle des älteren Familienvaters muss also der jüngere Junggeselle gekündigt werden – selbst wenn er die beste Kraft im Stall ist.

Die Unmöglichkeit, kurzfristig einen ungeliebten Mitarbeiter austauschen zu können, trifft einen Manager schon deshalb hart, weil sie seine eigene Position und Autorität schwächt. Viel schlimmer ist aber für den Manager, dass er auf seine Mitarbeiter angewiesen ist. Diese erledigen schließlich die Arbeit. Falls sie es nicht tun – oder nicht ordentlich –, fällt das zunächst einmal auf den Manager zurück. Vorgesetzte sind deshalb viel mehr von ihren Mitarbeitern abhängig als umgekehrt.

Weil Manager wissen, wie sehr sie auf ihre Mitarbeiter angewiesen sind und wie schwierig es letztendlich ist, sich von einem im Streit zu trennen, fahren sie unterschiedliche Strategien. Zum einen vermeiden sie von vornherein unnötige Problemsituationen. Sie lenken häufig ein, geben ebenso häufig nach und loben problematische Mitarbeiter weg. Ungeachtet ihrer relativ schwachen Position spielen Manager trotzdem meist den starken Mann. Denn solange der Mitarbeiter glaubt, dass er in einer schwächeren Position ist, kann man ihn manipulieren. Das ist wie beim Pokern: Es reicht, wenn das Gegenüber glaubt, dass man ein besseres Blatt in Händen hält als es. Nur ist es eben nichts mit Bluffen, wenn der Gegner die Karten kennt.

In vergleichsweise wenigen Fällen wird wirklich hart auf hart gespielt. »Hart« bedeutet, dass der Ton des Vorgesetzten kühler wird und das Unternehmen die »Formalienmaschine« anwirft: Auf die kleinsten Verfehlungen hin schreibt das Unternehmen Abmahnungen. Es ergreift Maßnahmen, um den Mitarbeiter »aus seiner Kuschelecke herauszutreiben«. So erhält der betroffene Mitarbeiter meist andere Aufgaben zugewiesen. Es kann auch sein, dass das Unternehmen gerichtliche Verfahren einleitet, von denen es von Anfang an weiß, dass sie nicht gewonnen werden können. Es geht vielmehr darum, einen Stein auf den anderen zu legen und den Mitarbeiter zu zermürben. Wenn er dann schließlich weich gekocht ist, bietet das Unternehmen ihm eventuell eine Abfindung für eine freiwillige Vertragsaufhebung an. Die »Formalienmaschine« ist in der Regel überaus wirksam. Doch der Prozess ist langwierig und für alle Beteiligten äußerst unerquicklich. Deshalb versuchen Unternehmen ihn zu vermeiden, wo immer es geht.

Was betroffene Mitarbeiter tun können

Ihr Chef spielt den starken Mann? Er versucht Sie unter Druck zu setzen? Oder er behandelt Sie falsch? Lassen Sie sich von seinem selbstbewussten Auftreten nicht beeindrucken. In Wirklichkeit ist er viel mehr auf Sie angewiesen, als Sie auf ihn.

Auch ein angedrohter Rausschmiss braucht Sie nicht aus der Bahn werfen. Zwischen Drohung und Wirklichkeit liegen meist Welten. Wenn Sie allerdings merken, dass das Unternehmen Sie ernsthaft loswerden möchte, sollten Sie sich schnellstmöglichst professionelle Unterstützung sichern. Die erste Anlaufstelle ist der Betriebsrat. Ein auf Arbeitsrecht spezialisierter Anwalt ist ebenfalls eine gute Idee. Danach gilt es, keine Angriffspunkte (mehr) zu bieten: Erfüllen Sie also Ihren Job, wie er im Buche steht. Sofern Sie Ihre Arbeit nämlich nicht gut machen, wird das Unternehmen mit seinen Bemühungen, Sie rauszuwerfen, irgendwann einmal erfolgreich sein. Zeigen Sie sich auch flexibel. Wenn das Unternehmen sagt, dass Ihre bisherige Tätigkeit nicht mehr nötig sei, sagen Sie einfach, dass Sie gerne auch andere gleichwertige Tätigkeiten übernehmen. Und bei entsprechenden Weiterbildungsmaßnahmen selbstverständlich auch höherwertige Aufgaben. Unter Umständen können Sie auch anbieten, eine gewisse Zeit (bei gleicher Bezahlung natürlich) geringwertigere Tätigkeiten zu erfüllen. Zeigen Sie Stellen und Tätigkeiten auf, die Sie jederzeit übernehmen könnten. Bleiben Sie dabei immer freundlich und sachlich. Das macht es für Ihren Chef viel schwieriger, als wenn Sie emotional und unsachlich sind. Wer traut sich schon, in ein freundliches Gesicht zu schlagen?

Wann immer Sie Situationen zu entdecken glauben, aus denen das Unternehmen Ihnen einen Strick drehen könnte, schreiben Sie Aktenvermerke, in denen Sie Ihre Sicht der Dinge beschreiben. Konfliktgespräche sollten Sie ebenfalls in Gesprächsprotokollen dokumentieren. Sofern Sie eine Anweisung erhalten, die von Anfang an als nicht durchführbar gilt, notieren Sie das mit Datum und Uhrzeit. So schlagen Sie den Formalismus des Managements mit seinen eigenen Waffen. Rechtlich relevante Erklärungen sollten Sie nur nach Rücksprache mit dem Betriebsrat oder Ihrem Anwalt abgeben. Lassen Sie sich nie unter Druck setzen, etwas sofort zu unterschreiben. Es gibt keine Entscheidung, die nicht bis morgen warten könnte. Denken Sie auch daran, dass Sie bei längerer Abwesenheit einen Vertretungsbevollmächtigten bestimmen, an den alle rechtsrelevanten Dokumente des Unternehmens zu richten sind. Sonst könnte es passieren, dass Sie vom Urlaub zurückkommen und eine wichtige Einspruchsfrist versäumt haben.

Wenn Sie Ihre Karten richtig spielen, kann Ihr Chef jahrelang versuchen Sie loszuwerden, ohne die geringste Chance zu haben. Allerdings sollten Sie sich fragen, ob es sich lohnt, für einen Arbeitsplatz in einem Unternehmen zu kämpfen, das Sie nicht schätzt. Solche Kämpfe vermiesen nämlich nicht nur dem Chef die Stimmung, sondern auch Ihnen. Sich im Stillen nach einem neuen Arbeitgeber umzusehen und gleichzeitig eine (teilweise steuerfreie) Abfindung herauszuhandeln hat sich schon für viele als die bessere Alternative herausgestellt.

Fazit: Vorgesetzte sind darauf angewiesen, dass ihre Mitarbeiter gute Arbeit leisten. Ihre mächtigste Waffe, die Kündigung, ist für sie im Ernstfall nur mit extrem hohem zeitlichen, personellen und finanziellen Aufwand zu nutzen. Schon alleine das Wissen um diese beiden Fakten stärkt die Position des Mitarbeiters ungemein.

In schillernden Farben gaben Martin und Oliver im Pausenraum hinter dem Empfang die Diskussion zwischen Großknecht und Evelyn Laske, seiner Sekretärin, wieder.

»Ich glaube, sie hat geweint, als sie abgedampft ist«, sagte Oliver. »Aber sie hat ja tatsächlich einen Fehler gemacht. Damit hatte der Großknecht schon recht.«

»Ich habe den Zettel gesehen, den ihr Großknecht gegeben hatte«, bemerkte Martin. »Der war wirklich eine Unverschämtheit. Ich habe versucht, gemeinsam mit ihr die Namen darauf zu entziffern – ein Ding der Unmöglichkeit.«

»Aber darum ging es überhaupt nicht«, sagte Oliver. »Sie hat einfach einen angerufen, der überhaupt nicht auf der Liste stand.«

»Das ist schon richtig«, mischte sich Lea Richter ein, die bis dahin mit der Kaffeetasse in der Hand zugehört hatte. »Die Frage ist nur, ob sie nicht annehmen musste, dass der Name nur aus Versehen gefehlt hat.«

»Ja, sie hat einfach zu viel angenommen«, nickte Oliver.

»Und da liegt der Hund begraben«, erklärte Lea. »Sie hatte so wenig Informationen, dass sie eben Annahmen treffen musste. Hätte ihr Großknecht gesagt, dass es da ein Problem zwischen ihm und dem anderen gibt, dann hätte Frau Laske das Fehlen des Namens richtig interpretiert.«

»Das klingt ja so, als ob Information eine Bringschuld wäre«, warf Martin ein. »Als ob ein Vorgesetzter ständig dafür Sorge tragen müsste, dass seine Mitarbeiter über alles mögliche informiert sind.«

»Ist es denn nicht so?«, fragte Lea. »Wenn man es schon nicht macht, um seinen Mitarbeitern optimale Arbeitsbedingungen zu schaffen, dann doch zumindest, um sie nicht sauer zu fahren. Wer arbeitet schon gern im Dunkeln?«

»Ja, sie war richtig fertig«, stimmte Oliver zu. »Sauer ist überhaupt kein Ausdruck. Ich könnte mir sogar vorstellen, dass sie kündigt.«

»Informationen vorzuenthalten ist auch ein sehr erfolgversprechender Weg, um jemanden zu verlieren «, meinte Lea. Die fragenden Blicke Martins und Olivers zeigten deutlich, dass sie das gerne näher erklärt bekommen wollten.

Fehler 5:
Behalte wichtige Informationen für dich

»Wissen ist Macht. Nichts wissen, macht auch nichts!«

Dieser flapsige Spruch hat noch nie Anspruch auf Gültigkeit erhoben. Trotzdem scheinen ihn viele Chefs als Handlungsmaxime zu nutzen. Sie enthalten ihren Mitarbeitern wichtige Informationen vor – sei es absichtlich, sei es aus Bequemlichkeit oder einfach aus Nachlässigkeit. Sie sitzen auf ihrem Wissen und betrachten es als vollkommen ausreichend, dass sie selbst darüber verfügen. Die Wirkung ihres Verhaltens auf ihre Mitarbeiter scheint ihnen gleichgültig zu sein. Denen wird damit unterstellt, dass sie ganz anders strukturiert sind als der Chef selbst. Der würde sich natürlich sehr, sehr unwohl fühlen, wenn die wichtigen Informationsströme an ihm vorbeiflössen. Sogar den Ausschluss aus dem normalen Firmentratsch, den es auf Managementebene ebenso gibt wie anderswo, würde er als alarmierend empfinden. Nicht auszudenken, welche Gedankenketten in ihm angestoßen würden, wenn er auf die Frage, was es denn so Neues gäbe, von seinem Chef und seinen Kollegen stets nur den ausweichenden Spruch: »Nichts Erwähnenswertes« erhielte. »Ich bin draußen!« würde er denken und »Die trauen mir nicht mehr! Denen bin ich zu unwichtig, um sich mit mir zu unterhalten! Anscheinend wollen die mich loswerden!« Dass ihre eigenen Untergebenen ähnlich empfinden könnten, nein, genau so empfinden, sehen diese Chefs aber nicht.

Solche Vorgesetzten verspielen nicht nur die einmalige Chance, durch das (Mit-)Teilen von Informationen ihren Mitarbeitern ein Gefühl der Wichtigkeit und Wertschätzung zu geben. Im Gegenteil: Sie setzen sie in übelster Weise herab. Sie geben ihnen ein Gefühl von Ohnmacht und Minderwertigkeit. Sie verunsichern sie. Ganz extrem wird dieses Gefühl, wenn sie die Information unter ihren Mitarbeitern ungleich verteilen. Wenn einer mitbekommt, dass immer andere die Infos erhalten, er aber nicht, fragt er sich natürlich, was das zu bedeuten hat. Wenn er sich dann noch regelmäßig mit seiner Unwissenheit bei Kollegen oder Kunden blamiert, ist für ihn das Arbeitsumfeld nicht mehr akzeptabel.

Betrifft die fehlende Information wichtige Aspekte der Arbeit des Mitarbeiters, dann resultiert für den Mitarbeiter aus dem Unwissen häufig erhebliche Mehrarbeit oder er macht sogar Dinge vollkommen vergeblich oder falsch. Kein Wunder, dass Mitarbeiter wütend werden, wenn sie dies entdecken – besonders dann, wenn sie feststellen müssen, dass ihr eigener Chef schon lange über die entscheidende Information verfügte. Nichts kann jedoch die Wut und Ohnmacht mehr steigern, als ein Chef, der dem Mitarbeiter in dieser Situation sein Nichtwissen auch noch vorwirft – möglichst in Gegenwart anderer. Doch gerade das ist eine weit verbreitete Praxis. Einige Chefs lieben es, auf diese Weise klarzumachen, wer hier weiß, wo es langgeht.«

Das »Vorenthalten notwendiger Informationen« findet seine absolute Ausprägung dann, wenn einem Mitarbeiter schlichtweg nicht gesagt wird, was seine Aufgabe ist oder woran der Erfolg gemessen wird. Solche Situationen kommen viel häufiger vor, als man denkt. Viele Neueingestellte sitzen tagelang an ihren Schreibtischen und fragen sich, was denn eigentlich von ihnen erwartet wird. Häufig nimmt sie dann ein Kollege unter seine Fittiche – wenn es nach dem Chef ginge, dann wüsste der Neue selbst nach einem Jahr noch nicht, was er tun soll. Das würde den Chef aber natürlich nicht daran hindern, ihn ob seiner mangelhaften Leistung zurechtzustutzen.

Mitarbeiter bezeichnen einen solchen »Führungsstil« als »Management by Champignon«: Die Mitarbeiter im Dunkeln lassen und jeden, der den Kopf herausstreckt, köpfen. Kein Wunder, dass diese Champignonzüchter denkbar unbeliebt sind!

Was betroffene Mitarbeiter tun können

Wenn Sie mit einem Vorgesetzten gesegnet sind, der mit Informationen umgeht wie ein Schwarzes Loch mit Licht, dann müssen Sie selbst aktiv werden. Damit ist nicht gemeint, dass Sie lamentierend zum Betriebsrat rennen oder Ihrem Chef riesige Vorwürfe machen. Aber Sie können dafür sorgen, dass es in Zukunft anders läuft.

Zunächst sollten Sie sich klarmachen, dass die wenigsten Chefs bewusst nach dem Prinzip »Die Mitarbeiter schön dumm halten, damit sie besser funktionieren!« agieren. Bei den meisten Vorgesetzen ist es wirklich nur Gedankenlosigkeit oder Bequemlichkeit. Viele Vorgesetzte gehen einfach davon aus, dass alles, was sie wissen, auch ihren Mitarbeitern bekannt ist – spätestens dann, wenn sie es bereits zwei oder drei Leuten erzählt haben. Dass sie bei zwanzig direkt zugeordneten Mitarbeitern einen Sachverhalt bis zu zwanzig Mal erzählen müssen, kommt ihnen nicht in den Sinn. Sie unterstellen, dass sich die Kollegen untereinander austauschen. (Davon abgesehen, dass das oft nicht funktioniert, hat es auch eine vollkommen andere Qualität, ob man direkt oder indirekt informiert wird.)

Sie als Betroffener sollten akzeptieren, dass es für Ihren Chef ein harter Job ist, mehrere Untergebene stets vollständig zu informieren. Sie sollten ihm zugestehen, dass es schon vorkommen kann, dass er nach dem fünften Erzählen einfach die Lust verliert, es noch ein sechstes, zehntes oder zwanzigstes Mal zu tun. Was Sie nicht zu akzeptieren brauchen, ist, dass Sie dieser sechste, zehnte oder zwanzigste sind! Sie haben Anspruch darauf, alle Informationen zu bekommen. Und zwar direkt von Ihrem Chef!

Die Technik, Informationen zu erhalten, kennen Sie schon seit dem Kindesalter: Fragen! Fragen Sie also. Fragen Sie Ihren Chef bei jedem Treffen, was es Neues gibt. Diese Fragen können Sie ihm überall stellen. Auf dem Gang zur Toilette, in der Schlange in der Kantine oder bei formalen Terminen. Fragen Sie ihn vor allem nach der Rückkehr von Besprechungen, ob etwas besprochen wurde, was Ihre Arbeit oder die Abteilung betrifft. Je direkter Sie fragen, desto eher werden Sie Antworten erhalten. Sie werden erstaunt sein, wie viele Informationen plötzlich fließen. Noch mehr Informationen werden Sie erhalten, wenn Sie diese nicht nur einseitig einfordern, sondern gegen andere Informationen eintauschen. Das könnte folgendermaßen aussehen: Sie sagen: »Meierling & Co hat heute endlich die Außenstände beglichen, hinter denen wir schon so lange her waren. Und bei Schuster & Pappe sieht es auch so aus, als würden sie die nächsten Tage zahlen. Was gibt es bei Ihnen Neues?« Sie bieten damit Ihrem Chef eine Information an, die er in die nächste Besprechung tragen kann, und haben dadurch Ihrerseits eine eigene Informationsgabe verdient.

Nach und nach werden Sie auf diese Weise auch den verschlossensten Chef dazu bringen, Sie in seinen unbewussten Informationsverteiler aufzunehmen. Das löst wahrscheinlich nicht das Informationsproblem Ihrer Kollegen, denn in den wenigsten Fällen wird sich die Persönlichkeit Ihres Chefs ändern. Die Kollegen müssen also selbst sehen, wie sie an die Informationen kommen. Sofern Sie möchten, können Sie Ihren Kollegen einen Gefallen tun, indem Sie allgemeine Informationsrituale anregen: Beispielsweise eine wöchentliche Abteilungsbesprechung oder den Umlauf aller wichtigen Besprechungsprotokolle.

Führen Ihre Anstrengungen allerdings zu keiner Verbesserung, können Sie davon ausgehen, dass Ihnen Ihr Chef Informationen ganz bewusst vorenthält. Vielleicht braucht das arme Würstchen ja den Informationsvorsprung, um nicht an seinem Minderwertigkeitskomplex zugrunde zu gehen. Für Sie kommt ein solches Verhalten einer Kriegserklärung gleich. Diese Chefs verändern ihr Verhalten nur dann, wenn sie bemerken, dass ihr Verhalten Nachteile für sie bringt. Da für Ihren Chef Informationen offensichtlich als Machtinsignien elementar wichtig sind, sollten Sie ihn genau in diesem Punkt treffen. Sie tun das ganz einfach, indem Sie Ihrerseits nur jene Informationen an ihn weitergeben, die Sie nicht risikolos zurückhalten können. So würden Sie die direkte Frage, was es in der Kantine zum Mittagessen gegeben habe, Ihrem Chef natürlich beantworten. Dagegen würden Sie die vom Nachbartisch zufällig aufgeschnappte, brandheiße Information, dass ein Kunde das Unternehmen aufgrund der Arbeit Ihrer Abteilung verklagt hat, tunlichst für sich behalten.

Falls Ihr Chef das geänderte Kommunikationsverhalten bemerken und Ihnen gegenüber erwähnen sollte, dass er neuerdings wenig von Ihnen hört, können Sie dem aus vollem Herzen zustimmen: »Genau das gleiche Gefühl habe ich auch! Neulich erst ist es mir passiert, dass ich das und das nicht wusste. Da dachte ich mir, dass wir mehr miteinander reden sollten.« Mit der Zeit wird er sicherlich kapieren, was Sie damit sagen wollen.

Wenn Sie ganz hart spielen wollen und sowohl Neigung als auch Geschick für politische Winkelzüge haben, können Sie versuchen, den Chef ins offene Messer laufen zu lassen. Dabei ist es erfahrungsgemäß schwierig, ihm wichtige Informationen vorzuenthalten, die ihn Fehler machen lassen. Im Zweifel schlägt das auf Sie zurück. Viel einfacher ist es, selbst kapitale Fehler zu machen. Dazu muss man aber über ein gewisses Maß an Abgebrühtheit verfügen. Bekommen Sie beispielsweise Dinge mit, die er Ihnen vorenthält (natürlich inoffiziell), können Sie kapitale Böcke schießen – Sie wissen ja von nichts ... In diesem Fall fällt alles auf ihn zurück.

Allerdings fragt es sich, ob solche Spiele wirklich notwendig sind. Meist ist es viel einfacher, wenn Sie sich einen anderen Chef suchen – vor allem dann, wenn klar ist, dass die Informationsverweigerung nur auf Sie beschränkt ist.

Fazit: Anstatt sich zu beschweren, sollten Sie die Initiative ergreifen und Informationen einfordern. Sofern nicht der Chef Sie – und nur Sie – absichtlich aus den Informationsströmen herausgenommen hat, werden Sie nach und nach deutliche Verbesserungen sehen. Hält Ihr Vorgesetzter dagegen bewusst Informationen zurück, tun Sie gut daran, sich einen anderen Chef zu suchen.

Ein gutes Vertriebsteam aufzubauen ist eine Kunst. Bis der Vertriebsleiter die richtige Mischung aus erfahrenen alten Hasen und hungrigen Jungen gefunden hat, muss er viel Zeit und Mühe aufwenden. Fritz Lamprecht war einer, der – wie er meinte – diese Kunst beherrschte. Er hatte seine eigene Methode, gute Verkäufer an sich zu binden: die jungen durch aufregende Perspektiven und die älteren, erfahrenen durch eine verlässliche Produktpolitik, die diesen Verkäufern wiederum den Aufbau langfristiger Kundenbeziehungen ermöglichte. Natürlich lag nicht alles in Fritz Lamprechts Macht. Aber er tat, was er konnte, um die besten Voraussetzungen für sein Kunstwerk, das Vertriebsteam, zu schaffen.

Lamprecht genoss es, den Trainees, die seit ein paar Monaten seine Abteilung durchliefen, sein Werk zu präsentieren. So wie ein Maler besonders geglückte Bilder zeigt. Er nahm sich deshalb viel Zeit, Martin Guter jeden einzelnen seiner Verkäufer vorzustellen.

Martin musste bei der Zeremonie an eine Tierschau oder einen Pferdemarkt denken, so begeistert beschrieb Lamprecht die Vorzüge jedes Mitarbeiters. Dass Lamprecht die Angewohnheit hatte, sich beim Sprechen immer wieder seinen eindrucksvollen Schnurrbart nach oben zu zwirbeln und sein Haar glatt zu streichen, vervollständigte für Martin das Bild des genialen Künstlers mit all seinen Eitelkeiten.

»Dies ist unser Herr Siebel«, stellte Lamprecht einen Mitarbeiter vor und zwirbelte den Schnurrbart. »Er ist erst seit einem Jahr im Vertrieb und hat schon zwei richtig große Fische für uns an Land gezogen.«

Siebel sah von seinem Schreibtisch auf und grüßte Martin mit einem zwar leicht peinlich berührten, aber dennoch stolzen Lächeln.

»Und hier haben wir den Günter Wagenheimer«, erklärte Lamprecht eine Tür weiter. »Ein wahrlich alter Hase. Betreut seit fünf Jahren drei unserer Key Accounts und hat seitdem keinen Hundertprozentclub mehr ausgelassen.«

Der fast glatzköpfige, untersetzte Wagenheimer hob kurz die Hand zum Gruß, ließ sich aber im Übrigen nicht davon abhalten, den Telefonhörer in die Hand zu nehmen und mit dem morgendlichen Rundruf bei seinen Kunden fortzufahren.

Nach und nach erfuhr Martin die Highlights von sechs Verkäufern und langsam schwante ihm, dass Lamprecht doch nicht nur ein Spinner war, sondern es tatsächlich geschafft hatte, besonders edle Pferde in seinem Stall zu versammeln.

»Nun«, schloss Lamprecht die Runde ab, nachdem er mit Martin wieder in seinem Büro angelangt war, »suchen Sie sich aus, mit wem Sie die nächsten sechs Wochen zusammenarbeiten wollen. Ihre Aufgabe wird darin bestehen, Ihrem Kollegen eine Menge Papierkram abzunehmen – administrative Dinge, die Vertriebsleute so überhaupt nicht lieben. Dafür haben sich meine Mitarbeiter verpflichtet, Sie zu einigen Kundenterminen mitzunehmen. Mit wem wollen Sie?«

Martin überraschte diese Frage. Ihn hatte bei seinen bisherigen Einsätzen in anderen Abteilungen noch nie jemand gefragt, was er gerne tun und mit wem er zusammenarbeiten möchte. Allerdings machte nur so die Vorstellungszeremonie, die er gerade durchlaufen hatte, einen Sinn.

»Ich würde gern mit dem Herrn Wagenheimer zusammenarbeiten«, entschied er.

Lamprecht sah ihn mit einem breiten Grinsen an. »Gute Wahl. Sie sind der erste Trainee hier, der sich Herrn Wagenheimer anschließt. Darf ich erfahren, was Sie zu dieser Entscheidung bewogen hat?«

»Der Herr Wagenheimer strahlt eine gewisse Ruhe und Souveränität aus«, antwortete Martin. »Ich habe bei meinen letzten Einsätzen so viel Chaos erlebt, ich würde nun gern einmal sehen, wie jemand ruhig und strukturiert Dinge abarbeitet.«

Lamprecht lachte laut auf. »Welcome to the real world!« Er zwirbelte die linke Schnurrbarthälfte in ungeahnte Höhen. »Chaos ist der Normalfall. Aber in einem haben Sie Recht: Der Wagenheimer hat eine sehr gelassene Art, das Chaos zu verwalten.«

Martin wusste schnell, dass er mit Wagenheimer den Richtigen gewählt hatte. »Günter«, wie er ihn schon nach dem ersten Tag ansprechen musste, war auf seinen Kundenpark so stolz wie Lamprecht auf sein Vertriebsteam. Und er war, im Gegensatz zu seinem Verhalten bei der Vorstellung, recht gesprächig. Wagenheimer platzierte Martin an einem kleinen Tisch direkt in seinem Büro, sodass Martin auch allen seinen Telefonaten folgen konnte. Dies irritierte Martin anfangs ein wenig, führte Wagenheimer doch anscheinend vormittags fast ausschließlich private Gespräche. Da ging es um irgendwelche Gartenfeste, das Befinden der Ehefrau und das beständig schlechte Abschneiden der Frankfurter Eintracht. Mit manchen seiner Freunde telefonierte er beinahe täglich. Martin war es ein wenig peinlich, dabei zuzuhören, bis am vierten Tag eines der Gespräche eine überraschende Wendung nahm. Nachdem Wagenheimer und sein Gesprächspartner sich einig geworden waren, dass sogar die schwache Eintracht dieses Wochenende die Karlsruher eigentlich schlagen müsste, wechselte Wagenheimer plötzlich das Thema: »Ich bringe dir die Unterlagen über die neuen Baugruppen am besten ins Stadion mit. Die neuen Softwarepreise habe ich bis dahin auch. Ich hoffe, du kannst das deinem Einkauf erklären.«

Martin sah Wagenheimer ein paar Mal nicken, als der seinem Gesprächspartner zuhörte.

»Ja, absolut. Ich sag' es dir ganz offen: Ich halte das auch für ausgemachten Mist. Der Baugruppen-Bereich hat einen neuen Hauptabteilungsleiter, der aus der Softwarebranche kommt. Und der bildet sich jetzt ein, wir müssten für jede Zeile Software, die wir mit den Produkten ausliefern, extra Geld verlangen. Aber ich hab mir schon etwas überlegt, damit das für euch nicht teurer wird. Sag eurem Einkäufer mal, dass wir eventuell eine Sonderaktion machen, bei der wir über die Hardwarepreise noch mal reden können.«

Martin lauschte dem Gespräch mit heruntergeklapptem Unterkiefer. Diese Vermischung von Privatem und Geschäftlichem war ihm neu. Als Wagenheimer das Telefonat beendet hatte, platzte er heraus: »Das ist ja toll, du hast einen Freund, der auch Kunde bei dir ist?«

Wagenheimer lehnte sich theatralisch in seinen Lederbürostuhl zurück. Wenn er Hosenträger angehabt hätte, hätte er sie dabei sicher in Brusthöhe mit beiden Händen etwas schnalzen lassen.

»Ich habe keinen Kunden, der nicht auch zumindest ein wenig Freund ist«, erklärte er. »Das war gerade der Produktionsleiter meines größten Umsatzträgers in diesem Jahr.«

Martin schluckte. Er musste nun doch fragen. »Dann sind die Leute, mit denen du vormittags immer telefonierst, alles Kunden?«

Wagenheimer schob seinen Sessel zurück und schlug seine etwas kurzen Beine übereinander. Die Hose wurde dabei hochgezogen und entblößte einen Streifen reinweißen Unterschenkels. »Was denkst denn du? Dass ich mit meiner Großmutter telefoniere? Jetzt wird mir klar, warum du dabei immer so betreten geguckt hast.«

»Schön dumm von mir«, nickte Martin. »Aber was Karlsruhe angeht: Ich tippe, die putzen wir am Samstag 3:0 weg.«

Wagenheimers Augen leuchteten. »Auch Eintracht-Fan?«

»Klar. Als echter Frankfurter.«

»Bist du am Samstag auch im Stadion?«

»Ich weiß noch nicht ... das gibt immer Diskussionen mit meiner Freundin.«

»Komm halt mit! Der Heiner Ludewig, mit dem ich da gerade telefoniert habe, ist ein Netter.«

Martin überlegte nicht lang. Ein geschäftlicher Anlass – das war das perfekte Argument in der wochenendlichen Diskussion mit Susi. »Gut, abgemacht!«

Martin hatte sich für Samstag Nachmittag mit Wagenheimer im Büro verabredet, um von dort ins Stadion zu fahren. Als er den Empfang passierte, wurde er von einem mürrischen Wachmann eines Sicherheitsdienstes begrüßt. Da fiel ihm mal wieder auf, wie viel doch ein paar freundliche Gesichter am Empfang ausmachten. Dass große Unternehmen ausgerechnet daran zunehmend sparten, erschien Martin in diesem Augenblick grotesk.

Günter Wagenheimer saß an seinem Schreibtisch, den Hörer in der Hand, und telefonierte. Er trug nicht wie sonst Anzug und Krawatte, sondern einen Pullover und eine Jeans. Die Beine hatte er wie üblich übereinandergeschlagen, sodass über den Turnschuhen und Socken sein Markenzeichen zu sehen war: der leuchtend weiße Streifen Unterschenkel.

Wagenheimer beendete das Gespräch und drehte sich auf dem Sessel in Martins Richtung.

»In einer halben Stunde fahren wir los. Wir treffen Heiner Ludewig am Stadion. Ich habe gerade noch mal mit ihm telefoniert.« Sein Gesicht verdüsterte sich. »Dieser Mist mit den Softwarepreisen gefährdet doch tatsächlich unser Geschäft.« Er blickte an die Decke. »Nur, weil so ein Volltrottel da oben meint, er wüsste nach einem Monat im Unternehmen besser als wir, wie unser Business funktioniert.«

»Was ist denn?«, fragte Martin.

»Ach, du hast es doch gestern mitbekommen. Wir müssen die Software, die wir mit unseren Baugruppen ausliefern, seit neuestem gesondert in Rechnung stellen. Ich kann die höheren Gesamtkosten zwar ausgleichen, indem ich halt mehr Rabatt auf die Hardware gebe – natürlich auf Kosten meiner Provision –, aber Heiner Ludewig glaubt, dass sein Einkauf Angst haben wird, wir würden mittelfristig dadurch doch die Preisschraube anziehen.«

»Welches Interesse hat denn eigentlich Herr Ludewig, das Geschäft mit uns zu machen?«

»Er weiß, dass er sich auf meine Zusagen verlassen kann, dass unser Produkt gut ist und dass ich bei Problemen unbürokratisch für eine Lösung sorge. Ich erleichtere ihm schlicht und einfach sein Leben.«

»Und du bekommst weniger Provision, wenn du ihm mehr Rabatt gibst?«

»Ja, die ist abhängig vom Profit, den ich mit einem Geschäft mache.«

»Wissen denn die da oben« – Martin blickte ebenfalls kurz an die Decke – »dass die Änderung in der Preispolitik Probleme bereitet?«

»Ja, das wissen sie. Der Lamprecht hat dagegen gekämpft wie ein Löwe.«

»Das kann ich mir bei ihm gar nicht vorstellen«, murmelte Martin.

»Da kennst du ihn schlecht. Wenn er das Gefühl hat, irgendetwas könnte uns bei der Arbeit behindern, dann zieht er das Schwert aus der Scheide. Aber diesmal hat es nichts geholfen. Er ist auch reichlich frustriert. Zu Recht frustriert. Er hat uns diese Neuerung auf dem letzten Vertriebsmeeting mitgeteilt und uns gesagt, dass er leider keinen einzigen vernünftigen Grund dafür nennen kann. Wir haben dann einen halben Tag damit zugebracht, uns eine Argumentation für die Kunden zu überlegen.«

»Aber die hast du ja gar nicht genutzt«, erinnerte sich Martin an das Telefonat vom Vortag.

»Nicht, wenn ich mit dem Heiner spreche. Aber ich muss sie ihm beibringen, damit er sie bei sich intern verkauft.«

»Ach, so funktioniert das«, fiel bei Martin der Groschen.

»Ja, so funktioniert das. Aber wenn sich die Kollegen hier ständig etwas Neues einfallen lassen, dann tut sich ›unser Mann beim Kunden‹ schwer, das bei sich intern zu verkaufen.«

»Ich verstehe«, nickte Martin. »Und das weiß der Herr Lamprecht.«

»Das weiß er und deshalb hat er auch einen so dicken Hals!« Wagenheimer deutet mit den Armen den Durchmesser eines Wagenrades an.

Das Waldstadion war randvoll – erstaunlich für die Achterbahn der Gefühle, auf die die Eintracht ihre Fans regelmäßig schickte. Wagenheimer und Ludewig nutzten den Lärm im Stadion, um unbelauscht einige geschäftliche Dinge zu besprechen. Auch Martin verstand nicht viel, bis zu dem Punkt, an dem Wagenheimer und Ludewig zufrieden nickten.

»Genial, das ist der Stoff, den Einkäufer lieben.« Wagenheimer wandte sich an Martin und strahlte. »Wir wissen, wie wir die neue Preispolitik erklären – oder richtiger: wie Heiner sie seinem Einkauf nahe bringt.«

»Und wie funktioniert das?«, fragte Martin neugierig.

»Nicht so neugierig«, bremste ihn Wagenheimer.

Ein Aufschrei ließ das Stadion erbeben. 1:0 für die Eintracht. »Ja«, klopfte Wagenheimer seinem Freund und Kunden auf die Schulter, »heute ist unser Tag!«

Wagenheimer fuhr Martin noch nach Hause. Auf der Fahrt erklärte er ihm, was Ludewig und er sich ausgedacht hatten: »Heiner wird dem Einkauf erzählen, dass die neue Preispolitik seine Idee ist.«

»Aber macht er sich denn damit nicht unbeliebt?«, fragte Martin erstaunt.

»Nein. Die Geschichte ist die: Heiner hat so lange Druck auf uns ausgeübt, bis wir die Bündelung von Hard- und Software bei bestimmten Baugruppen aufgehoben haben. Dadurch herrscht in Zukunft mehr Wettbewerb, weil Hard- und Software bei unterschiedlichen Anbietern gekauft werden können. Und damit werden mittelfristig auch die Preise sinken.«

»Aber gibt es denn für diese Baugruppen überhaupt Software von anderen Anbietern?«

»Natürlich nicht.«

»Merkt der Einkauf das nicht?«

»Doch. Heiner wird ihnen auch ganz offen sagen, dass für die aktuelle Generation unserer Baugruppen noch keine alternative Bezugsquelle für Software existiert. Aber er geht davon aus, dass das bald der Fall sein wird.«

»Nicht schlecht!« Martin schüttelte bewundernd den Kopf.

In den darauf folgenden Tagen wurde Martin Zeuge, wie Wagenheimer, einem Diplomaten gleich, an vielen unterschiedlichen Fronten die im Fußballstadion erdachte Taktik umsetzte: Mit Lamprecht, seinem Chef, kalkulierte er verschiedene Angebotsvarianten durch. Mit Heiner Ludewig telefonierte er immer wieder, um sich nach dem Stand seiner Bemühungen zu erkundigen. Und schließlich sprach er selbst mit dem Einkauf, wobei er scheinbar zerknirscht bestätigte, welches Zugeständnis Ludewig aus ihm herausgepresst hatte.

Lamprecht war bei einigen Telefonaten dabei. Martin sah ihm an, wie erleichtert er war, dass einer seiner alten Hasen wieder einmal hausgemachte Klippen souverän umschiffte.

Eine Woche, nachdem die Eintracht Karlsruhe mit 3:0 geschlagen hatte, lag das von Wagenheimer und Lamprecht unterzeichnete Angebot auf dem Schreibtisch, bereit, dem Einkauf des Kunden vorgelegt zu werden.

Wagenheimer saß mit zufriedenem Gesicht und übereinandergeschlagenen Beinen vor seinem Werk. Er sah zu Martin herüber, der in einer Kopie des Angebotes herumblätterte, fasziniert von der hohen Angebotssumme.

Wagenheimer runzelte kurz, fast unmerklich, die Stirn und räusperte sich leise. Martin sah auf.

»Dir ist schon klar«, begann Wagenheimer etwas zögerlich, »dass der Inhalt eines solchen Angebotes streng vertraulich ist, oder?«

»Natürlich!«, antwortete Martin überrascht, fast empört. »Das musst du mir nicht extra sagen.«

Wagenheimer fixierte Martin. »Sicher?«

»Ja, sicher! Wie kommst du denn darauf, mich überhaupt nach so etwas zu fragen?«

Wagenheimer sah auf seine Tischplatte. »Ich kann mir zwar nicht vorstellen, dass etwas Wahres dran ist; aber es wird gemunkelt, du ...« – Wagenheimer machte eine kurze Pause – »... du würdest Dinge ausplaudern, die nicht für die Öffentlichkeit gedacht sind.«

»Was ... was soll ich den ausplaudern?«, fragte Martin verstört.

»Keine Ahnung. Ich habe das nur hinter vorgehaltener Hand gehört.«

»Von wem denn?«

»Das möchte ich nicht sagen. Es war unter dem Mantel der Verschwiegenheit.«

»Ist es, weil ich ab und zu am Empfang unten mit ein paar Leuten Kaffee trinke?«

»Nein, es heißt, du würdest Informationen aus dem Unternehmen nach außen tragen.«

Martin schlug verärgert mit der flachen Hand auf das vor ihm liegende Angebot. »Wenn du so etwas glaubst, warum lässt mich das hier dann überhaupt lesen?«

»Weil ich es eben nicht glaube. Aber du verstehst, dass ich es zumindest ansprechen muss, wenn ich solche Dinge höre.« Wagenheimer richtete seinen Blick wieder voll auf Martin. »Also lassen wir das Thema.« Er blinzelte neugierig. »Mit wem trinkst du denn da immer Kaffee?«

»Meistens mit Frau Richter vom Empfang und einem Oliver Knoff aus der EDV.«

»Eine tolle Frau, die Lea Richter«, schwärmte Wagenheimer und sein Blick bekam etwas Schelmisches.

»Du kennst sie?«, fragte Martin, froh über dem Themenwechsel.

»Ich habe sie einmal bei einer Ausstandsfeier kennen gelernt. Danach habe ich sogar versucht, sie für unsere Abteilung abzuwerben. Aber sie ist da unten nicht weg zu bekommen. Schade, denn sie ist wirklich eine Klasse-frau.«

Martins Blick fiel auf Wagenheimers Bierbauch, der sich just in diesem Augenblick besonders deutlich wölbte.

Wagenheimer bemerkte das. »Wirklichen Klassefrauen ist es nicht so wichtig, ob dein Bauch mehr einem Sixpack oder einer Kugel gleicht«, grins-te er.

»Richte ihr schöne Grüße von mir aus, okay?«, bat ihn Wagenheimer. »Zu mehr als einem ›guten Morgen‹ reicht es ja selten, wenn ich am Empfang vorbei komme.«

»Mach ich«, versprach Martin.

»Von Günter Wagenheimer, dem alten Charmeur?« Lea Richter errötete et-was. »Mit dem arbeiten Sie jetzt zusammen?«, fragte sie.

Martin nickte, die Kaffeetasse an den Lippen.

»Da sind Sie in guten Händen«, sagte Lea.

»Ja, ich lerne eine Menge bei ihm.«

»Günter Wagenheimer, ist das nicht so ein kleiner Dicker?«, bemerkte Oli-ver Knoff, der bisher still dabeigestanden hatte.

»Ein bisschen fest ist er schon«, gestand Lea, »aber wie ich schon sagte, ein unheimlicher Charmeur.«

Martin dachte, es sei an der Zeit, das Thema zu wechseln.

»Stellt euch vor, da hat schon wieder jemand über mich eine Lüge in die Welt gesetzt.«

Die Augen der anderen richteten sich auf ihn. Martin berichtete über sein Gespräch mit Wagenheimer und die Indiskretion, die man ihm vorwarf.

Olivers Unterkiefer klappte herunter. »Das ist ja Mobbing der brutalsten Sorte!«

Lea Richter sah Martin besorgt an. »Oliver hat recht. Das ist mit Sicherheit kein Zufall mehr.«

»Und was soll ich jetzt tun?«, fragte Martin, und sah dabei abwechselnd Lea und Oliver an.

»Herausbekommen, wer die Ratte ist!«, antwortete Oliver.

»Haben Sie Günter Wagenheimer erzählt, dass das nicht der erste Vorwurf dieser Art ist?«, fragte Lea.

»Nein, ich dachte, es wäre nicht klug ihm zu erzählen, dass noch mehr solcher Sachen über mich im Umlauf sind.« Martin kippte den restlichen Kaffee herunter. »Das Verrückte ist: Ich weiß zwar, dass das alles erstunken und erlogen ist. Und trotzdem beginne ich irgendwo ganz hinten im Kopf an mir zu zweifeln. Mich zu fragen, ob nicht doch etwas an mir faul ist.«

»Machen Sie bloß nicht diesen Fehler«, warnte Lea. »Genau darauf legt es jemand an. Das ist das Schlimme an Mobbing. Das Opfer wird so verunsichert, dass es seine Selbstsicherheit verliert und schließlich zerbricht.«

Martin schluckte. »Aber wer zum Teufel sollte sich denn meinetwegen solch eine Mühe geben? Ich hab' doch niemandem etwas getan!«

»Sprechen Sie mit Wagenheimer«, riet Lea. »Fragen Sie ihn, wer ihm den Unsinn erzählt hat.«

»Das habe ich ja«, klagte Martin. »Aber er meinte, er dürfe es mir nicht sagen.«

»Dann werde ich mit ihm reden«, beschloss Lea.

Günter Wagenheimer hatte sich besonders in Schale geworfen. Martin stellte fest, dass Günter zu dem nagelneuen Einreiher sogar Socken trug, die lang genug waren, seine weißen Unterschenkel zu bedecken, wenn er die Beine übereinander schlug.

»Hast du dich für den Einkauf so schick angezogen?«, fragte Martin. Er wusste, dass Wagenheimer am Nachmittag endlich das Angebot abgeben wollte.

»Ja, das auch«, murmelte Wagenheimer.

»Das auch?«, hakte Martin nach.

»Ich gehe heute Abend noch aus«, brummelte Wagenheimer, ohne den Blick von einem Memo zu heben, und Martin wusste, mit wem.

Fritz Lamprecht erschien in der Tür. Er sah nach schlechten Neuigkeiten aus.

Lamprecht schlich wortlos zu Wagenheimers Schreibtisch und setzte sich ihm gegenüber auf einen Stuhl. Selbst sein Schnurrbart schien nicht die gewohnte Spannkraft zu haben. Er nahm das Angebot vom Tisch und atmete durch.

»Wir können es nicht so machen. Wir dürfen nicht.«

»Wie? Was? Was dürfen wir nicht?« Wagenheimer sah Lamprecht fragend an.

»Sie haben es sich anders überlegt. Keine Trennung von Hard- und Software. In unseren Angeboten soll die Software nicht getrennt ausgewiesen werden.«

»Abgesehen davon, dass ich den Sinneswandel nicht verstehe, ist es jetzt zu spät«, sagte Wagenheimer fest. »Unser Mann beim Kunden hat sich schon aus dem Fenster gelehnt. Das Angebot muss so bleiben.«

»Das habe ich auch gesagt. Sie haben es zur Kenntnis genommen, aber es gibt übergeordnete Interessen.«

»Wer hat es zur Kenntnis genommen? Welche übergeordneten Interessen?«

»Unser Vorstand persönlich. Sie haben Angst, zu hohe Softwareumsätze ausweisen zu müssen.«

»Jetzt verstehe ich überhaupt nichts mehr.«

»Börsenanalysten bewerten zur Zeit die Softwarebranche eher kritisch. Das wiederum ist schlecht für den Aktienkurs, wenn man zu dieser Branche gehört. Und deshalb legt unser Vorstand Wert darauf, dass unsere Umsätze Hardwareumsätze sind.«

Wagenheimer ging zur Türe und schloss sie. Auf seinen Schläfen traten die Adern hervor. »Und warum fällt diesen Arschlöchern das nicht früher ein?«, brüllte er durch den Raum.

Lamprecht antwortete nicht. Was sollte er auch sagen? Dass Dummheit der Grund war? Dass es den Herren schlichtweg egal war, ob Wagenheimer ein Geschäft in Höhe von vier Millionen Euro abschloss oder nicht? Oder dass er, Fritz Lamprecht, versagt hatte? Versagt bei seiner Kernaufgabe, seiner Vertriebsmannschaft ein verlässliches Umfeld zu schaffen? Nichts davon würde die Situation ändern. Und es war jetzt auch egal, ob er versagt hatte oder ob er einfach keine Chance gehabt hatte, einen guten Job zu machen – der Effekt war der gleiche, nämlich ein tobender Wagenheimer. Der nahm bei seinen lauten Ausführungen die ein oder andere Anleihe in der Fäkalsprache, um den AGATI-Vorstand und seine Leistungen zu beschreiben. Martin hatte ihn noch nie so gesehen, ja, er hätte es für ganz unmöglich gehalten, dass Wagenheimer je derart emotional reagieren könnte.

Als das Donnerwetter vorbei war, fasste Lamprecht einen Entschluss: Er stand auf und hielt Wagenheimer das Angebot hin. »Fahr los und gib es ab.«

Wagenheimer sah ihn mit zusammengekniffenen Augen an. »Du willst das riskieren?«

»Ja, ich nehme es auf meine Kappe. Aber fahr gleich los. Ich habe dich einfach nicht mehr rechtzeitig erwischt. Ich hoffe nur, dass wir eine Unterschrift bekommen, bevor sie es stoppen können.«

»Aber du kennst doch die Brüder da oben«, wandte Wagenheimer ein. »Die verzeihen dir das nie, für die ist das Befehlsverweigerung.«

»Dann sollen sie mich halt feuern. Meine Lust, mich für diese Chaoten aufzureiben, geht ohnehin langsam gegen null.«

Wagenheimer überlegte kurz. »Kommst du mit?«, fragte er Martin.

»Ja, gern.«

Im Gehen klopfte Wagenheimer dem deprimiert wirkenden Lamprecht freundschaftlich auf die Schulter. »Bis dann.«

»Mal sehen.«

Oliver Knoffs Augen funkelten vor Neugier. »Haben Sie schon etwas herausbekommen?«, fragte er Lea Richter.

»Nein, leider nicht. Ich bin noch nicht dazu gekommen.«

»Sind Sie nicht gestern mit Wagenheimer essen gegangen?«, rutschte es aus Martin heraus.

»Wie kommen Sie denn darauf?«, fragte Lea überrascht.

»Nur so«, murmelte Martin.

»Nein, ich war nicht mit ihm essen«, klärte ihn Lea auf. »Er hatte überraschend eine Besprechung mit seinem Chef. Er war ganz aufgelöst. Was er mir erzählt hat, war ja auch reif für einen Krimi.«

»Was ist denn passiert?«, fragte Oliver.

Martin und Lea erzählten ihm ganz grob von dem Hin und Her, dem Wagenheimer und Lamprecht ausgesetzt gewesen waren.

»Das muss ja unheimlich nerven!«, sagte Oliver.

»Und wie«, nickte Lea. »Und es ist typisch für die Rücksichtslosigkeit, mit der eine Firma ihre Mitarbeiter heute in die eine, morgen in die andere Richtung schickt.«

»Gibt es denn so was öfter?«, fragte Oliver.

»Ständig. Viele Führungskräfte vergraulen scheinbar ihre besten Mitarbeiter, indem sie ständig ihre Strategie wechseln.«

Fehler 6:
Wechsle täglich deine Unternehmensstrategie

Menschen sehnen sich nach Stabilität. Sie möchten verlässliche Eckpunkte, auf die sie ihr Leben gründen können. Für die meisten Menschen ist der Arbeitgeber nach der Familie und dem Freundeskreis das drittwichtigste Fundament. Das ist nicht weiter verwunderlich: Das Unternehmen versorgt die Menschen schließlich mit dem Geld, das sie ernährt, kleidet und viele andere physischen Bedürfnisse befriedigt. Doch ein Unternehmen ist mehr als das. Es ist eine Quelle der Selbstbestätigung, der sozialen Einbindung und es verleiht Status. Viele Menschen verstehen sich regelrecht als Gefolgsleute ihrer Arbeitgeber. Sie sind stolz, »Werker« (des Volkswagenwerkes), »Siemensianer« (von Siemens) oder »Bausparkässler« (der Bausparkasse Schwäbisch Hall) zu sein. Sie betrachten ihr Unternehmen als ihre Burg, die sie gegen Angriffe vehement verteidigen. Sie vertreten das Unternehmen, als wäre es ihr eigenes. Im Grunde ist es das ja auch. Indem sie Bestandteil einer übergeordneten Sache sind, gründen Sie sich fester im Leben, als ihnen das als Einzelperson möglich wäre.

Mitarbeiter unterstellen ihrem Arbeitgeber, dass seine Sache gut und gerecht ist. Sie wollen auch, dass ihr Unternehmen allen anderen Unternehmen zumindest ebenbürtig – besser aber deutlich überlegen ist. Weil dies so ist, wehren sich Mitarbeiter instinktiv gegen alle Änderungen. Etwas, was bisher gut war, kann und darf einfach nicht plötzlich schlecht sein. Je größer eine Änderung ist, desto größer sind die Widerstände. Ganz oben auf der Liste der von Mitarbeitern gehassten Veränderungen stehen Wechsel von Unternehmensziel, Unternehmenszweck und -strategie. Wenn ein Unternehmen oder einzelne Unternehmenszweige plötzlich etwas ganz anderes tun wollen, werden zahlreiche Ängste geweckt. Eine ganze Sparte der Managementtheorie beschäftigt sich alleine mit dem geordneten Wechsel solcher wichtiger Rahmenbedingungen. Das sogenannte »Change Management » entwickelt Vorgehensweisen, wie solche Wechsel zu gestalten sind, um die Unruhe und Verunsicherung unter den Beschäftigten auf ein Minimum zu beschränken.

Bereits der einmalige radikale Wechsel wichtiger Rahmenparameter verunsichert Mitarbeiter, entwurzelt sie oder schürt zumindest ihre »Entwurzelungsängste«. Das ist auch sehr verständlich. Wer an Bord eines Flugzeuges sitzt, das plötzlich den Kurs radikal ändert, macht sich schließlich auch ganz automatisch Gedanken. Liegt eine Schlechtwetterfront im Wege? Oder ist etwa eine Bombe an Bord? Wurde das Flugzeug entführt? Gibt es einen technischen Defekt? Wenn in diesen Situationen zusätzlich die Kommunikation vom Cockpit gestört ist, tendieren die Mitflieger dahin, eher das Schlimmere als das Triviale anzunehmen. Noch dramatischer ist es, wenn solche »Haken« mehrmals innerhalb kürzester Zeit geschlagen werden. Solche Situationen sind Nährboden für Gerüchte und Spekulationen. Die Erklärung, dass der Pilot wohl total betrunken sein müsse, ist dann noch eine der netteren – aber auch keine sehr beruhigende. In Unternehmen ist es ähnlich. Wenn am Fundament, auf dem alle stehen, herumgewerkelt wird, ist das Unternehmen für viele nicht mehr gemütlich. Je länger und öfter das geschieht, desto unbefriedigender wird das für die Mitarbeiter. Bald stehen sie mehr auf den Gängen und debattieren, als dass sie arbeiten.

Man sollte glauben, dass kein Unternehmen an sich ständig ändernden Kursvorgaben interessiert sein kann. Noch weniger daran, seine Mitarbeiter dabei weitgehend im Dunkeln zu lassen. Trotzdem kommt beides sehr häufig vor. Gerade in schlechten Zeiten schießen Richtungswechsel ins Kraut. Bevor der eine Wechsel halbwegs verdaut ist, steht schon der nächste an. In »Turnaround«-Situationen hechelt das Management häufig den Schlagworten nach, die gerade en vogue sind oder die ihm von immer neuen Unternehmensberatern in den Mund gelegt werden. Bis vor kurzem war das Unternehmen ein ganz einfacher Hersteller gewesen. Als die Geschäfte schlechter gingen, wurde verkündet, man werde künftig ein integrierter Systemlieferant sein. Dann war man plötzlich ein »Service-Unternehmen«. Was man heute ist? Der Mitarbeiter schaut demonstrativ auf die Uhr, um zu überprüfen, ob sich die Frage auf den Vor- oder Nachmittag bezieht. Keine Ahnung! Aber es soll »global« sein. So habe er zumindest munkeln hören. Aus der Stimme des Mitarbeiters spricht Frustration. Er hat den Spaß an seinem Arbeitgeber verloren.

Änderungen beziehen sich nicht immer auf das gesamte Unternehmen. Häufig sind auch nur Teilbereiche betroffen. Jeder neue Manager bringt neue Ideen mit und preist diese als neue Heilslehre an. Dabei kann diese der offiziellen Unternehmensposition diametral entgegengesetzt sein. Soll sich doch der Mitarbeiter selbst aussuchen, was er möchte. Doch das tut er in solchen Fällen meist nicht mehr. Er hat gelernt, dass sich die Änderungen die Klinke in die Hand geben. Er hat erfahren, dass keiner Strategieänderung die notwendige Zeit gegeben wird, erfolgreich zu sein. Stattdessen reißt das Management die jungen Pflänzchen immer wieder aus, um nachzusehen, wie lang die Wurzeln sind. Und dann beschwert es sich, dass die Pflanzen trotz der vielversprechenden Wurzeln keine Früchte tragen. In diesem Stadium kümmern sich die Mitarbeiter nicht mehr darum, was das Management propagiert. Sie nehmen Reorganisationen nicht an, sondern machen einfach so weiter, wie sie es immer getan haben. Bevor das irgendjemand merkt, ist ohnehin wieder die nächste Reorganisation fällig. »Irgendwie muss der Laden ja laufen«, sagen sie. Und sie fühlen sich dabei gar nicht gut. Denn ihr »Lehnsherr« hat aufgehört, ihnen Schutz und Richtung zu geben. Sie fangen an, auf andere Unternehmen zu schielen, die ihren Mitarbeitern diesen Service noch bieten.

Was betroffene Mitarbeiter tun können

Wenn Sie durch einen Wechsel der Unternehmens- oder Bereichsstrategie in Unsicherheit und Orientierungslosigkeit geworfen worden sind, sollten Sie zunächst einmal ruhig durchatmen und sich vergegenwärtigen, dass das vollkommen normal ist.

Handelt es sich um die erste derartige Maßnahme nach längerer Zeit, wird Ihre Unsicherheit und impulsive Ablehnung wahrscheinlich am höchsten sein. Und doch haben Sie gerade in dieser Situation objektiv gesehen am wenigsten Grund zur Sorge. Gelegentliche Anpassungen sind nämlich notwendig. Als der Hafen von Knossos versandete, liefen die Schiffe andere Häfen an. Kapitäne, die nach dem Motto »Wir haben hier immer ausgeladen« Knossos angefahren wären, hätten sich den Kiel aufgerissen. Änderungen sind oft auch Voraussetzungen für überraschend große Erfolge. In der Industrie sind viele große Erfolgsgeschichten auf massive Strategiewechsel zurückzuführen. Nokia beispielsweise hat nicht schon immer Handys gebaut (früher haben sie Toilettenpapier und Gummistiefel produziert). Geben Sie der neuen Ausrichtung also eine Chance. Lassen Sie sich von Ihren Vorgesetzten die Angelegenheit genau erklären. Fordern Sie offizielle Informationen ein! Vermeiden Sie nach Möglichkeit unfruchtbare Diskussionen mit Kollegen. Solche Gang- und Kaffeeküchenpalaver sind nicht nur unproduktiv, sondern ziehen Sie emotional auch nach unten.

Folgen die Änderungen wichtiger Rahmenparameter jedoch innerhalb kurzer Zeit einander, sollten Ihre Alarmglocken schrillen. Denn das ist ein Zeichen von Orientierungslosigkeit. Wenn Sie jemanden im oberen Unternehmensmanagement kennen, dessen Einschätzung Sie vertrauen dürfen, dann informieren Sie sich bei diesem Gewährsmann genau über die geplanten Änderungen und unterziehen Sie diese einem Plausiblitätscheck. Hört sich das vernünftig an? Kann das Unternehmen das? Ziehen die Kunden mit? Wenn Sie nicht überzeugt sind, dass die Veränderungen Schritte in die richtige Richtung sind – oder wenn diese hektisch, widersprüchlich und übereilt stattfinden, sollten Sie von Bord gehen, solange das noch geht. Anders als ein wild durch die Gegend trudelndes Flugzeug, können Sie ein Unternehmen nämlich verlassen. Wechseln Sie zu einem anderen Arbeitgeber, bevor sich in der Branche herumspricht, dass Ihr Unternehmen »zu stinken« beginnt. Dann sind die Chancen für einen Wechsel nämlich nicht mehr so günstig. Zügiges Handeln ist also angesagt. Allerdings sollten Sie auch keine überhasteten Aktionen starten. Handeln Sie einfach so, wie es die Feuerwehr für das Verlassen brennender Gebäude empfiehlt: ohne Panik, ruhig und diszipliniert.

Fazit: Verlässliche, länger geltende Rahmenbedingungen sind eine Qualität erfolgreicher Unternehmen. Unternehmen, die ihre Rahmenvorgaben ständig ändern, sind keine angenehmen Arbeitgeber. Gelegentliche Veränderungen dagegen sind normal und zeigen an, dass eine Organisation noch lebt.

Kaum Frauen. Das war Martins Gedanke, als er zum ersten Mal seine nächste Traineestation betrat: die interne EDV. Nun war die AGATI AG ohnehin nicht gerade ein leuchtendes Beispiel für ein ausgewogenes Geschlechterverhältnis. Doch hier, hinter den mit Magnetkartenlesern gesicherten Türen, stach die Abwesenheit weiblicher Wesen regelrecht ins Auge. »Ob man sich daran wohl gewöhnt?«, fragte sich Martin. »Sicher nicht«, lautete die Antwort, die ihm spontan dazu einfiel.

Er konnte deshalb sein Glück kaum fassen, als er zu seinem Arbeitsplatz geführt wurde: Hinter einem Berg von Büchern und Zetteln saß an einem der drei Schreibtische im Raum eine junge Frau, wohl um die Mitte zwanzig. Martin konnte nicht ausmachen, ob es an ihrem Äußeren lag oder an der Tatsache, dass sie eine von ganz wenigen Frauen hier war – jedenfalls gefiel sie ihm ausgesprochen gut.

Zu seinem Leidwesen zeigte Martina Hahn an ihm erheblich weniger Interesse. Auch seine, wie er selbst fand, ganz amüsante Vorstellung, die auf die Ähnlichkeit ihrer Vornamen anspielte, quittierte sie nur mit einem milden Lächeln.

Martin kam zu dem Schluss, dass dieses Desinteresse sicher nicht an ihm lag, sondern nur einen Schutzmechanismus gegen die Überzahl der Männer hier darstellte. Wahrscheinlich waren auch ihre leuchtend rot gefärbten, kurzen Haare eine Art Warnsignal, so wie manche Fliegen sich zur Abschreckung ein Wespen-Outfit zugelegt haben.

Dass die Haarfarbe in Wirklichkeit das Ergebnis einer verlorenen Wette war und dass Martina Hahn einfach generell kein Interesse an 25-jährigen Schlipsträgern hatte, darauf wäre Martin nie gekommen. Vor allem aber hatte Martina momentan andere Probleme.

Am dritten Tisch im Raum saß »Kurt«. Seinen Nachnamen erfuhr Martin nie, zumal sich sowieso alle in der EDV duzten. Kurt war selten in seinem Büro, weil er die meiste Zeit in Projekt-Meetings verbrachte. Doch auch wenn er zugegen war, konnte man ihn leicht übersehen: unauffällige Haarfarbe, unauffällige Kleidung, unauffälliges Verhalten. Dazu schmal wie ein Handtuch. Sein Alter, wenn er denn eines hatte, war nicht schätzbar. Stets den Laptop unter dem Arm eingeklemmt und seine »No, I don't fix your PC«-Kaffeetasse in der Hand, bewegte Kurt sich ständig zwischen Büro und Besprechungsräumen hin und her.

Etwa einmal am Tag tauchte »Robert« für fünf Minuten im Zimmer auf. Robert war Kurts und Martinas Vorgesetzter. Auch für Martin war er für die nächsten sechs Wochen zuständig. Robert war sehr dynamisch und stets unabkömmlich. Vor allem letztere Eigenschaft machte ihm das Leben nicht leicht. An zu vielen, wie er es nannte, »Baustellen« gleichzeitig musste er »Trouble shooten« und »Problems fixen«. Deadlines, Delays und Emergencies waren seine Sprache und seine Welt und sie erforderten seine volle »Attention«. Dabei vergaß er natürlich nie seine Mitarbeiter: Er kam einmal am Tag in das Büro, in dem Martin saß, und fragte, ob alles klar war. Kurt war ohnehin nie da. Martina drängte Robert stets, endlich einmal über irgendwelche Spezifikationen zu sprechen, und Martin wartete darauf, dass Robert ihm sagte, was er denn eigentlich tun sollte. Dieses Ritual beobachtete Martin drei Tage lang. Dann begann auch er Robert dazu zu drängen, doch einmal mit ihm über seine Aufgaben zu sprechen. Robert war sofort Feuer und Flamme und versprach Martin, am nächsten Tag einen »Slot« für ihn frei zu halten. Als Robert das Büro wieder verlassen hatte, bemerkte Martina trocken: »Vergiss es.«

Martin hatte es schon aufgegeben, mit Martina jemals ins Gespräch zu kommen. Seine Ansätze waren immer mit knappen Antworten abgeschmettert worden und Martina hatte ganz offensichtlich verbissen mit einer Aufgabe gekämpft.

»Was soll ich vergessen?«, fragte er.

»Dass Robert morgen für dich Zeit hat. Darauf warte ich jetzt schon fast einen Monat. Seit ich hier bin.«

»Du willst mir sagen, dass du, seit du hier angefangen hast, noch kein einziges Mal mit ihm gesprochen hast?«

»Du hast doch selbst gesehen, wie das immer abläuft.«

»Woher weißt du denn überhaupt, was du tun sollst?«

»Das stand in der Stellenausschreibung. Ich soll hier Tools für das Berichtswesen entwickeln. Mit neuen Technologien. Eigentlich eine hochinteressante Aufgabe. Kurt hat mir freundlicherweise das Rohkonzept dafür beschafft. Seitdem versuche ich erst einmal zu verstehen, wie das bestehende System funktioniert.«

Martin kratzte sich am Kopf. »Und das sagt dir keiner?«

»Die Leute, die das bestehende System pflegen, blocken ab. Die haben scheinbar Angst um ihr Baby.«

»Wie soll denn das gehen, wenn dir keiner sagt, was Sache ist?«, fragte Martin.

»Was fragst du da mich?«, fuhr ihn Martina an. »Du siehst doch, dass ich hier nur im Nebel herumstochere!«

»Entschuldigung. Ich wundere mich ja nur.« Martin stellte erschrocken fest, dass bei Martina wirklich die Nerven blank lagen.

»Schon gut. Mich kotzt das einfach langsam an. Entweder bin ich zu blöd für diesen Job oder etwas läuft hier falsch. Ich habe noch nicht herausbekommen, was zutrifft.«

»Ist das dein erster Job?«, fragte Martin.

»Ja. Ich dachte vorher immer, an der Uni würde es chaotisch zugehen. Aber hier ist es viel schlimmer. Ich meine, an der Uni, da wusste ich wenigstens, was ich zu tun hatte.«

»Was hast du denn studiert?«

»Na was wohl – Informatik. Der einzige BWLer hier im Team ist Robert. Das sieht man dann auch.«

Martin, selbst Betriebswirtschaftler, verstand die Spitze, ging aber nicht darauf ein. »Als Informatiker kann man sich ja sicher die Firma aussuchen, in der man arbeiten will, oder?«

»Es ist nicht mehr ganz so gut wie vor einem Jahr«, antwortete Martina. »Aber als ich mich entschlossen hatte, von der Uni wegzugehen, hatte ich eine Menge Angebote.«

»Wolltest du ursprünglich an der Uni bleiben?«

»Ja, ich wollte meinen Doktor machen. Aber dann dachte ich mir, in der freien Wirtschaft ist sicher mehr geboten als im deutschen Uni-Mief.«

»Und warum bist du nicht ins Ausland gegangen?«

»Mein Freund kann nicht weg hier, er ist Lehrer.«

Aha, sie hatte also einen Freund. Deshalb hatte sie keine Augen für seinen Charme. Damit konnte Martin leben. Aber eine kleine Rechnung war noch offen.

»Na, Lehrer klingt aber auch nicht aufregender als Betriebswirtschaftler.«

Martina grinste. »Ich dachte schon, da kommt überhaupt kein Konter.«

»Na, du bist mir ja einer!«, rief Günter Wagenheimer in den Telefonhörer, ohne Martin zu begrüßen.

»Hallo Günter«, meldete sich Martin. »Was habe ich denn schon wieder angestellt?«

»Ich denke, die Lea Richter geht mit mir wegen meiner schönen Augen aus, und dabei will sie mich nur aushorchen – in deinem Auftrag!«

Martin hörte an Günters eher amüsierter Stimme, dass der Vorwurf nicht ganz ernst gemeint war. Trotzdem war es ihm peinlich.

»Aber mal im Ernst«, fuhr Wagenheimer fort, »das ist ja wirklich seltsam, was da passiert.«

Martin nickte. Dann fiel ihm ein, dass Wagenheimer das am Telefon ja nicht sehen konnte und er sagte »ja«.

»Ich hoffe, du bist mir nicht böse«, entschuldigte sich Martin.

»Nein, der Abend war trotzdem sehr schön. Und Lea hat auch ihren Auftrag erfüllt. Ich habe ihr gesagt, von wem ich diese Dinge über dich gehört habe. Nur hilft dir das nicht viel. Ich habe es von unserer Teamsekretärin gehört. Ich musste ihr damals versprechen, nicht zu sagen, dass ich es von ihr habe. Dieses Versprechen habe ich nun gebrochen. Aber ihr könnt jetzt nicht einfach zu ihr hindackeln und sie fragen, wer es ihr erzählt hat.«

»Ja, ich verstehe.« Martin war enttäuscht.

»Ich halte mal die Ohren offen, mit wem sie ihre Dauertelefonate führt, wenn sie nichts zu tun hat. Vielleicht erfahren wir es so.«

Dass Wagenheimer »wir« sagte, tat Martin gut. Wagenheimer war also ein Verbündeter. Und Martin wurde langsam klar, dass er Verbündete gut gebrauchen konnte. Denn wer auch immer da am Werk war: Er oder sie schien es ernst zu meinen und ließ nicht nach.

»Danke, dass du mir helfen willst.«

»Kein Problem. Eintracht-Fans sind leidgeprüft und halten zusammen.«

Martin nahm sich vor, Susi zu erzählen, dass seine Fußballbegeisterung tatsächlich zu etwas gut war.

Am nächsten Tag stand Martin wieder einmal im Kaffeeraum hinter dem Empfang. Er diskutierte mit Lea Richter, was man den nun tun könnte, um etwas Licht in die geheimnisvollen Vorwürfe gegen ihn zu bringen.

»Meiner Meinung nach können sie momentan nur warten, bis Günter Wagenheimer mit einem Tipp kommt, wer seiner Sekretärin die Information gegeben hat«, sagte Lea.

»Vielleicht kann ich aus dem Vorstandsassistenten etwas herausbekommen, bei dem ich zuletzt gearbeitet habe«, schlug Martin vor.

»Versuche es. Ich habe da nicht allzu viel Hoffnungen, aber einen Versuch ist es wert.«

»Wenigstens habe ich an meinem neuen Einsatzort Ruhe. Bislang zumindest.«

»Ja, wie ist es denn dort? Sie sind jetzt in der EDV-Abteilung, nicht?«

»Interne EDV. Ich kann noch nicht viel darüber sagen. Ich sitze da und warte, dass mir mal jemand sagt, was ich tun soll.«

Oliver kam in den Kaffeeraum. »Hallo zusammen!« Zu Martin sagte er: »Schönen guten Tag, Herr Kollege! Ich habe gehört, du bist jetzt bei uns im Bereich? Wie gefällt es dir?«

»Ich habe gerade erzählt, dass ich noch nichts sagen kann. Ich kenne immer noch nicht meine Aufgaben.«

»Bei wem bist du denn?«, fragte Oliver.

»Ich sitze im Büro bei Martina Hahn«, antwortete Martin in der Annahme, dass die Frau Oliver mehr sagen würde als sein Chef Robert.

»Kenne ich kaum, die ist ganz neu«, meinte Oliver. »Aber sie ist ganz cool, habe ich gehört. Soll eine Koryphäe im Datenbankdesign sein. An was arbeitet sie denn?«

»Frag mich nicht; sie hat es mir erklärt, aber es hat mir nicht viel gesagt. Irgendwas mit Berichtswesen.«

»Das klingt aber nicht sehr aufregend. Solchen Leuten muss man interessante Jobs geben, sonst sind sie bald wieder weg.«

»Wenn ihr sie weiter so in der Luft hängen lasst wie zurzeit, habt ihr sie eh nicht mehr lange«, meinte Martin.

»Wir? Du meinst ihren Chef?«, fragte Oliver.

»Ja, diesen Robert Irgendwas. Martina hat mir erzählt, dass sie seit einem Monat darauf wartet, dass er sie richtig einarbeitet.«

»Das kann doch nicht sein«, schüttelte Oliver den Kopf. »Mir wurde gesagt, dass der Bereich ganz stolz ist, sie an Bord geholt zu haben. Das gibt's doch nicht, dass man sie jetzt versauern lässt!«

»Da wird mal wieder einer seiner Verantwortung nicht gerecht«, sagte Lea.

»Verantwortung? Das ist pure Dummheit«, entgegnete Oliver.

»Das auch«, nickte Lea. »Erst werden Mitarbeiter teuer eingekauft und dann tut ihr Vorgesetzter alles, um sie wieder zu verlieren: Er wird seiner Verantwortung dem Mitarbeiter gegenüber nicht gerecht.«

Fehler 7:
Werde der Verantwortung gegenüber Unerfahrenen nicht gerecht

Manche Chefs scheinen endloses Zutrauen in ihre Mitarbeiter zu haben. Sie gehen davon aus, dass diese alles kennen und alles können. Wie könnten sie sonst Leute auf vollkommen unbekannte Stellen setzen, sich noch einmal interessiert umschauen und sich dann geflissentlich aus dem Staub machen? Frei nach dem Motto: Der Neue wird's schon richten? Der wird schon rausbekommen, was er im Einzelnen zu tun hat – und wovon er gefälligst die Finger lassen soll. Er wird schon mitbekommen, welche Ressourcen ihm zur Verfügung stehen – und welche nicht. Er wird merken, wenn er etwas falsch macht.

In erster Linie trifft ein solches Verhalten natürlich die Neulinge. Die müssen sich schließlich nicht nur mit der neuen Aufgabe, sondern auch mit dem neuen Unternehmen, der neuen Kultur und den neuen Kollegen vertraut machen. Der Chef ist meistens der Einzige, den sie vor ihrem Firmeneintritt gesehen haben. Er ist deshalb in den ersten Tagen und Wochen der Fixpunkt, an dem sie sich festhalten und orientieren könnten. Und was macht der Kerl? Er, der einen dazu gebracht hat, in diesem Unternehmen anzuheuern, verschwindet und kümmert sich nicht einen Deut darum, dass man nun vollkommen orientierungslos ist. Wenn das kein Gefühl der Ohnmacht und Wut erzeugt!

Aber auch etablierte Mitarbeiter sind von solchen »Was soll daran ein Problem sein«-Typen betroffen. Beispielsweise dann, wenn sie einen Kollegen vertreten müssen und deshalb bisher eher ungewohnte Tätigkeiten ausüben sollen. Selbst wenn es sich um einfache Aufgaben handelt, kann das einen Mitarbeiter gehörig ins Schleudern bringen.

Wer jemals an einem Fertigungsband gestanden hat, weiß, was es bedeutet, eine vollkommen neue Tätigkeit zu übernehmen. Stress! Ungeheuren Stress! Selbst bei eigentlich sehr einfachen Aufgaben. Man arbeitet hektisch und wie von Sinnen – und trotzdem staut sich die Arbeit. Die Eingangspuffer laufen voll. Bald fallen die ersten Teile vom Band. Man will sie aufheben und hat doch keine Zeit dazu. Wenn man es dennoch tut, klatscht gleich noch mehr zu Boden. Kollegen schimpfen und warten darauf, dass endlich Nachschub kommt. Natürlich stimmt die Qualität nicht und man erhält Teile zur Nacharbeit zurück. Man rackert und ackert und sieht gleichzeitig die Chance, jemals das gewünschte Ergebnis zu erreichen, in immer weitere Ferne rücken. Man verzweifelt. Man fühlt sich überfordert. Man hasst sich. Man hasst die Aufgabe. Man hasst das Unternehmen. Man hasst die Kollegen. Wenn dann noch deren Häme dazu kommt, fließen oft sogar Tränen.

Was jeder Verzweifelte in dieser Situation herbeisehnt, ist ein Chef, der die Überforderung erkennt und ihm beisteht, indem er entweder die Anforderung herunternimmt oder zumindest begütigende Worte spricht. Viele Gruppenleiter an Fertigungsbändern wissen das und verhalten sich auch entsprechend. Sie stärken Neuen den Rücken, indem sie ihnen deutlich machen, dass solch eine Einlernphase ganz normal ist. Sie reduzieren Taktzeiten oder stellen zeitweise eine erfahrene Kraft neben den Neuen. Nicht selten springen sie selbst ein und arbeiten einige Minuten mit, um aufgelaufene Eingangspuffer abzuarbeiten.

Was für Gruppenleiter am Montageband vollkommen normal ist, ist anderswo so gut wie unbekannt. Dort passiert es ständig, dass Mitarbeiter neue Aufgaben übertragen bekommen, von denen sie noch nicht einmal genau wissen, worin sie bestehen. Oder sie erhalten Vorgaben, die sie schlichtweg nicht bewältigen können. Sie arbeiten bis tief in die Nacht hinein, schuften und werkeln und schaffen es doch nicht. Sie durchlaufen die gleichen Phasen wie ihr Kollege am Band. Doch bei ihnen kommt kein Chef, der sie heimschickt, wenn sie eine Nacht durchgearbeitet haben. Im Gegenteil. Viele Chefs kommen vorbei und fragen, wann das Ergebnis denn endlich vorliege. Oder sie kritisieren die Qualität, tadeln den Verzweifelten gar dafür. Damit bringen sie das Fass zum Überlaufen.

Überraschend viele Neulinge werfen in den ersten Tagen das Handtuch, »weil mir keiner sagt, was ich hier eigentlich soll«, »weil das einfach nicht zu schaffen ist«, »weil das Unternehmen Unmögliches verlangt« oder »weil der Chef ein absoluter Sadist ist«. Falls sie nicht gleich kündigen, kreiden sie ihrem Chef diese Erfahrung der Erniedrigung derart stark an, dass es lange dauert, bis diese Belastung getilgt ist. Sie vergessen es ihrem Chef nicht, dass er seiner Verantwortung den Unerfahrenen gegenüber nicht gerecht geworden ist.

Die Verantwortung eines Chefs besteht aber nicht nur darin, den Mitarbeitern zu sagen, was sie zu tun haben, und ihnen nicht mehr aufzuladen, als sie tragen können. Sie besteht auch darin, jene Mitarbeiter, die sich selbst zu viel zumuten, zu bremsen. Gerade forsche Neulinge trauen sich häufig mehr zu, als es ihrem Wissens- und Erfahrungsstand entspricht. Sie schlagen sich regelrecht um Aufgaben, die sie über kurz oder lang überfordern oder ausbrennen würden. Chefs, die in diesen Situationen nicht bremsen, machen sich im Endeffekt des gleichen Vergehens schuldig wie jene, die den Neulingen zu viel aufbürden. Denn für den betroffenen Mitarbeiter macht es später keinen großen

Unterschied, weshalb er an seiner Aufgabe verzweifelt. Der Unterschied besteht höchstens darin, dass es für den Mitarbeiter noch beschämender und demütigender ist, eine Aufgabe, die er sich selbst ausgesucht hat, nicht befriedigend lösen zu können.

Was betroffene Mitarbeiter tun können

Es gibt sie – jene Chefs, die ihren Mitarbeitern vollkommen Unmögliches abverlangen und sie dadurch derart unter Druck setzen, dass ihnen die Arbeit nachhaltig vergällt ist. Doch die Regel sind diese Vorgesetzten glücklicherweise nicht.

Die meisten Chefs verlangen von ihren Mitarbeitern nur Dinge, die mit Erfahrung und ausreichender Praxis machbar sind. Doch genau in diesem Punkt liegt die Crux: Nicht alle Mitarbeiter kennen den Inhalt aller Aufgaben. Sie sind auch nicht in allen Aufgaben erfahren und geübt.

Sofern Sie einen Chef haben, der bei Ihnen einfach zu viel voraussetzt, müssen Sie aktiv werden. Sie müssen Ihre Einweisung und Einarbeitung einfordern – notfalls ziemlich massiv. Zudem müssen Sie immer darauf bedacht sein, dass Ihr Chef Sie nicht in Situationen bringt, die Sie maßlos überfordern. Die Gefahr dafür ist bei Neulingen sehr groß. Viele Chefs können sich nämlich überhaupt nicht vorstellen, dass jemand für »ganz normale Arbeit« richtig lange benötigen kann. So mag der Chef einer Anwendungsprogrammierung einem Neuling vielleicht sogar fünfzig Prozent mehr Zeit für die Laufzeitoptimierung eines Programms geben. Ein Grünschnabel, der noch kein »Gefühl« für kritische Algorithmen und keine intensiven Erfahrungen mit Parallelisierungsinstruktionen hat, kann aber problemlos das zehnfache der Zeit eines Profis benötigen – und trotzdem ein deutlich schlechteres Ergebnis abliefern.

Besser als sich nachträglich gegen Überforderung zu wehren, ist es deshalb, sie von Anfang an zu vermeiden. Das bedeutet, dass Sie Ihren Vorgesetzten bei der Übertragung neuer Aufgaben dezent aber deutlich an seine Verantwortung gegenüber Unerfahrenen erinnern.

Am besten fragen Sie ihn explizit danach, welche Fähigkeiten für die neue Aufgabe notwendig sind. Überall dort, wo Sie bei sich Defizite sehen, müssen Sie diese deutlich aussprechen. Dabei sollten Sie berücksichtigen, dass kein Chef gerne ständig »Das kann ich nicht!« hört. Machen Sie deshalb deutlich, dass eine fehlende Fähigkeit für Sie nicht bedeutet, eine Tätigkeit nicht übernehmen zu wollen. Im Gegenteil! Sie freuen sich auf die neue Herausforderung! Sie hätten halt nur gerne die Anfangsunterstützung, die dazu notwendig ist. Als Programmierer könnten Sie beispielsweise sagen: »Ich habe zwar schon einmal mit Parallelisierungsinstruktionen zu tun gehabt, aber ich kenne mich mit diesem Computer und dem dazugehörigen Instruktionssatz überhaupt noch nicht aus. Ich denke, es wird einige Tage dauern, bis ich mich da eingearbeitet habe. Gibt es eine Möglichkeit, das strukturiert zu lernen? An wen könnte ich mich mit Fragen wenden?« Fragen Sie Ihren Chef auch, wie viel Zeit er normalerweise bei einem Erfahrenen für die Tätigkeit ansetzen würde und wie hoch er den Zeitmehraufwand für Sie angesichts Ihrer fehlenden Kenntnis und Praxis einschätzt. Damit zwingen Sie ihn dazu, sich selbst klar darüber zu werden, dass Sie mit Sicherheit zunächst einmal länger brauchen werden als ein Profi. Gleichgültig, welche Zeit er dann nennt, Sie sollten sie zunächst nicht in Frage stellen. Sie sollten sich aber dahingehend absichern, dass Sie nicht plötzlich in Zeitdruck kommen. Das geht ganz einfach, indem Sie sagen: »Ich werde versuchen weniger Zeit zu benötigen. Allerdings sollten wir nicht in Probleme laufen, falls nicht alles so klappt, wie wir uns das jetzt vorstellen. Wäre es ein Problem, wenn ich beim ersten Mal länger benötige?« Falls es eines ist, sollten Sie mit dem Chef einen Notfallplan erarbeiten. Oder dafür sorgen, dass ein anderer Kollege Sie unterstützt oder die die Aufgabe übernimmt, wobei Sie ihm dann »zum Einlernen« assistieren.

Häufig wird der Chef den Spieß umdrehen und Sie fragen, wie viel Zeit Sie zu einer neuen Tätigkeit zu benötigen glauben. Tun Sie sich in diesen Situationen bitte einen Gefallen: Setzen Sie sich nicht selbst unter Druck! Sofern Sie noch nicht wissen, wie viel Zeit ein erfahrener Mitarbeiter zu der Tätigkeit benötigt, erfragen Sie diese bei Ihrem Chef oder bei einen erfahrenen Kollegen. Den Zeitzuschlag, den Sie zu benötigen glauben, VERDOPPELN Sie noch einmal. Selbst dann werden Sie häufig in Zeitnot kommen. Nehmen Sie also möglichst das Dreifache. Ihrem Chef verkaufen Sie das so: »Instinktiv würde ich sagen, dass ich mit 10 Tagen hinkomme. Aber die Erfahrung zeigt, dass meist Unvorhergesehenes dazwischenkommt. Vor allem bei Tätigkeiten, die man noch so wenig einschätzen kann, wie ich diese. Mit 20 Tagen sollten wir aber auf der sicheren Seite sein.« Sie brauchen keine Angst zu haben, dass Sie sich damit irgendetwas verderben. Planbarkeit ist für den Chef wichtiger als ein neuer Rekord. Wenn er sieht, dass Sie ein realistisch denkender Mensch sind, gewinnen Sie bei ihm Punkte. Wenn Sie dann tatsächlich nur 15 Tage brauchen, freut sich Ihr Chef. Hätten Sie dagegen die 10 Tage genannt, die Ihnen spontan in den Sinn gekommen sind, hätten Sie 50 Prozent überzogen. Was die Planung Ihres Chefs über den Haufen geworfen hätte.

Sofern Sie sich selbst um Arbeiten reißen wollen, sollten Sie eine ähnliche Strategie fah.en. Fragen Sie Ihren Chef, wie viel Zeit er bei Ihrem Kenntnisstand für die Arbeit ansetzen würde. Wenn er dann eine Zahl nennt, die Ihnen sehr hoch erscheint, dann lassen Sie lieber die Finger von der Arbeit und suchen Sie sich eine andere, die für den Anfang überschaubarer ist!

Nun kann man leider nicht jeder Überforderung von Anfang an aus dem Weg gehen. Wenn Sie sich bereits in einer Situation befinden, in der Sie sich total überfordert fühlen, sollten Sie zunächst einmal in den Spiegel schauen und laut und deutlich sagen: »Das geht jedem einmal so!« Es liegt nämlich wirklich nicht an Ihrem Unvermögen, sondern ist normal. In den meisten Fällen werden Sie nach einigen Jahren selbst nicht mehr verstehen können, was Sie damals denn so überfordert hat. Das bedeutet aber nicht, dass Sie jetzt in der Gegenwart mit der negativen Situation leben müssen. Anstatt den Frust in sich hineinzufressen, sollten Sie zu Ihrem Chef gehen und die Karten auf den Tisch legen. Es ist nichts Anrüchiges zu sagen: »Ich habe mich da wohl für den Anfang ein wenig übernommen. Es dauert einfach seine Zeit, bis ich ebenso produktiv bin wie die Kollegen, die das schon jahrelang machen. Wie können wir die nächsten drei Monate so gestalten, dass ich möglichst schnell die volle Produktivität erreiche, ohne vorher von meinen Misserfolgen total frustriert zu werden?«

Wenn Sie mit einem Chef gesegnet sind, dessen Zeitvorgaben nicht nur für neue, sondern auch für erfahrene Mitarbeitern ziemlich unrealistisch sind, müssen Sie selbst dafür sorgen, dass Sie die der Aufgabe angemessene Zeit erhalten. Das geht am besten im Konzert mit den anderen Kollegen (es macht einen schlechten Eindruck, wenn immer nur Sie Probleme sehen, eine bestimmte Tätigkeit innerhalb einer gewissen Frist zu erledigen). Machen Sie dem Chef unmissverständlich deutlich, dass Sie nicht an seine Zeitvorstellung glauben. Sollte er darauf bestehen, fragen Sie ihn, welche anderen Tätigkeiten Sie während dieser Tätigkeit abgeben können. Schreiben Sie eine Aktennotiz über das Gespräch. Es könnte sein, dass sie Ihnen einmal sehr nützlich werden wird. Dann nämlich, wenn Ihr Manager Ihnen die Verantwortung für einen nicht eingehaltenen Termin unterzuschieben versucht.

Fazit: Viele Chefs tun sich schwer, ihrer Verantwortung gegenüber unerfahrenen Mitarbeitern von sich aus gerecht zu werden. Die meisten sind aber sehr gern bereit, sich von ihren Untergebenen daran erinnern zu lassen, wenn dies in einem vernünftigen Ton geschieht. Vorgesetzte, die nicht einmal die Aufgabenstellung richtig vermitteln und ihre Mitarbeiter ständig in zeitlich viel zu knapp kalkulierte Aufgaben hetzen, sind nur mit Standvermögen und entsprechender Absicherung langfristig in die richtige Richtung zu bewegen.

Martin war sich nicht sicher, ob Leas Vorschlag wirklich realistisch war. »Ob das wohl viel bringt, wenn Martina mit Robert über ihre Aufgaben spricht«, zweifelte er. »Das Problem ist hier ja gerade, dass er überhaupt nicht zu sprechen ist!«

»Da gebe ich Ihnen recht«, nickte Lea Richter. »Dann muss sie mit jemand anderem reden.«

»Mit dem Nächsthöheren in der Hierarchie vielleicht?«, fragte Martin.

»Das ist Bert Kodewitz«, sagte Oliver. »Ein knochentrockener Mann. Informatiker der alten Schule. Einer, der in seiner Buchstabensuppe nur Nullen und Einsen zulässt.«

»Kann man mit ihm über solche Probleme reden?«, fragte Martin.

»Warum nicht? Was kann schon passieren – schlimmer als jetzt kann es ja wohl nicht werden.«

»Dann schlage ich es ihr vor«, beschloss Martin und stellte seine Kaffeetasse in die Spüle. »Das mache ich jetzt gleich.«

Martin fuhr mit dem Aufzug in den zweiten Stock, schob seine Magnetkarte in den Schlitz neben der Türe und tippte seine Personalnummer ein. Mit einem Summen gab das Schloss den Eingang frei.

Martina saß wie immer hinter ihren Stapeln von Büchern und Ordnern. Ihr Gesicht hatte nicht mehr den eher verzweifelten Ausdruck der ersten Tage, sondern drückte nur noch schlechte Laune aus. Sie hatte Robert gesagt, dass er sie nicht ewig hinhalten könne – geändert hatte sich aber nichts.

»Oje«, sagte Martin, als er diesen Gesichtsausdruck sah.

»Das kannst du laut sagen«, brummelte Martina. »Oje.«

»Hast du dir eigentlich schon mal überlegt, wie man die Situation ändern könnte?«, leitete Martin seinen Vorschlag ein.

»Ja«, sagte Martina. »Kündigen.«

»So geht es natürlich auch.«

»Wie denn noch? Weißt du etwas Besseres?«

»Wissen nicht ... aber einen Versuch wäre es vielleicht wert: sprich doch einmal mit Roberts Vorgesetztem.«

»Diesem Kodewitz? Den habe ich bisher nur auf dem Gang gesehen. Der kennt mich doch überhaupt nicht. Und einen sehr zugänglichen Ruf hat er nicht gerade.«

»Na und? Willst du warten, bis es dir so stinkt, dass dir nur noch die Kündigung bleibt?«

»Mister Schlipsträger will mir sagen, was ich tun soll?«

»Jetzt sei nicht unfair. Es ist ja nur eine Idee. Aber wenn du hier lieber versauern willst, okay.«

Martina vertiefte sich wieder in ihre Unterlagen. Nach zehn Minuten schaute sie auf. »Wie kommt man denn an Kodewitz heran?«

»Ich schätze, einfach zu seiner Assistentin gehen und sich einen Termin geben lassen.«

Martina stand auf und verließ das Zimmer. »Danke für den Tipp«, sagte sie im Hinausgehen zu Martin.

»Oh, das ist sehr schwierig. Herr Kodewitz ist die ganze Woche in Besprechungen und danach eine Woche in den USA. Sprechen Sie mich doch in zwei Wochen noch einmal an.« Kodewitz' Assistentin erfüllte konsequent ihre Aufgabe.

Martina zuckte mit den Schultern. »Na, dann halt nicht«, sagte sie deprimiert.

Das klang wohl herzerweichend genug. Denn die Dame hinter dem Schreibtisch zögerte kurz und griff zum Telefonhörer. »Moment«, nickte sie Martina zu. Eine Minute später saß Martina an einem kleinen Besprechungstisch mit Bert Kodewitz zusammen.

»Was führt Sie denn Dringendes zu mir?«, machte Kodewitz deutlich, dass solch kurzfristige Termine eine absolute Ausnahme darstellten.

»Ich bin seit gut einem Monat hier«, erklärte Martina. »Und ich kenne meine Aufgabe eigentlich immer noch nur aus der Stellenanzeige. Ich habe keinen Ansprechpartner. Auf gut Deutsch: Ich versauere in meinem Büro und kann nichts Produktives tun.«

Kodewitz schluckte. Martina überlegte sich, ob sie etwas zurücknehmen sollte; der Vorwurf klang doch massiv. Aber er war berechtigt und so wartete Martina Kodewitz' Antwort ab.

»An wen berichten Sie denn?«, fragte der.

»An Robert Klarmann.«

»Haben Sie mit ihm darüber gesprochen?«

»Nein. Ich hätte das ja gerne, aber er hat nicht einmal dafür Zeit.«

»Keine Zeit – das kommt schon mal vor. Das müssen Sie verstehen.«

»Aha. Es ist also in Ordnung, wenn man mir das Blaue vom Himmel herunter verspricht, um mich hierher zu holen, wenn ich mich unter fünf guten Angeboten für diese Firma entscheide und wenn ich dann unproduktiv herumsitze?« Martina hatte Farbe im Gesicht und kam langsam in Fahrt.

»Ah, Sie sind die Datenbank-Designerin?«

»Ja.«

Kodewitz ging kurz aus dem Büro und beauftragte seine Assistentin, Robert Klarmann zu rufen. Trotz diverser Crash Actions, mit denen Robert gerade beschäftigt war, saß er binnen fünf Minuten am Tisch.

Martina wich seinem Blick aus.

»Herr Klarmann«, begann Kodewitz, »Frau Hahn hat ein Problem. Sie beklagt sich über Mangel an Einarbeitung.«

»Ja«, erklärte Robert, »momentan brennt es an allen Ecken und Enden. Aber ich habe für nächste Woche einen Tag mit ihr gescheduled.«

»Ge... was?«, fragte Martina.

»Geplant«, übersetzte Robert. »Da setzen wir uns einen vollen Tag zusammen und gehen durch die Action Items.«

»Ich will nicht einen Tag durch Action Items gehen«, wehrte sich Martina. »Ich will mit den Leuten sprechen, die mir das momentane System erklären können. Ich will meine Ziele erklärt haben. Ich will Feedback für das, was ich da tue. Und zwar nicht einmal, sondern regelmäßig. Herrgott noch mal, das habe ich ja sogar als Assistentin an der Uni gehabt.« Martina sah Robert in die Augen. »So kann ich nicht arbeiten.«

Kodewitz ergriff das Wort. »Bitte, beruhigen Sie sich.« Er wandte sich an Robert Klarmann. »Ich erinnere mich, dass für Frau Hahn ein überdurchschnittliches Gehalt beantragt wurde – wegen ihrer besonderen Fachkompetenz. Richtig?«

»Ja, das ist richtig. Wir brauchen das Know-how dringend für die Erneuerung des Berichtswesens.«

»Offensichtlich nicht dringend genug. Sonst würde Frau Hahn ja nicht seit einem Monat unproduktiv sein.«

»Wie gesagt, momentan kommt vieles zusammen.«

»Ja, zu vieles«, nickte Kodewitz. »Ich werde das neue Berichtswesen erst einmal persönlich vorantreiben. Wir werden Sie etwas entlasten, Herr Klarmann. Ich verstehe Ihre Nöte voll und ganz.«

»Was bedeutet das für mich?«, fragte Martina.

»Sie berichten ab sofort an mich«, antwortete Kodewitz. Er nickte Robert zu. »Danke, Herr Klarmann.« Robert verließ den Raum, um einen Verantwortungsbereich und eine Mitarbeiterin ärmer.

»Sie ziehen am besten noch heute um. Wir haben hier im Bereich noch ein Büro leer stehen.«

»Eine Kleinigkeit noch«, sagte Martina. »Bei mir im Büro sitzt ein Trainee. Der wäre dann allein. Ich könnte ihn sehr gut als Unterstützung gebrauchen. Kann er mitkommen?«

»Wenn Sie das mit den Verantwortlichen für das Trainee-Programm klären, warum nicht?«

»Gut. Danke.« Martina verabschiedete sich von Kodewitz und machte sich auf den Weg zur Personalabteilung. Eine halbe Stunde später war sie wieder bei Martin im Büro. »Pack deine Sachen, wir ziehen um!«

Lea Richter strahlte. Dass ihr Tipp so unmittelbaren Erfolg zeigen würde, hatte sie selbst nicht erwartet. Und dass Martin auch davon profitierte, darüber freute sie sich um so mehr.

»Herr Kodewitz ist zwar wirklich ein eher trockener Typ«, erzählte Martin, »aber er sorgt wenigstens dafür, dass wir Arbeit haben. Und vor allem, dass wir auch die nötigen Informationen bekommen, um sie zu leisten. Es ist schon eigenartig – wir sehen ihn nicht viel mehr als vorher den Robert, Martinas alten Chef –, aber es sind trotzdem ganz andere Arbeitsvoraussetzungen da.«

»Wie meinen Sie das?«, fragte Lea.

»Er hat ein paar Kontakte für Martina gemacht, wohl auch ein Machtwort gegenüber denen gesprochen, die Martinas Arbeit vorher blockierten, und hat sich auf diese Art fast überflüssig gemacht. Wenn er zu uns ins Büro kommt, dann nur um nachzufragen, wo wir stehen. Und wenn es Probleme gibt, kümmert er sich im Hintergrund um eine Lösung. Und ich habe nicht einmal das Gefühl, dass ihn das viel Zeit und Mühe kostet. Er weiß einfach, wie man es macht.«

»Klingt ganz danach«, nickte Lea. »Und es macht unheimlich viel aus, ob man einen vernünftigen Chef hat oder eben nicht.«

Grundwahrheit 2:
Der direkte Chef ist ungeheuer wichtig

»Mein Chef kann mir nicht die gute Laune verderben!«

Irrtum!

Er kann!

Genauer gesagt: Er hat das ganz offensichtlich schon getan.

Sich einzureden, man wäre von seinem direkten Chef emotional und faktisch unabhängig, ist barer Unsinn. Denn der direkte Vorgesetzte ist nun einmal eine wichtige Nahtstelle, die den einzelnen Beschäftigten mit dem Rest des Unternehmens verbindet. Diese wichtige Nahtstelle kann keinem gleichgültig sein, der das Unternehmen und sich selbst ernst nimmt.

Ein Chef ist wie ein Seehafen und seine Mitarbeiter sind wie Schiffe. Selbst die stolzesten und unabhängigsten Schiffe müssen immer wieder den Hafen anlaufen, sei es um Waren auszutauschen, neue Aufträge entgegenzunehmen, menschliche Bedürfnisse zu befriedigen oder einfach die Gerätschaften zu warten. Ein guter Hafen bietet Schutz vor Wind und Wellen. Ein guter Hafen hat hervorragende Anbindungen an ein weites Hinterland und bringt dadurch den Schiffen Aufträge und Ladung. Wer im Hafen ruhen und die Seetüchtigkeit herstellen konnte, kann sich wieder mit frischer Kraft hinaus aufs offene Meer begeben. Wie rau die See dann auch sein mag: Das Wissen um den sicheren Hafen, in den man zurückkehren kann, gibt Mut und Selbstvertrauen. Ein schlechter Hafen hat das alles nicht – oder nur in unzureichendem Maße.

Gute Chefs geben ihren Mitarbeitern die zur Arbeit notwendige Rückendeckung. Sie machen sie für die täglichen Herausforderungen fit und schirmen sie vor Angriffen der höheren Hierarchien ab. Sie geben ihnen Aufgaben, an denen sie sich beweisen und wachsen können. Sie geben Anerkennung. Sie sind ihren Mitarbeitern integre Partner, die sie als Menschen wahr- und wichtig nehmen. Mitarbeiter erleben einen guten Chef als authentisch und nicht als Abziehbild eines vermeintlichen Ideals. Er mag gelegentlich oder immer brüllen. Er mag sich in vielen Dingen das Leben zu leicht machen – oder zu schwer. Er mag auf knallharten Vorgaben bestehen. Was immer er auch tut und wie immer er auch sich verhält: Er ist für seine Mitarbeiter klar einschätzbar und nimmt ihre Interessen wahr. Wenn es um etwas wirklich Wichtiges geht, ist er zur Stelle und steht zu seinen Mitarbeitern wie ein Fels in der Brandung.

Der direkte Chef ist deshalb so wichtig für seine Mitarbeiter, weil sich Menschen auch in einer zunehmend globalen Arbeitswelt in relativ kleinen Revieren orientieren. Bei der Arbeit definiert sich dieses Revier durch die unmittelbaren Kollegen. Der Chef ist der Platzhirsch in diesem Revier. Er repräsentiert das Unternehmen. Der Respekt, den er bei seinen Mitarbeitern genießt, wird von diesen dem ganzen Unternehmen entgegengebracht. In der Abteilung eines guten Chefs wird stets eine positive Grundstimmung überwiegen – selbst wenn in den anderen Abteilungen Katastrophenstimmung herrscht.

Nicht die Tatsache, dass es Chefs gibt, ist ein Problem. Chefs hat es nämlich schon immer gegeben. Einfach deshalb, weil die Chef-Funktion für Herdentiere wichtig ist. Als der Mensch noch auf den Bäumen lebte war immer der Stärkste oder der Cleverste der Anführer. Rangkämpfe sorgten dafür, dass darüber zu keinem Zeitpunkt Zweifel bestanden. Deshalb war es für die Hordenmitglieder auch relativ einfach, den Chef als solchen zu akzeptieren. Heute werden die Chefs vorgegeben. Unser Anspruch an ihn ist aber immer noch der gleiche. Wir wollen ein Vorbild. Den Lehrmeister, den Orientierungspunkt und den Richter in einem. Schlichtweg: Wir wollen den Besten! Leider erfüllen diesen Anspruch nicht alle Chefs. Sie sind nicht deshalb Chefs geworden, weil sie dafür geeignet waren, sondern weil sie andere guten Eigenschaften haben – und sei es nur das richtige Parteibuch oder die entscheidenden Beziehungen.

Was betroffene Mitarbeiter tun können

Heuern Sie nie bei einem Chef an, den Sie nicht respektieren können. Sie müssen bei einem potenziellen künftigen Chef das Gefühl haben, sich vollständig auf ihn verlassen und auch von ihm lernen zu können.

Falls Sie bereits einen Chef haben, der Ihnen kein guter Hafen ist, sollten Sie überlegen, ob Sie ihn erziehen können. Denken Sie daran: Nicht alle guten Häfen der Welt waren von Anfang an so gut. Ideale Naturhäfen sind selten. Oft hat die menschliche Hand dahingehend gewirkt, Schwächen der Natur auszubügeln. Sofern Sie in Ihrem Chef Potenzial sehen und ihn wert genug achten, Aufwand zu investieren, sollten Sie ihm helfen, dieses Potenzial zu entwickeln.

Wenn Sie das nicht können oder wenn er so schlecht ist, dass niemand ihn zu einem vernünftigen Chef machen kann, können Sie versuchen, sich eine kleine Nische zu schaffen und dafür zu sorgen, dass er Sie so wenig als möglich belästigt. So richtig froh werden Sie aber wahrscheinlich nicht werden. Wenn Sie sich stark genug fühlen und ehrgeizig sind, bietet ein schwacher Chef die einmalige Chance, schnell an seinen Job zu kommen. Haben Sie keine solchen Ambitionen und zeichnet es sich auch nicht ab, dass er bald geht – gerade schlechte Chefs halten sich oft besonders lang –, sollten Sie sich nach einem neuen Leittier umschauen. Dazu brauchen Sie häufig nicht einmal weit gehen. Schließlich suchen Nachbarabteilungen auch gute Leute.

Fazit: Ein guter Chef ist für jeden Menschen fachlich und emotional eminent wichtig. Man braucht schon sehr gute Gründe, sich mit einem schlechten zufrieden zu geben.

Kurt Weiler fiel der Umzug seiner vormaligen Zimmergenossen erst auf, als er die leeren Schreibtische sah. Er war zwei Tage lang überhaupt nicht in seinem Büro gewesen, sondern hatte die ganze Zeit in Besprechungszimmern verbracht. Seit seiner sehr erfolgreichen Planungsarbeit bei der Jahr-2000-Umstellung war Kurt ein gefragter Mann. Für ihn bedeutete das, dass er kaum noch selbst programmierte, sondern vor allem Zeit- und Projektpläne aufstellte und deren Einhaltung verfolgte. Seine blasse Persönlichkeit schien dabei von Vorteil: In den stets von Profilierungskämpfen geprägten Projektmeetings wurde er nie als Gegner ernst genommen. Deswegen wurden seine Vorschläge ungewöhnlich häufig sachlich beurteilt, anstatt wie üblich politisch. Kurts Unauffälligkeit war gepaart mit einem ungeheuren Fleiß. Obwohl er den ganzen Tag in Besprechungen saß, produzierte er Unmengen von Plänen, Diagrammen und Protokollen. Das nahm allerdings niemand so richtig wahr. Einer wie Kurt konnte ohnehin kein Privatleben haben. Also war es ganz normal, dass er bis in die späte Nacht hinein Projektpapiere schrieb. So zumindest hätte jemand gedacht, der sich einmal über Kurt Gedanken gemacht hätte. Aber das kam nicht vor.

Die verwaisten Arbeitsplätze in seinem Büro betrachtend, nahm Kurt sich vor, mal nachzufragen, wo denn die Kollegen verblieben waren. Aber zunächst einmal musste er seine Zeit für die kommenden Wochen planen.

Robert, sein Chef, hatte Kurt einem Projekt zugeteilt, das seiner Hilfe bedurfte, da es aus dem Ruder lief. Nun war sein aktuelles Projekt, nämlich die Einbindung von Lieferanten in das Einkaufssystem, gerade in einer kritischen Phase. Nächste Woche sollten die ersten Lieferanten im Rahmen einer Pilotphase das System testen. Deshalb beunruhigte Kurt die Aussicht, seine Energie nun teilen zu müssen. Noch dazu hatte das neue Projekt mit dem Namen »MIS« eine ganz gehörige, politische Dimension: Es ging um ein Management-Informationssystem, also eines dieser Themen, die in der Fachpresse häufiger durch gescheiterte Projekte als durch Erfolge von sich reden machten. Aber Großknecht, der Vorstandsvorsitzende, legte auf gerade dieses Projekt besonderen Wert, sollte es ihm doch eine bessere Informationsbasis für die Unternehmenssteuerung geben. Kurt war zwar beunruhigt, doch das neue Projekt abzulehnen wäre ihm nicht in den Sinn gekommen. Kurt tat eben, was man ihm auftrug und das möglichst gut. Also machte er sich daran, die Stirn auf die linke Hand gestützt, seinen Terminkalender nach freier Zeit zu durchforsten und Prioritäten zu verändern. Nach einer ganzen Weile hatte er für das neue Projekt pro Woche zehn Stunden freigeschaufelt. Da er ohnehin nur Vorschläge machen sollte, wie das Projekt besser zu planen wäre, hielt er das für ausreichend. Kurt blickte auf, als sein Chef das Büro betrat.

»Hi, Kurt«, Robert setzte sich leger auf Martinas verwaisten Schreibtisch und ließ die Beine baumeln. »Ich hab gerade viel um die Ohren, deshalb habe ich mit Wolf Munz vom MIS-Projekt vereinbart, dass du im Rahmen deiner Aktivitäten dort direkt an ihn berichtest, okay?«

»Was heißt das?«, fragte Kurt.

»Einfach, dass ich da aus der Loop bin.«

»Aus der Loop?«

»Wolf Munz kann direkt mit dir über Dinge wie Einsatzzeiten und -dauer sprechen. Ihr müsst da nicht jedes Mal mich fragen.«

»Aha«, nickte Kurt und sah Robert, der eilig wieder das Büro verließ, fragend nach. Dann fiel ihm ein, dass er total vergessen hatte, sich nach Martinas und Martins Verbleib zu erkundigen. Er packte seine Sachen für die erste Besprechung im MIS-Projekt und begab sich zum Konferenzraum.

»Ah, der Herr Weiler!«, begrüßte ihn Wolf Munz dort. »Schön, dass Sie da sind, wir haben sehnsüchtig auf Sie gewartet. Hier gibt es viel Arbeit für Sie. Das Projekt ist in einer sehr anspruchsvollen Phase.«

»Ich habe schon gehört, dass es Schwierigkeiten gibt«, antwortete Kurt trocken. »Ich soll ein paar Vorschläge für die Planung machen.«

»Schwierigkeiten würde ich das nicht nennen«, widersprach Munz laut genug, um von jedem der knapp zehn Anwesenden gut verstanden zu werden. »Es ist eben wie immer bei solchen Projekten: die Ressourcen sind knapp.«

Kurt sah ihn etwas irritiert an. »Das hatte ich ganz anders verstanden.«

»Nun, wie auch immer«, fuhr Munz unbeirrt fort, »Ihr Vorgesetzter, Herr Klarmann, hat ja mit Ihnen vereinbart, dass Sie in diesem Projekt direkt an mich berichten. Das ist auch unumgänglich, da der enge Zeitplan keine umständlichen Abstimmungsprozesse verträgt.«

Kurt begann sich etwas unwohl zu fühlen. Das klang überhaupt nicht so, wie Robert es ihm angekündigt hatte. Aber er würde es schon irgendwie in den Griff bekommen, da war er sich ganz sicher. »Zunächst einmal müsste ich einen Überblick über die Ziele und den Status des Projektes bekommen.«

»Genau«, nickte Munz und legte einen dicken Packen Folien neben den Overhead-Projektor. »Lassen Sie uns beginnen.«

Martin kannte das schon: Irgendeine Kleinigkeit ließ er immer liegen. »Was man nicht im Kopf hat, das hat man in den Beinen«, hatte er unzählige Male von seiner Mutter gehört. Deshalb war er auch nicht überrascht festzustellen, dass er den Ordner mit den Berichten, die er einmal pro Woche zu schreiben hatte, im alten Büro hatte liegen lassen.

»Hallo Kurt«, begrüßte er den Alleingebliebenen, der stirnrunzelnd vor seinem Terminkalender saß.

»Grüß dich, Martin«, erwiderte der, ohne sein Stirnrunzeln aufzugeben.

»Warum schaust du denn so ernst? Ich hoffe nicht, weil wir dich verlassen haben?«

»Nein, nein«, winkte Kurt ab. »Ich versuche hier nur die Quadratur des Kreises, sonst nichts.«

Martin nahm seinen Ordner aus dem Sideboard hinter seinem alten Schreibtisch.

»Aber unlösbare Probleme gibt es ja für dich nicht, so wie ich dich kenne.«

»Dachte ich bisher auch immer«, brummte Kurt. »Aber mich in zwei Teile aufzuspalten, das habe ich noch nicht geschafft.«

»Zu viel Arbeit?«, fragte Martin.

»Eigentlich nicht. Ich kann sie nur nicht vernünftig planen.«

»Das ist doch deine Stärke, sagt hier jeder?«

»Meine schon. Aber nicht die meiner Vorgesetzten.«

»Hast du denn inzwischen mehr als einen?«, fragte Martin überrascht.

»Ja, seit zwei Tagen. Das ist ganz schön anstrengend, sage ich dir.«

»Ich dachte, das gibt es überhaupt nicht.«

»Dachte ich auch. Aber Robert macht's möglich.«

»Ich bin wirklich froh, ihn nicht mehr als Chef zu haben«, sagte Martin.

Er berichtete Kurt vom Wechsel zu Kodewitz und den erheblich besseren Arbeitsbedingungen dort.

»Ja, mit Robert haben wir nicht das große Los gezogen«, kommentierte Kurt Martins Bericht. »Aber ich muss jetzt weitermachen.« Er wandte sich seufzend wieder seiner Aufgabe zu.

Martin klemmte sich den Ordner unter den Arm und ging.

Kurt hatte mittlerweile seine Planung so umgestellt, dass er dem alten und dem neuen Projekt jeweils fünfzig Prozent seiner Arbeitszeit widmete. Das hatte er zum einen dadurch geschafft, dass er Arbeitszeit umschichtete, zum anderen aber auch dadurch, dass er schlichtweg noch mehr arbeitete. Mit seiner neuen Planung und einem Blatt, auf dem er seine Verfügbarkeit für das MIS-Projekt aufgezeichnet hatte, ging er zu Wolf Munz.

Der sah sich den Plan an. »Ja, das ist erheblich realistischer. Versuchen wir es so. Sie wissen, das Projekt hat hohe Sichtbarkeit bei der Geschäftsleitung. Wir müssen mit voller Kraft an seinem Gelingen arbeiten!«

Solche Sprüche waren Kurt nicht unbekannt. Sie verursachten ihm jedesmal aufs Neue eine leichte Übelkeit, bei der er nicht wusste, ob sie von der Plattheit dieser Äußerungen herrührte oder dem Druck, den sie auf ihn ausübten. Er hoffte, dass Munz ihn nun in Ruhe arbeiten ließ. Er verabschiedete sich und hetzte, seinen Laptop unter dem Arm, in eine Besprechung seines alten Projekts.

Hannes Küderlein ging noch einmal die Liste der Teilnehmer für das Quartalsmeeting seines Vertriebsbereiches »Systemkomponenten« durch. All seine Verkäufer waren vermerkt, außerdem die Vertriebsassistentin, seine Sekretärin, ein Techniker, der einen Vortrag über ein neues Gerät halten sollte und ein externer Vertriebstrainer, der über den Verkaufsprozess bei Großkunden sprechen würde. Er nahm die Liste und ging zu Louisa Rieger, seiner Sekretärin.

»Frau Rieger, seien Sie doch so nett und setzen noch Herrn Martin Guter auf die Liste. Das ist einer der Trainees aus dem derzeit laufenden Programm. Er wird hinterher bei uns in der Abteilung anfangen, und das Meeting ist eine ganz gute Gelegenheit für ihn, schon einmal das Team kennen zu lernen.«

»Ja, gern. Haben Sie seine E-Mail-Adresse?«

»Nein. Aber soviel ich weiß, arbeitet er momentan in der internen EDV bei Kodewitz. Rufen Sie dort doch kurz an und fragen Sie nach seiner Telefonnummer und seiner E-Mail.«

»Ja, mache ich.« Louisa Rieger machte sich ein paar Notizen und griff zum Telefonhörer.

Kurt Weiler war genervt. Als hätte er nicht ohnehin genug zu tun, musste er nun auch noch bei Robert andackeln, der angeblich etwas Wichtiges mit ihm zu besprechen hatte. Was Robert schon Wichtiges zu besprechen haben konnte. Kurt nahm sich vor, das Gespräch so kurz wie möglich zu halten. Der nächste Termin saß ihm bereits im Nacken.

»Es gibt problems«, eröffnete Robert das Gespräch.

»Welche problems denn?«, äffte ihn Kurt nach.

»Die Leute in deinem Projekt sind unzufrieden mit dir. Du kümmerst dich zu wenig.«

»In welchem Projekt? Ich stecke in zweien.«

»In deinem Hauptprojekt. Die Einbindung unserer Lieferanten.«

Kurt atmete tief durch, was bei seiner Hühnerbrust nicht viel bedeutete. »Ich arbeite so viel ich kann. Aber wenn ich das MIS-Projekt auch noch mitmachen soll, dann muss ich eben bei der Lieferanten-Geschichte etwas abzwacken.«

»Dort sollst du doch nur die Projektplanung überprüfen. Das ist nicht so arbeitsaufwändig.«

»Von wegen. Die würden mich am liebsten zu hundert Prozent vereinnahmen.«

»Nein, das geht nicht«, schüttelte Robert energisch den Kopf. »Sprich mit Munz und sag ihm, dass du dich wieder mehr um dein eigenes Projekt kümmern musst.«

»Sprich halt du mit ihm«, schlug Kurt vor.

»Nein, wir haben doch abgemacht, dass du direkt an ihn berichtest. Das kannst du schon mit ihm klären.«

»Ich versuche es«, nickte Kurt pflichtbewusst, aber frustriert.

Ein wenig erinnerte Kurt die Situation an einen Behördengang, bei dem man ständig von einem Büro zum nächsten geschickt wird, ohne irgendeinen Fortschritt zu beobachten. Das Gefühl, mit diesem Hin und Her auch noch Unmengen von Zeit zu verlieren, nagte massiv an seinem Nervenkostüm. Kurt ging von Robert direkt zu Munz, in der Hoffnung, endlich zu einer Lösung zu kommen.

»Nein, nein! Sie können sich nicht so von heute auf morgen aus dem Projekt herausziehen. Gerade Sie sollten doch wissen, wie sehr es auf Planbarkeit ankommt.« Munz klang energisch.

»Aber mein Vorgesetzter will, dass ich mich wieder mehr um mein altes Projekt kümmere«, wehrte sich Kurt.

»Wir haben eine klare Vereinbarung, dass Sie in diesem Projekt an mich berichten. Und wir haben gemeinsam eine Zeitplanung aufgestellt, auf die wir uns jetzt natürlich verlassen haben. Sie wissen ganz genau, dass es absolut ausgeschlossen ist, jetzt wegen irgendwelcher Abstimmungsprobleme den Projektfortschritt zu gefährden. Denken Sie an die Sichtbarkeit beim Vorstand.«

Kurt spürte wieder die Übelkeit, diesmal ganz massiv. Sie fuhr wie eine Faust durch seinen Magen und schoss in Richtung Speiseröhre. »Würden Sie mich einmal ganz kurz entschuldigen?«, presste er heraus.

»Wenn es sein muss«, zuckte Munz mit den Schultern.

Kurt verließ das Zimmer so schnell es ging und lief zur Toilette, wo er sich übergab.

Er spülte sich den Mund aus und ließ kaltes Wasser über sein Gesicht laufen. Dann trocknete er sich wieder ab und ging zurück in Munz' Büro. Der erwartete ihn ungeduldig.

»Was ist denn mit Ihnen los?«, fragte er den kreidebleichen Kurt.

»Tut mir leid, es geht mir nicht gut.«

»Sie sollten etwas für Ihre Gesundheit tun«, riet ihm Munz. »Auch mal ein wenig kürzer treten. Aber zunächst müssen wir sehen, dass unser Projekt zeitgerecht abgeschlossen wird. Ich bestehe auf der vereinbarten Zeitplanung. Richten Sie das Herrn Klarmann aus. Er wird auch einsehen, dass Sie nicht heute so, morgen so sagen können.«

Kurt fühlte sich zu elend, um sich zu wehren. »Ich spreche mit ihm.« Er verabschiedete sich und fuhr nach Hause, um sich hinzulegen.

Einen Tag später saßen Martina und Martin über einem Entwurf, der die Datenbankstruktur eines neuen Reporting-Systems zeigte. Martina erklärte, warum sie es so und nicht anders gemacht hatte. Martin hatte gerade wieder einmal ein Aha-Erlebnis, als Robert das Zimmer betrat.

»Hallo, wie geht es euch beiden denn so?«

»Ganz gut?«, antwortete Martina, verwundert über den unerwarteten Besuch.

»Ich war gerade bei Kodewitz, da dachte ich, ich schaue mal bei euch vorbei.«

»Wie läuft es bei dir?«, fragte Martina höflichkeitshalber.

»Immer Stress, immer Hektik«, antwortete Robert wie gewohnt. »Vor allem jetzt, wo Kurt ausfällt.«

»Was ist denn mit Kurt?«, fragte Martin neugierig.

»Krank. Eine Magengeschichte. Wenn ihr mich fragt, treibt er Raubbau an seiner Gesundheit. Denkt nur ans Arbeiten. Kein Sport. Ich zum Beispiel gehe zweimal in der Woche ins Fitness-Studio. Man muss ja auch auf seinen Body achten ...«

»Seit wann ist er denn krank?«, unterbrach Martin.

»Seit einer Woche. Ausgerechnet jetzt, wo er in zwei Projekten dringend gebraucht wird.«

»Ja, wie verantwortungslos«, bemerkte Martina mit einem ironischen Unterton, der Robert etwas verunsicherte.

»Nun, ich muss wieder«, verabschiedete er sich. »Haltet die Ohren steif.«

»Tschüss«, verabschiedete ihn Martina.

»Ist das nicht ein Idiot?«, brach Martin das kurze Schweigen, das nach Roberts Besuch eingetreten war.

»Absolut. Der arme Kurt. Wenn ich solche Sachen höre, frage ich mich, ob ich hier im richtigen Unternehmen bin.«

»Mir tut er auch leid.« Martin sah auf die Uhr. »Hast du Lust, mit auf eine Tasse Kaffee zu kommen?«

»Holst du einen?«, fragte Martina.

»Nein, ich meine unten beim Empfang. Da mache ich ab und zu mit ein paar netten Leuten Kaffeepause.«

»Ja, du hast Recht«, sagte Martina nach kurzer Bedenkzeit. »Nach Roberts dummen Sprüchen tut ein bisschen Tapetenwechsel ganz gut.«

Die beiden fuhren mit dem Aufzug hinunter zum Empfang und schlüpften in die Kaffeeküche. Dort standen Lea Richter und Oliver Knoff bereits beim Kaffee.

»Hi, Kollegin!«, grüßte Oliver Martina.

Die überlegte kurz. »Ah ja, du bist bei uns im Support, richtig?«

»Genau«, sagte Oliver, etwas enttäuscht, dass sie ihn nicht gleich erkannt hatte.

Martin stellte Lea und Martina einander vor und die beiden wechselten ein paar freundliche Worte. Martin schenkte sich einen Kaffee ein und fragte Oliver, ob er Kurt Weiler kenne.

»Das ist einer von unseren Projektmanagement-Leuten, soviel ich weiß. So ein unauffälliges Arbeitstier.«

»Stell dir vor, den haben sie regelrecht krank gemacht.«

»Wer hat ihn krank gemacht? Und wie?«, fragte Lea.

»Er hat mir erzählt, dass er gleichzeitig zwei Chefs hat, die sich untereinander nicht abstimmen«, erklärte Martin.

»Ob die sich abstimmen, ist eigentlich ganz egal«, meinte Lea. »Es reicht schon, einem Mitarbeiter zwei Vorgesetzte zu geben. Wenn der das nicht gewöhnt ist, endet das immer in einer Katastrophe.«

Fehler 8:
Lass einen Indianer mehreren Häuptlingen dienen

Der direkte Vorgesetzte ist elementar wichtig für die Zufriedenheit eines Mitarbeiters. Er ist so wichtig, dass manche Unternehmen ihren Mitarbeitern gleich mehrere davon gönnen. Zwei, drei oder gar vier. Dummerweise erhöht das die Zufriedenheit nicht im gleichen Verhältnis. Im Gegenteil. Sie wird meist drastisch reduziert. Nur wenige Mitarbeiter schätzen es nämlich, von unterschiedlichen Menschen Weisungen zu erhalten, die sich um dieselbe knappe Zeit streiten und sich über kurz oder lang immer widersprechen. Sie fühlen sich unter Druck gesetzt. Sie wissen nicht, was sie tun sollen. Genauer gesagt: Sie wissen nicht, was sie lassen sollen. Welchen Chef sollen sie durch die Nichterfüllung seiner Anordnungen verärgern? Den einen? Den anderen? Oder verärgern sie schon deshalb beide, weil sie nicht zu 100 Prozent für jede Aufgabe zur Verfügung stehen? Zwischen zwei oder mehreren Stühlen zu sitzen ist unerquicklich. Es ist ein Spiel, bei dem Mitarbeiter offensichtlich nur verlieren können. Vor allem neue und junge Mitarbeiter kommen damit nicht zu Recht. »Was denn nun?« denken sie, »was will dieses verdammte Unternehmen? Dieses oder jenes?« In solchen Situationen suchen selbst Atheisten Zuflucht bei der Bibel. »Niemand kann zwei Herren dienen«, steht dort zu lesen. Die meisten Mitarbeiter wünschen sich einfache, überschaubare Strukturen mit klaren Verantwortlichkeiten. Sie wollen nur einen einzigen Chef und sie verstehen es nicht, dass sich die einfache biblische Wahrheit nicht schon bis zur Unternehmensleitung herumgesprochen hat.

In Wahrheit aber hat es sich schon herumgesprochen. Zumindest im Prinzip: Das von Taylor entwickelte »Funktionsmeisterprinzip«, nach dem jeder Arbeiter idealerweise mehrere, jeweils auf einen Führungsaspekt spezialisierte Vorgesetzte haben sollte, gilt nämlich schon seit langem als gescheitert und praxisuntauglich. Doch gerade aus der Praxis entwickeln sich oft Situationen, in denen Mitarbeiter plötzlich mit mehreren Chefs enden. Projekte sind der ideale Nährboden für so etwas. »Der Müller ist gut. Den müssen wir in das Projekt stecken«, wird gesagt. Das wäre für den Müller nicht weiter schlimm, wenn es sich um eine Ganztagsarbeit handelte und er für die Projektdauer von seiner normalen Tätigkeit freigestellt wäre. Dummerweise ist das aber nicht der Fall. Bevor er es sich's versieht, hat er deshalb plötzlich zwei Chefs: Den Projektleiter und seinen regulären Vorgesetzten. Beide mit unterschiedlichen Interessen. Dann kommt noch der Leiter eines anderen Bereiches daher, dem für eine Spezialaufgabe ein geeigneter Mitarbeiter fehlt und der erhält den Müller für ein Jahr ausgeliehen – natürlich nur zeitweise. Und wenn dann noch der Vorgesetzte von Müllers Chef über dessen Kopf »hinweg regiert« und Anweisungen direkt an Müller gibt, dann hat Müller schon vier unterschiedliche Vorstellungen unter einen Hut zu bringen. Und er muss damit fertig werden, dass jeder viel mehr Zeit von ihm erwartet, als er hat. »Meine Güte! Stellen Sie sich doch nicht so an! Was Sie für mich tun sollen, ist nun wirklich nicht besonders anspruchsvoll! Das benötigt doch maximal 30 Prozent Ihrer Zeit!« wird – natürlich ungehalten – gesagt. Das mag sogar richtig sein. Nur denkt anscheinend keiner daran, dass vier Projekte à 30 Prozent 120 Prozent machen. Statt zufrieden zu sein, dass Müller sich quer legt und schuftet, um das Unmögliche möglich zu machen, ist jeder Chef unzufrieden und lässt das den Müller auch deutlich merken. Nicht selten bekommt der Mitarbeiter obendrein bei der Gehaltsdiskussion noch einen weiteren Dämpfer. »Nachdem Sie dieses Jahr kaum für die Abteilung gearbeitet haben, ist es mir nicht möglich, Ihnen eine über das Übliche hinaus gehende Erhöhung zu geben«, meint dann der Chef. Eine Äußerung, die das Fass endgültig zum Überlaufen bringt.

Manche Unternehmen tolerieren es außerdem, dass Vorgesetzte über Bereichsgrenzen hinweg informell auf die Mitarbeiter anderer Bereiche zugreifen. In den meisten Fällen handelt es sich bei diesen »Übergreifern« um den Chef des direkten Chefs, oder aber um Manager, die sich derart hoch in der Hierarchie wähnen, dass sie glauben jedem »normalen« Mitarbeiter Anweisungen geben zu können. Solche Leute bringen es ohne weiteres fertig, bei Ansicht einer weggeworfenen Tüte den nächstbesten Mitarbeiter anzuhalten, mit spitzem Finger auf die Tüte zu deuten und zu sagen: »Beseitigen Sie das mal«. Sie sehen sich als etwas Besseres und Allmächtiges. Für die betroffenen Mitarbeiter ist solch ein Gehabe verletzend.

Wenn das Ganze System hat und sich das Allmächtigkeitsgefühl des Managements auf das Tagesgeschäft erstreckt, stellt sich das Unternehmen für die Mitarbeiter schnell als absolutes Irrenhaus dar. Jeder der glaubt etwas sagen zu dürfen, tut es dann auch. Und die Mitarbeiter kuschen. Die Angst, dass »einer da oben« ihnen künftig Steine in den Weg werfen könnte, lässt sie Dinge tun, die sie normalerweise nicht auf sich nehmen würden. Lange werden sie das allerdings nicht tun. Und zufriedener macht es sie auch nicht.

Was betroffene Mitarbeiter tun können

Ihr Unternehmen beglückt Sie mit unterschiedlichen Vorgesetzten? Herzlichen Glückwunsch!

Sie haben das große Los gezogen! Zumindest dann, wenn Sie Freude am politischen Taktieren haben. Denn das Unternehmen legt eine wichtige Managemententscheidung aus den Händen Ihrer Vorgesetzten in die Ihren: Die Verwendung Ihrer Zeit. Um das ausnutzen zu können, müssen Sie sich nur von der Vorstellung lösen, dass die Vorgesetzten die Herren über Ihre Zeit seien. Das sind künftig Sie. Sie haben nämlich nicht mehr nur einen Chef, der alle Ihre Aufgaben genau kennt. Sie haben mehrere Chefs, von denen keiner einen vollständigen Überblick über alle Ihre Aufgaben hat. Diesen Überblick hat einzig und alleine einer: Sie! Diese Überlegenheit gilt es zu nutzen. Nur Sie wissen, welche Arbeiten insgesamt anstehen. Die Vorgesetzten werden damit zu Bittstellern. Wenn Sie in einem abteilungsübergreifenden Projekt arbeiten und Ihr regulärer Chef möchte Ihnen zusätzliche Arbeiten geben, sagen Sie ihm, dass dies nicht möglich sei, weil das Projekt so viele Ihrer Ressourcen benötige. Dem Projektleiter sagen Sie, dass die Abteilungsbelastung eine Mehrarbeit im Projekt nicht zulasse. Mit entsprechendem Geschick arbeiten Sie nur noch das, wozu Sie Lust haben und sind viel entspannter als jemals zuvor. Jede Leistung, die Sie sich abringen lassen, können Sie so verkaufen, als würde es Ihnen beträchtlichen Mehraufwand erfordern, der vom Unternehmen auch entsprechend honoriert werden sollte. Sie können sich ausbedingen, dass dieses Entgegenkommen beispielsweise bei der nächsten Gehaltsrunde mit berücksichtigt wird.

Menschen, die mit mehreren Chefs souverän umgehen und sich dabei selbst »in den Fahrersitz setzen«, sind mitnichten Schmarotzer. Im Gegenteil. Die meisten Unternehmen haben solche Mitarbeiter gerne. Diese sind nämlich für höhere Aufgaben geeignet. Denn je höher ein Mitarbeiter in der Hierarchie aufsteigt, desto mehr Interessen muss er zwangsweise unter einen Hut bringen können. Manager müssen stets gleichzeitig mehreren Herren dienen, den Kapitalgebern, den Mitarbeitern, den Kollegen, den Chefs, den lokalen Politikern etc. etc. Trotzdem müssen sie »ihr eigenes Ding« durchbringen, denn irgendwann wird auch einmal nach Leistung gefragt. Das ist nur mit Selbstvertrauen zu bewerkstelligen. Mitarbeiter, die das zeigen, werden schnell als Managementnachwuchs gehandelt. Auf jeden Fall entwickelt sich in solchen Situationen ein gesundes Selbstvertrauen und ein sicheres Auftreten – alles Eigenschaften, die für den Mitarbeiter wertvoll sind – und sei es bei der Bewerbung bei einem anderen Unternehmen.

Sind Ihnen aber taktische Spielchen ein Gräuel und sehnen Sie sich nach einfachen und klaren Hierarchien, müssen Sie sich zunächst einmal von Projekten so weit als möglich fernhalten. Sie sollten sich allerdings bewusst sein, dass Sie damit einen Nachteil für Ihre weitere Karriere in Kauf nehmen. Machen Sie Ihrem direkten Chef klar, dass Sie von ihm – und alleine von ihm – Ihre Anweisungen erwarten. Sofern ein anderer Manager etwas von Ihnen möchte, verweisen Sie ihn an Ihren Chef. »Fragen Sie Herrn Boss. Der wird mir dann schon sagen, ob und was ich zu tun habe.« Wenn in dieser Situation Unverständnis ob dieser Ihrer »Inflexibilität« bekundet wird, können Sie schulterzuckend darauf hinweisen, dass dies mit Herrn Boss abgesprochen sei. Sie brauchen ja nicht hinzuzufügen, dass der Anstoß dazu nicht von ihm, sondern von Ihnen kam.

In Situationen, in denen Ihnen der Chef Ihres Chefs an diesem vorbei direkt Anweisungen gibt, ist eine leicht differenzierte Vorgehensweise empfehlenswert. In diesem Fall blicken Sie den Auftraggeber blauäugig an und sagen: »Herr Überboss, das mache ich gerne. Allerdings muss ich dann voraussichtlich einige andere Dinge liegen lassen, die mir Herr Boss aufgetragen hat. Soll ich ... oder doch lieber ... opfern?« Vielen Vorgesetzten wird bei dieser Frage erst richtig klar, dass sie gerade dabei sind, über den Kopf ihrer Untergebenen hinweg Anweisungen zu geben. Sie erkennen, dass sie dadurch konkrete Konflikte mit bestehenden Anweisungen hervorrufen. Schlimmer noch, sie erkennen, dass von ihnen jetzt die Lösung dieses Konfliktes erwartet wird – was, wenn sie es tun, den Eingriff noch eklatanter macht. Das »Über-den-Kopf-hinweg-Regieren« hat also schon die ersten negativen Konsequenzen für sie. Sehr häufig kommt in einer solchen Situation die Reaktion: »Ach, vergessen Sie's. Das kann auch noch ein wenig warten.« Auf jeden Fall sollten Sie Ihren direkten Vorgesetzten über diese Vorfälle informieren. Der wird dann schon aus rein machtpolitischen Überlegungen dafür sorgen, dass sein eigener Chef erfährt, dass er nicht gerne übergangen wird.

Fazit: Solange man davon ausgeht, dass man mehreren Chefs ebenso gehorchen muss wie einem einzigen, sind Situationen mit mehreren Vorgesetzten kaum erträglich. Wenn man sich allerdings von dieser Vorstellung lösen kann und die eigene Persönlichkeit nach Freiräumen sucht, können mehrere Chefs ein Segen für die Arbeit und die persönliche Weiterentwicklung sein.

»Hol meine Schuhe!« Louisa sah ihn streng an.

Ganz unmännlich krabbelte der Mann zum Wohnzimmertisch und brachte Louisas Schuhe.

»Zieh sie mir an!«

Der Mann hielt mit beiden Händen erst den rechten, dann den linken Schuh hin und Louisa schlüpfte aufreizend langsam in beide hinein. Ein Lächeln breitete sich auf ihrem Gesicht aus. »Brav gemacht. Dafür bekommst du jetzt auch eine Belohnung: Ich habe der bewussten Kollegin vom indiskreten Verhalten unseres jungen Freundes Martin Guter berichtet.«

»Und? Glaubst du, sie hat es weitererzählt?«

»Sicher, ich kenne sie. Eine Plaudertasche par excellence. Außerdem hat sie sich sicher verpflichtet gefühlt, es ihrem Chef zu erzählen.«

»Gut«, nickte der Mann. »Es wird Zeit, dass der Kleine verschwindet. Immer wieder muss ich mir vom Chef diese verdammte Story vom heldenhaften Trainee anhören. Immer auf meine Kosten. Ich kann den Mist nicht mehr hören. Nicht auszudenken, wenn der kleine Schnösel auch noch bei uns in der Abteilung sitzt.«

»Das wird er nicht. Vertrau mir«, beruhigte ihn Louisa. »Auch wenn wir uns langsam wieder etwas Neues einfallen lassen müssen. Er hat nämlich schon wieder den Bereich gewechselt.« Sie tippte mit der Schuhspitze an das Kinn des Mannes. »Zieh dich jetzt an, mein Mann kommt bald.«

Kurt Weiler war über zwei Wochen krank. Als es ihm wieder besser ging, packte er seinen Laptop unter den Arm und fuhr in die Firma. Der Arzt hatte ihm verboten, zu Hause seine Mails zu lesen, ja überhaupt nur an die Arbeit zu denken. Kurt hatte sich daran gehalten.

Als er sein Büro betrat, schauten ihn zwei ihm unbekannte Gesichter verwundert an. Einer stand auf und begrüßte ihn: »Hallo, Herbert Erbacher ist mein Name. Ich bin seit einer Woche hier.« Er deutete auf den anderen. »Und das ist Ulrich Leber, auch ganz neu hier. Wir sitzen jetzt bei Ihnen im Büro.«

Kurt zwang ein Lächeln auf seine Lippen und schüttelte die Hand der Fremden. »Kurt Weiler, nett Sie kennen zu lernen.« Dann setzte er sich an seinen Schreibtisch und schloss seinen Laptop ans Netz an. Er rief sein Mailprogramm auf und lehnte sich mit geschlossenen Augen zurück, während eine Liste mit ungefähr 500 ungelesenen E-Mails über den Bildschirm rollte. Als ein kleiner Gong aus dem Lautsprecher seines Computers den Abschluss des Ladevorgangs signalisierte, beugte er sich wieder vor und fing an, alles zu löschen, das ihm nicht unmittelbar lebenswichtig erschien. Er versuchte sich zu konzentrieren, doch das ständige Gebrabbel seiner beiden neuen Zimmerkollegen störte ihn empfindlich. Er überlegte kurz, sie um Ruhe zu bitten, beschloss dann aber, dass er wohl noch überreizt und diese Bitte unangemessen sei. Nach zwei Stunden hatte er die wichtigen Mails rausgefiltert und las in einer davon, dass gerade ein Meeting seiner Abteilung lief. Er klappte den Laptop zusammen und ging hin.

»Aber hallo, welch seltener Gast in unseren Räumen! Grüß Dich, Kurt!«, begrüßte ihn Robert zu laut.

»Hallo«, antwortete Kurt leise und setzte sich an den nächsten freien Platz am Besprechungstisch.

»Geht's wieder?«, fragte Robert.

»Ja, es geht schon«, nickte Kurt.

»Na dann auf zu neuen Taten! Welcome back on board! Das Lieferantenprojekt hängt etwas zurück und wir brauchen dich dringend.«

»Gut«, atmete Kurt mehr als er sprach. Robert fuhr mit seiner Präsentation fort.

Zwei Stunden später saß Kurt bei Wolf Munz und seiner MIS-Projektgruppe, um sich auf den neuesten Stand zu bringen. Munz hatte ihn ähnlich überschwänglich begrüßt wie Robert, um ihm dann mitzuteilen, dass wegen seines Fehlens das Projekt ernsthaft in Verzug sei und er nun seine ganze Energie darauf konzentrieren müsse. Kurt überlegte kurz, ob es nicht ein Fehler gewesen war, überhaupt wieder in die Firma zu kommen, versprach aber, seinen Terminplan noch einmal zugunsten des MIS-Projektes zu überarbeiten. Nachdem auch dieses Meeting vorbei war, wusste Kurt, dass sich nichts, aber auch gar nichts geändert hatte. Und es war ihm klar, dass es für Änderungen auch überhaupt keinen Grund gab. Die gleichen Personen machten die gleichen Dinge und er wurde als Manövriermasse mal hier, mal dort eingesetzt. Er beschloss, an diesem Abend nicht wie üblich zu arbeiten, sondern sich Gedanken darüber zu machen, wie seine Situation zu ändern sei.

Martin genoss die letzten Wochen in der internen EDV in vollen Zügen. Er hatte mittlerweile zu Martina eine freundschaftliche Beziehung aufgebaut und auch die Arbeit war bei weitem interessanter als in den Abteilungen, in denen er bisher zu tun hatte. Regelmäßig überlegte er sich, ob er Martina nicht doch einmal abends auf einen Drink einladen sollte, aber ihr Verhalten ihm gegenüber war dann doch zu sehr von professioneller Zurückhaltung geprägt. Also beschränkte er sich darauf, die angenehme Zusammenarbeit zu genießen.

Beide freuten sich aufrichtig, als Kurt eines Tages zur Tür hereinspazierte. Gut sah er zwar nicht aus – das tat er nie –, aber er machte einen halbwegs gesunden Eindruck.

»Der Kurt!«, begrüßte ihn Martin. »Wie geht's dir?«

»Gesund bin ich wieder halbwegs«, antwortete er nüchtern.

»Das klingt aber nicht begeistert«, meinte Martina.

»Bin ich auch nicht. Ich weiß genau, dass ich in ein paar Wochen wieder flach liege, wenn sich hier nichts ändert.« Er deutete mit der flachen Hand auf Halshöhe. »Mir steht es bis hier.«

»Das sind ja ganz ungewohnte Töne von dir«, sagte Martina überrascht.

»Ja, ich weiß schon. Ich halte viel zu oft den Mund. Aber mir reicht es langsam. Sag mal, du hast doch, als du es bei Robert nicht mehr ausgehalten hast, direkt mit dem Kodewitz gesprochen. Wie hat denn das funktioniert?«

»Ganz einfach. Ich bin hingegangen und habe auch sofort einen Termin gehabt. Ich glaube aber, dass das eine Ausnahme war. Ich habe wohl das Mitleid seiner Sekretärin erregt.«

»Schau mich an«, witzelte Kurt. »Mitleid müsste ich doch auch erregen, oder?«

»Versuch es einfach. Was hast du denn vor?«

»Ich habe ein paar Vorschläge, wie sich meine Arbeit hier erheblich besser organisieren ließe. Außerdem stinkt mir das ein oder andere.«

»Was denn?«, fragte Martin.

»Ich habe zwei Wochen im Bett gelegen und das hat hier niemanden interessiert. Ich reibe mich für die Firma auf und das honoriert niemand. Also will ich wenigstens das, was andere haben, die zum Teil erheblich weniger leisten, auch für mich. Munz zum Beispiel: Er ist Projektleiter. Tut genau das, was ich auch mache. Nur schlechter. Katastrophal schlecht sogar, aber das ist nicht einmal das Thema. Was mich ärgert: Der hat ein eigenes Büro, der hat einen Firmenwagen und wahrscheinlich verdient er die Hälfte mehr als ich. Das sehe ich nicht mehr ein.«

»Recht hast du!« Martina klopfte ihm auf die Schulter. »Und was willst du tun?«

»Zu Kodewitz gehen. Und ihm sagen, was ich will. Und nach dem Gespräch entweder haben, was ich wollte oder gehen.«

»Gehen?«, fragte Martin überrascht.

»Kündigen. Und mich selbstständig machen. Ich habe mir das genau überlegt.«

»Wieder mal alles perfekt durchgeplant, was?«, zwinkerte ihn Martina an.

Was für ein Zwinkern, dachte Martin.

»Ich versuche es jetzt mal«, sagte Kurt und ging in Richtung von Kodewitz' Büro.

Er hatte Glück. Die Sekretärin war gerade nicht am Platz und so marschierte er geradewegs in das Büro. Kodewitz sah überrascht von seinem Schreibtisch auf.

»Guten Tag, Herr Kodewitz«, grüßte Kurt noch im Gehen.

»Ja? Guten Tag, Herr ... Weiler?«

»Ja, Kurt Weiler. Ich muss mit Ihnen sprechen. Es ist wichtig.«

»Sind Sie nicht im Team von Herrn Klarmann?«

»Ja, das ist mein Problem. Unter anderem.«

Kodewitz bat Kurt sich zu setzen, während er im Hinterkopf bereits überlegte, wie er Robert am einfachsten loswerden könnte.

»Ich habe schon viel von Ihnen gehört. Gutes natürlich. Bitte, erzählen Sie, wie kann ich Ihnen helfen?«

Kurt fasste zusammen, was in den letzten vier Wochen geschehen war. Und dass er keine Chance zur Besserung für sich, aber auch nicht für die beiden Projekte sah, in denen er arbeitete.

»Und haben Sie Vorschläge, was man ändern könnte?«, fragte Kodewitz.

»Ja. Ich muss mehr Freiraum haben, meine Arbeit selbst einzuteilen. Ich brauche mehr Entscheidungsbefugnis in den Projekten. Und ich wünsche mir auch, dass meine Arbeit in gleichem Maße honoriert wird, wie die Arbeit zum Beispiel von Herrn Munz oder Herrn Klarmann.«

»Sie wollen also aufsteigen«, fasste Kodewitz zusammen.

»Wie immer Sie es nennen«, sagte Kurt. »Ich bin auch bereit, die entsprechende Verantwortung für die Projekte zu übernehmen.«

»Und für ein Team«, ergänzte Kodewitz, der in Kurt bereits den geeigneten Ersatz für Robert Klarmann sah.

»Nein, ich meine fachliche Verantwortung. Ergebnisverantwortung. Aber eben auch die Kompetenzen, die dazugehören.«

»Aber das geht nicht ohne Führungsverantwortung.«

»Wieso?«, fragte Kurt überrascht.

»Sie wollen den nächsten Schritt auf der Karriereleiter machen«, stellte Kodewitz fest. »Und der geht nun einmal nicht ohne Führungsverantwortung.«

»Das verstehe ich nicht«, sagte Kurt. »Es kommt doch darauf an, dass die Projekte gut laufen. Darauf, dass wir gute Arbeit machen. Und das kann ich. Das weiß ich.«

»Das mag sein, aber so sind nun einmal die Strukturen. Was haben Sie denn gegen eigene Mitarbeiter?«

»Ich möchte meine Energie auf die Inhalte konzentrieren. Da bin ich gut. Und da kann ich der AGATI Wert schaffen. Mitarbeiterführung würde mich von den Dingen ablenken, die ich besonders gut kann und die ja auch der Firma am meisten bringen.«

»Das verstehe ich«, sagte Kodewitz. »Aber wie gesagt: ohne Führungsverantwortung kein Aufstieg. Das gehört einfach zusammen.«

»Das heißt, es ist mir nicht möglich, meine Kompetenzen hier zu erweitern, ohne eigene Mitarbeiter zu haben?«, fragte Kurt noch einmal nach.

»Genau so ist es«, bestätigte Kodewitz.

»Dann kündige ich hiermit«, sagte Kurt trocken. »Auf Wiedersehen.«

Auf dem Rückweg in sein Büro schaute Kurt noch einmal bei Martin und Martina vorbei.

»Ich gehe«, sagte er.

»Nein.« Mehr fiel Martina nicht ein.

»Dass es daran scheitern könnte, hätte ich nie gedacht: Nur wenn ich Führungskraft werde, bekomme ich mehr Kompetenzen, mehr Geld und diese ganzen Sachen. Das heißt: Nur wenn ich meine Zeit damit verbringe, andere zu managen, bekomme ich die Kompetenz, etwas zu bewegen – wofür ich aber leider keine Zeit mehr habe, weil ich ja meine Mitarbeiter managen muss. Alles klar?«

Martina fasste sich mit der Hand an die Stirn. »Wo bin ich hier nur gelandet ...«

Noch etwas verschlafen betrat Martin am nächsten Morgen den Aufzug, der gerade von der Tiefgarage hochkam. Vor ihm stand Hannes Küderlein, der ihn überrascht ansah.

»Herr Guter! Ja, wo waren Sie denn vorgestern?«

»Guten Morgen Herr Küderlein ... wie ... wo ... vorgestern?«

»Na, beim Teammeeting!«

»Welches Teammeeting?« Martin sah Küderlein fragend an.

»Wir hatten Sie doch eingeladen! Ich muss sagen, ich habe mich sehr gewundert, dass Sie nicht da waren, Herr Guter.«

»Ich habe von nichts gewusst! Natürlich wäre ich gekommen!«

»Das kann ich mir aber kaum vorstellen«, erwiderte Küderlein. »Unsere Frau Rieger ist sehr zuverlässig in solchen Dingen.«

»Wirklich, von dem Meeting habe ich nichts erfahren. Ich hätte vorgestern auch Zeit gehabt zu kommen.« Martin sah Küderlein fragend an. »Ich hoffe, Sie nehmen mir das nicht übel. Wirklich, mir hat niemand etwas von dem Meeting erzählt.«

»Ich werde mal Frau Rieger fragen, wie das passiert ist«, beschloss Küderlein. »Schauen Sie doch einfach mal nächsten Montag um 10 Uhr morgens bei uns vorbei. Da haben wir unsere Wochenbesprechung.«

»Ja«, nickte Martin beflissen. »Ich werde auf jeden Fall da sein.«

Der Aufzug hielt und Martin stieg aus. Ein mittlerweile altbekanntes, unangenehmes Gefühl beschlich ihn.

Zur Kaffeepause hinter dem Empfang hatte sich wieder die übliche Gruppe versammelt: Lea Richter, Oliver Knoff und Martin Guter.

Martin schenkte sich mit trübsinnigem Blick eine Tasse Kaffee ein und lehnte sich an die Spüle.

»Kannst du dich an Kurt erinnern? Kurt Weiler?«, fragte er Oliver.

»Ja, klar. Der Mann mit den zwei Chefs und dem Magengeschwür.«

»Jetzt hat er überhaupt keinen mehr. Er hat gestern gekündigt.«

»Ist ihm der Stress mit den zwei Vorgesetzten doch zu viel geworden?«, fragte Lea Richter.

»Nein, das ist wirklich zum Verzweifeln. Er hätte das alles geschluckt. Aber nun hat Kodewitz noch einen drauf gesetzt.«

»Kodewitz ist der EDV-Manager, mit dem Ihre Kollegin gesprochen hatte, oder?«, fragte Lea.

»Ja. Und ich dachte, er wäre ein wirklich guter Manager. Aber nun hat Kurt ihn um mehr Kompetenzen bei der Planung seiner Tätigkeiten gebeten. Und da hat Kodewitz darauf bestanden, dass das nur geht, wenn er auch Führungsaufgaben übernimmt. Kurt ist aber überhaupt nicht der Typ, um Mitarbeiter zu führen. Er will es auch nicht. Doch Kodewitz ist keinen Millimeter von seinem Standpunkt abgewichen. Da hat Kurt eben gekündigt.«

»Wie dumm«, schüttelte Lea den Kopf. »Das sollte er doch wirklich wissen. Wenn ich einen guten Fachmann verlieren will, dann muss ich nur eines tun: Ich muss Führungsverantwortung zur Grundbedingung für den Aufstieg machen.«

Fehler 9:
Mache Führungsverantwortung zur Grundbedingung für den Aufstieg

Es gibt sie in jedem Unternehmen: göttlich begabte Fachleute. Die Rede ist von jenen Spezialisten, die selbst die schwerste Aufgabe meistern. Die Unternehmen kennen den Wert dieser Halbgötter und tun viel, um sie im Unternehmen zu halten. Sie bieten ihnen vergleichsweise gute Gehälter und noch mehr gute Worte. Allerdings reichen die guten Worte bei ambitionierten Mitarbeitern auf die Dauer nicht aus. Irgendwann kommt der ambitionierte Fachmann nämlich einmal an jenem Punkt an, an dem er den Leistungsrahmen für Spezialisten endgültig sprengt. Sei es, weil er das Ende des Gehaltsspektrums für Fachleute erreicht hat, bestimmte Statussymbole (Dienstwagen, Eckzimmer, Assistent, etc.) fordert oder die mit einem eigenen Budget verbundene Handlungsfreiheit möchte. An diesem Punkt machen viele Unternehmen den entscheidenden Fehler. Sie sagen: »Das gibt es bei uns nur für Manager!« Und damit haben sie in vielen Fällen schon den Grundstein für die Frustration dieses Mitarbeiters gelegt.

Göttlich begabte Fachleute sind nämlich nur sehr selten gleichzeitig auch göttlich begabte Vorgesetzte. Fast könnte man das Gegenteil behaupten. Es liegt ihnen meist nicht, die »Mittelmäßigkeit« ihrer normal begabten Mitarbeiter zu akzeptieren und dabei auch noch den Eindruck zu erwecken, mit deren Leistung zufrieden zu sein. Sie hassen den mit einer Führungsfunktion verbundenen Verwaltungskram, der sie von »wirklich produktiver« Arbeit abhält. Wenn das Unternehmen einen Fachmann also nur deshalb zum Manager macht, um ihm jene Vorteile gewähren zu können, die er fordert, ist die Wahrscheinlichkeit groß, dass dieser »Verlegenheitsmanager« innerhalb kurzer Zeit den Spaß an seiner Arbeit verliert. Er wird unzufrieden und querulant werden. Da er als Manager natürlich auch eine Funktion zu erfüllen hat und deshalb künftig auch bezüglich seiner Managementfähigkeiten beurteilt wird, erfährt er erstmals frustrierende Beurteilungen, was ihm die Freude, bei diesem Unternehmen zu arbeiten, noch zusätzlich vergällt. Was tut er also? Er schaut sich nach einem anderen Unternehmen um, das ihm ein interessantes Arbeitsumfeld ohne die lästige Personalführung bietet.

Noch schlechter wirken sich solche »Verlegenheitsmanager« auf die ihnen direkt unterstellten Mitarbeiter aus. Diese Mitarbeiter sehen sich mit einem

Chef konfrontiert, der ihnen anscheinend fachlich nicht über den Weg traut, alle interessanten Aufgaben wegschnappt und ihnen eigentlich immer nur zeigt, wie viel er kann und wie wenig sie. Gleichzeitig müssen sie feststellen, dass er viele Aufgaben, die zu seinem Aufgabengebiet gehören, sträflich vernachlässigt. Beispielsweise wird solch ein Vorgesetzter häufig Fristen versäumen, die zum Vorteil seiner Mitarbeiter wären – und sei es nur die Anmeldung zu Weiterbildungsmaßnahmen. Mitarbeiter solcher Chefs fühlen sich nicht gefördert und nicht anerkannt. Viele Mitarbeiter werden von diesen Managern, die sich geben, als wären sie Halbgötter und die gleichzeitig elementare Regeln der Menschenführung vernachlässigen, regelrecht sauer gefahren und sehen sich nach anderen Wirkungskreisen um. – Und das alles nur, weil das Unternehmen einen absoluten Topspezialisten »notgedrungen« zum Manager machte.

Vermeidet es ein Unternehmen aber, eigentlich ungeeignete Menschen zum Manager zu machen, bleiben zwar die Mitarbeiter verschont; wenn es für die betroffenen Fachleute jedoch keine alternativen Karrierepfade gibt, dann ist das sehr unerquicklich für diese. Sie werden ab dem Moment, an dem sie feststellten, dass ihre Karriere in einer Sackgasse angekommen ist, nicht mehr so motiviert sein wie zuvor. Es ist offen gestanden auch sehr schwer nachvollziehbar, weshalb ein Konstrukteur, dessen geniale Entwürfe dem Unternehmen riesige Umsätze bescheren, wegen jeder Kleinigkeit seinen um zwanzig Jahre jüngeren Chef um Erlaubnis fragen muss.

Was betroffene Mitarbeiter tun können

Betroffen können Sie in zweierlei Hinsicht sein: Einmal als Fachmann, dem die Weiterentwicklung verwehrt ist. Oder als geplagter Mitarbeiter eines solchen, zum Verlegenheits-Manager gemachten Menschen.

Sofern Sie Fachmann sind und künftig nicht die fachliche Arbeit zugunsten einer Managementtätigkeit aufgeben wollen, bleibt Ihnen eigentlich nur ein einziger Weg. Damit Sie sich weiterentwickeln können, müssen Sie eine Fachkarriere einschlagen. Eine Fachkarriere bedeutet, dass es für Sie eine vergleichbare Entwicklungslinie bezüglich Einkommen, Statussymbolen, Entscheidungsbefugnissen und Handlungsspielräumen geben muss wie für Kollegen mit Personalführungsaufgaben. Wenn es diesen Karrierepfad in Ihrem Unternehmen noch nicht gibt, müssen Sie eben dafür sorgen, dass er neu definiert wird. Es ist überraschend, wie viele Fachleute, die tagtäglich vollkommen Neues schaffen, nie auf die Idee kommen, dass sie auch ihr berufliches Umfeld gestalten können. Vor allem technisch orientierte Menschen gehen davon aus, dass das politische Umfeld gegeben und vollkommen statisch ist. Wenn der Chef sagt: »Das geht nicht. Unsere Firmenpolitik sieht anders aus.«, dann zucken sie die Schultern und denken: »Dann geht es eben nicht.« Dabei ist das natürlich Unsinn. Alles geht! Man muss es nur wollen!

Suchen Sie das Gespräch mit Ihrem Chef und der Personalabteilung. Ihren Chef brauchen Sie, damit er für Sie das Gewicht seiner Position in die Waagschale wirft. Niemand kann Ihre Bedeutung für das Unternehmen besser einschätzen als er. Und er sollte eigentlich großes Interesse daran haben, dass für Sie eine zufriedenstellende Lösung gefunden wird. Schließlich will er Sie nicht verlieren – und schon gar nicht sehen, dass Sie ihn in einer Management-Laufbahn überholen. Die Personalabteilung ist notwendig, weil nur sie Regeländerungen vornehmen und etablieren kann. Sie sollten Ihr Anliegen direkt formulieren und wie immer in einer offenen Frage ausklingen lassen. Beispiel gefällig? In Ordnung! Sie sagen: »Ich bin jetzt schon seit zehn Jahren im Unternehmen. Ich habe während dieser Zeit einen wesentlichen Beitrag geleistet. Das Unternehmen hat sich, was die Bezahlung angeht, auch immer erkenntlich gezeigt. Jetzt bin ich an einem Punkt, an dem ich entscheiden muss, wie und wo ich meinen Platz finde. Offen gestanden denke ich, dass ich als Manager wesentlich weniger Leistung für das Unternehmen erbringen kann als als Fachmann. Gleichzeitig ist es für mich aber nicht akzeptabel, dass ich in zwanzig Jahren noch genau das Gleiche tue wie jetzt und dabei nur ein wenig mehr Geld verdiene. Könnten Sie mir aufzeigen, welche Entwicklungsmöglichkeiten es für mich gibt?« Lassen Sie die Damen und Herren dann reden und drängen Sie auf die Beantwortung der Fragen, welchem Managementgrad das jeweilige Zielgehalt vergleichbar ist, welche Sondervergünstigungen Sie erhalten, welche Entscheidungsbefugnisse und welche Handlungsspielräume. Rechnen Sie nicht damit, dass Sie gleich zufriedenstellende Antworten erhalten. Da wird häufig eingewandt werden, dass das, was Sie fordern, unmöglich ist. Doch das lassen Sie natürlich nicht gelten. Sie wiederholen gebetsmühlenartig, dass das äußerst bedauerlich wäre, weil es Ihnen unter diesen Umständen schwer fiele, Ihre langfristige Entwicklung beim Unternehmen zu sehen. Drohen Sie niemals mit Kündigung! Niemand lässt sich gerne erpressen. Reden Sie stattdessen über einen langfristigen Plan, an dem ja alle Parteien ein Interesse haben müssten. Rechnen Sie damit, dass es ein bis zwei Jahre ständiger Gespräche bedarf, um ein Ergebnis zu erzielen. Weil es so lange dauert, sollten Sie das Gespräch suchen, bevor

Sie an das obere Ende des bisher geltenden Gehaltsrahmens stoßen. So sind Sie nicht auf den Status quo eingefroren und haben auch während der Gespräche noch eine Entwicklung vor sich. Außerdem denken dann Ihre Gesprächspartner immer: »Was wird er wohl tun, wenn er in zwei Jahren keine Gehaltserhöhung mehr bekommt? Ob er dann geht?«

Sie sollten immer auf einer schriftlichen Fixierung des Ergebnisses bestehen. Sollte Ihre Initiative eine allgemeine Firmenrichtlinie zur Fachkarriere anstoßen, reicht diese aus. Ansonsten sollten Sie eine schriftliche Vereinbarung treffen, die zu Ihrer Personalakte kommt. Darin könnte stehen, dass Sie in fünf Jahren auf das Gehalt eines Abteilungsleiters kommen und ab diesem Zeitpunkt auch zehn Prozent Ihrer Arbeitszeit in ein Projekt Ihrer Neigung stecken und einen Firmenwagen beanspruchen dürfen. Für den Ablauf von zehn Jahren könnte das Gehalt eines Hauptabteilungsleiters, ein Dienstwagen sowie regelmäßige Forschungsfreistellungen angepeilt werden.

Natürlich wird sich kein Unternehmen bedingungslos und verbindlich für die Zukunft festlegen lassen. Deshalb werden Sie sich teilweise mit Absichtserklärungen und Trendaussagen zufrieden geben müssen. Trotzdem werden Sie überrascht sein, wie viel Sie erreichen können, wenn Sie an Ihrem Status so kontinuierlich arbeiten wie an Ihren Fachaufgaben.

Weigert sich das Unternehmen jedoch und/oder bringen Sie nicht die Energie auf, die Sache zu verfolgen, bleibt Ihnen nur die Entscheidung, sich für den Rest Ihres Lebens mit der Rolle zufrieden zu geben, die Sie jetzt haben, oder sich mittelfristig nach einem Unternehmen umzusehen, das bereits die Fachkarriere als Aufstiegspfad etabliert hat. Die Alternative, vom Unternehmen zu einem »Verlegenheitsmanager« gemacht zu werden, um Ihnen das Geforderte geben zu können, sollten Sie sorgsam bedenken. Verstehen Sie sich als Fachmann, werden Sie in den meisten Fällen mit dieser Lösung nämlich wenig Freude haben – und Ihre Untergebenen auch nicht.

Wurde ein Fachmann zu Ihrem Verlegenheits-Chef gemacht, und Sie sind sein Opfer, bleibt Ihnen eigentlich nur ein möglichst schneller Wechsel. Entweder in eine andere Abteilung oder in ein anderes Unternehmen. Der Abteilungswechsel dürfte der einfachste Weg sein. »Aussitzen« bringt dagegen wenig. Denn ein Mensch, der nicht zum Manager geschaffen wurde, wird ewig auf seiner Gruppenleiter- oder Abteilungsleiterfunktion sitzen und damit seinen Mitarbeitern sehr lange erhalten bleiben.

Fazit: Wo Karriere zwangsweise mit Personalführung verknüpft ist, bleibt die Motivation guter, ambitionierter Fachleute zunehmend auf der Strecke. Glücklicherweise richten immer mehr Unternehmen auch Karrierepfade für Fachleute ein.

Giovanni Peccolo war der jüngste Mitarbeiter im Service der Bestückungsmaschinensparte der AGATI AG. Die Maschinen, die von seiner Abteilung installiert und gewartet wurden, waren hochkomplexe Systeme: Sie bestücken Platinen, wie man sie in fast allen elektrischen und elektronischen Geräten findet, mit elektronischen Bauteilen. Dies geschieht mit atemberaubender Geschwindigkeit. Entsprechend präzise müssen die Geräte justiert sein.

Auf Giovanni hatte diese Technik schon während seines Maschinenbaustudiums große Faszination ausgeübt. Und so war er überglücklich gewesen, als er nach einem Praktikum bei der AGATI AG in ebendiesem Bereich ein Job-Angebot bekommen hatte. Sein leichter Hang zur Pedanterie und sein Gespür für die »Seele« dieser Maschinen hatten ihm bereits nach vier Monaten einiges an Respekt verschafft. Und da er außerdem ein recht kommunikativer Mensch war, hatte man ihm auch die Aufgabe übertragen, sich in den nächsten sechs Wochen um den neuen Trainee zu kümmern, der in seinem Bereich gastierte.

Die Unternehmensleitung hatte bei der Planung des Trainee-Programms großen Wert darauf gelegt, dass nicht nur Verwaltung und Vertrieb durchlaufen wurden: Die Trainees sollten auch ein Gefühl für die Produkte der AGATI bekommen und diese an ihrem Einsatzort kennen lernen. Martin Guter hatte es in den Bereich Bestückungsmaschinen verschlagen und Giovanni Peccolo tat sein Bestes, um Martin für sein Lieblingsthema zu begeistern. Der bemühte sich zwar redlich, doch das rechte Gespür für die Technik wollte sich nicht einstellen. Das hinderte Giovanni nicht daran, Martin zu allen Kundeneinsätzen mitzunehmen. Diese bestanden in der Regel aus Wartungsarbeiten oder Unterstützung bei der Installation. In vielleicht einem Jahr würde Giovanni auch eigene Projekte haben, bei denen es darum ging, Systeme speziell auf Kundenbedürfnisse anzupassen und zu installieren. Bis dahin musste er sich in der Wartung bewähren. Das dachte er zumindest. Bis ihn Bert Auer, der Leiter des technischen Dienstes für Bestückungsmaschinen, zum Gespräch bat.

»Herr Peccolo«, eröffnete Auer das Gespräch, »ich bin erfreut, wie schnell Sie sich hier bei uns entwickeln.«

»Danke, ich tue mein Bestes.«

»Sehr schön. Wie lang sind Sie nun genau bei uns?«

»Ziemlich genau vier Monate.«

»Ganz erstaunlich. Ich höre von unseren Kunden, dass Sie dort bereits Verbesserungsvorschläge für Konfigurationen machen.«

»Ein paar Dinge sind mir eben aufgefallen. Und wenn man es besser machen kann ...«

»Lassen Sie mich zum Punkt kommen«, unterbrach ihn Auer. Er schob einen Schnellhefter mit Unterlagen über den Tisch in Giovannis Richtung.

»Das hier ist ein Angebot unseres Vertriebs für die Klotzkopf GmbH«, erklärte er. »Unsere Projektleiter sind momentan alle zu hundert Prozent beschäftigt. Ich möchte Sie bitten, das Projekt zu übernehmen. Es geht dabei um eine Erweiterung eines bestehenden Systems. Wir haben gestern den Auftrag dafür bekommen. Glauben Sie, Sie schaffen das?«

»Sicher, ich bekomme das schon hin!«, antwortete Giovanni stolz.

»Gut, dann machen Sie sich mal an die Arbeit.«

Giovanni nahm die Mappe und ging.

»Hey, schau mal was ich da habe!« Giovanni winkte mit dem Angebot.

»Was ist denn das?«, fragte Martin.

»Ein eigenes Projekt!«

»Ja, Wahnsinn«, freute sich Martin. »Ich dachte, dazu muss man bei euch erst einmal ein Jahr lang Wartung machen?«

»Es hat sich offensichtlich herumgesprochen, dass ich gut bin«, sagte Giovanni stolz. »Lass uns mal sehen, was da zu tun ist.« Er blätterte die Mappe auf und überflog die Projektbeschreibung.

»Eine AGA012«, sagte er stirnrunzelnd.

»Das sagt mir gar nichts.« Martin zuckte mit den Schultern.

»Das ist ein ziemlich altes Ding«, klärte ihn Giovanni auf. »Und da wollen die einen optischen Scanner zur Qualitätskontrolle dranbauen.«

Martin sah ihn fragend an.

»Das ist wie eine Kamera, die erkennt, ob eine bestückte Platine in Ordnung ist oder Ausschuss.«

»Ist doch eine tolle Sache«, meinte Martin.

»Im Prinzip, ja, aber wenn ein Teil Ausschuss ist, muss man auch irgendwie darauf reagieren. Und ich wüsste nicht, wie ich einer AGA012 beibringen soll, dass sie ein defektes Teil aussortiert.«

»Also meinst du, das geht überhaupt nicht?«, fragte Martin enttäuscht.

»Jedenfalls nicht so ohne weiteres«, murmelte Giovanni, der sich bereits das Hirn nach einer Lösung zermarterte.

Bis zum nächsten Nachmittag grübelte Giovanni über Handbüchern und technischen Spezifikationen.

»Eine saubere Lösung dafür gibt es nicht«, teilte er Martin als Ergebnis seiner Studien mit. »Ich glaube, ich frage noch einmal einen Kollegen.« Er packte die Unterlagen und ging ein paar Büros weiter. Eine Stunde später kam er zurück.

»Die anderen meinen auch, das Angebot ist Unsinn. Sie wundern sich sogar, dass Auer dafür eine technische Freigabe erteilt hat. Ich muss das dem Auer sagen.«

»Das ist ja schade«, bemitleidete ihn Martin. »Das erste eigene Projekt und dann geht es nicht.«

»Da kann man nichts machen«, sagte Giovanni und ging zu Auer.

Bernd Auer zog die Augenbrauen hoch und sah Giovanni vorwurfsvoll an. »Ich dachte, Sie sind ein kreativer Kopf, Herr Peccolo. Nicht so eingefahren wie die meisten Ihrer älteren Kollegen. Dass die Ihnen erzählen, das ginge nicht, wundert mich nicht. Ich empfehle Ihnen, sich noch einmal Gedanken zu machen. Und lassen Sie sich von den anderen nicht beeinflussen. Der Kunde hat unterschrieben und wir brauchen jetzt eine Lösung.«

»Aber es wäre viel vernünftiger, die alte Maschine ganz auszutauschen«, meinte Giovanni. »Was bringt die Aufrüstung, wenn sie dann nicht richtig funktioniert?«

»Der zuständige Verkäufer ist wohl der Meinung, dass der Kunde einen Austausch momentan nicht finanzieren kann«, erklärte Auer. »Deshalb ist unsere Lösungskompetenz gefragt.«

»Na gut, ich versuche es noch einmal«, versprach Giovanni und ging.

Wieder wühlte sich Giovanni durch die Unterlagen. Martin beobachtete ihn, wagte es aber nicht, ihn zu stören. Manchmal schien Giovanni einen Geistesblitz zu haben, dann hellte sich sein Blick auf und er kritzelte schnell etwas auf einen Block – nur um das Geschriebene gleich darauf wieder mit einem Kopfschütteln durchzustreichen. Dennoch hatte er nach zwei Tagen eine Lösung, von der er glaubte, sie könnte funktionieren. Eine schlechte Lösung, wie er fand, weil sie nicht richtig stabil laufen würde und mit Eingriffen in die Maschine verbunden war, deren Auswirkungen er nur teilweise abschätzen konnte.

»Man kann etwas hinstümpern«, sagte er irgendwann zu Martin. »Ich fühle mich nicht wohl dabei. Aber wenn es unbedingt sein muss, dann vielleicht so.« Er deutete auf ein paar Skizzen auf seinem Block. »Ich mache das so ungern«, beklagte er sich noch einmal. Dann rief er den zuständigen Verkäufer an, um einen Termin beim Kunden zu vereinbaren.

»Sagen Sie beim Kunden bloß kein Wort darüber, dass Sie die Lösung selbst nicht in Ordnung finden. Es ist mir sowieso ein Rätsel, warum mir nicht gleich gesagt wird, dass dieses Konzept nicht richtig funktioniert. Oder Sie sind mit dieser Aufgabe eben einfach überfordert. Nichts gegen Sie persönlich, verstehen Sie mich nicht falsch. Sie sind ja auch noch jung.«

Der Verkäufer, mit dem Giovanni zum Kunden fuhr, machte aus seiner Verärgerung keinen Hehl. Gerade hatte ihm Giovanni eröffnet, was er von dem Angebot und der technischen Lösung dafür hielt.

»Ein anderer Techniker hätte sich geweigert, überhaupt eine Lösung dafür anzubieten«, wehrte sich Giovanni.

»Das soll noch mal einer verstehen«, brummte der Verkäufer. »Immerhin ist das mein größter Kunde. Ein bisschen Verantwortungsbewusstsein könnte da ruhig auch der technische Dienst zeigen!«

Giovanni zuckte mit den Schultern. »Tut mir leid, ich mache meine Arbeit so gut es geht.«

Der Wagen bog beim Kunden ein und die beiden begaben sich zu der Halle, in der die alte AGATI-Maschine stand. Dort wartete bereits der Werksleiter mit dem Maschinenführer und zwei Technikern. Alle waren in freudiger Erwartung der Lösung, die ihnen nun für die Aufrüstung ihrer Maschine präsentiert werden würde.

»Guten Tag, meine Herren«, grüßte der Verkäufer dynamisch. »Dann lassen Sie uns frisch ans Werk gehen!

Giovanni sah sich die Maschine noch einmal an und fand seine Bedenken, die ja bisher nur aus dem Studium von technischen Unterlagen stammten, bestätigt. Während der Verkäufer dem Werksleiter noch einmal erklärte, wie viel Geld ihm die Aufrüstung im Vergleich zu einer neuen Maschine sparte, erklärte Giovanni den beiden Technikern, wie diese Aufrüstung vonstatten gehen sollte.

»Eine richtig schöne Lösung ist das aber nicht«, runzelte einer der beiden die Stirn.

Giovanni schüttelte vorsichtig den Kopf. »Nein, richtig schön ist sie nicht. Aber eine bessere gibt es für diesen Maschinentyp nicht.«

»Das haben wir uns anders vorgestellt. Alles in allem kostet ja auch die Aufrüstung eine Stange Geld. Eine minderwertige Lösung wollen wir dafür sicher nicht.« Der Techniker rief den Werksleiter zu sich und diskutierte etwas abseits von den anderen mit ihm. Dann kamen beide zur Gruppe zurück.

»Was ich da höre, macht mich etwas besorgt«, meinte der Werksleiter zum Verkäufer. Der sah augenblicklich vorwurfsvoll zu Giovanni. Dann wandte er sich wieder dem Werksleiter zu: »Was meinen Sie mit ›besorgt‹?«

»Dass die Aufrüstung in einer Art geschieht, die im Endeffekt die Zuverlässigkeit der Maschine beeinträchtigt. Das können wir nicht akzeptieren. Stellen Sie sich vor, die Maschine steht auch nur für einen Tag, welche Produktionsausfälle wir da haben!«

»Ich weiß nicht, was Ihnen Herr Peccolo gesagt hat, aber die Lösungen, die wir Ihnen vorschlagen, sind stets vorher von unseren Technikern abgeprüft. Da brauchen Sie keine Bedenken haben.«

»In diesem Fall scheint es nicht so weit her zu sein mit Ihren Technikern«, sagte der Werksleiter scharf. »Ich vertraue meinen Fachleuten. Und die sagen, dass die Lösung nicht gut genug ist. Überlegen Sie sich etwas anderes. So nicht.«

Während der gesamten Fahrt zurück zur AGATI-Zentrale sagte der Verkäufer kein Wort.

»Richten Sie Ihrem Herrn Auer aus, das wird Folgen haben«, zischte er, als sie angekommen waren. Giovanni begab sich mit hängenden Schultern ins Büro.

»Folgen wird das haben!«, lachte Auer nach Giovannis niederschmetterndem Bericht über den Kundentermin. »Das möchte ich mal sehen. Das geschieht dem Kerl ganz recht. War mal an der Zeit, dass er gegen die Wand läuft.«

»Das verstehe ich nicht«, sagte Giovanni.

»Ständig kommt er mit Sonderwünschen für seinen Kunden. Der geht uns

schon seit zwei Jahren auf die Nerven. Er hat einfach eine Lektion gebraucht.«

»Eine Lektion.« Giovanni dämmerte etwas. »Das war eine Lektion. Für einen Verkäufer«, stellte er fest.

»Genau«, strahlte ihn Auer an. »So etwas muss leider ab und zu sein.
Sonst verstehen die Herren Verkäufer nicht, dass sie nicht in jedem Projekt
mit Sonderwünschen kommen können.«

»Sie haben also gewusst, dass es für das Projekt keine vernünftige Lösung
geben konnte«, fuhr Giovanni leise fort. Gerade war für den begeisterten Ma-
schinenbauer eine Welt zusammengebrochen.

»Machen Sie sich nichts draus«, sagte Auer und klopfte Giovanni jovial auf
die Schulter. »Sie haben Ihre Aufgabe großartig erfüllt. Gehen Sie nun wieder
an Ihre Arbeit.«

»Danke«, erwiderte Giovanni und machte sich auf den Weg zur Personalabteilung.

Nach fast zwei Jahren Beziehung hatten Susi und Martin gemeint, die Zeit
sei reif für eine gemeinsame Wohnung. Nun lebten sie bereits seit einem
Monat in einer Altbauwohnung im Frankfurter Nordend. Susi empfand diesen Schritt als Erleichterung, nahm er ihr doch die Angst, Martin würde sich
in seiner Arbeitswelt von ihr wegbewegen. Martin hätte mit dem alten Zustand zwar durchaus noch eine Weile leben können, hatte aber auch gegen
Susis Wunsch nichts einzuwenden. Im Endeffekt war es ja auch ganz schön,
sich nicht immer ins Auto oder in die U-Bahn setzen zu müssen, um sich zu
sehen.

Und so saßen sie abends gemeinsam vor dem Fernseher – für Martin immer noch eine ungewohnte Situation, die ihn etwas beängstigte. Das war
schon ein erheblicher Unterschied zu den aufregenden Momenten, die sie
beide gehabt hatten, wenn er Susi in ihrer Wohnung besucht hatte. Zudem
war Susi zur Zeit etwas beunruhigt wegen anonymer Anrufe. Sie war tendenziell ein ängstlicher Typ und konnte mit so etwas überhaupt nicht umgehen.

Nun sah sie Martin besorgt an. »Seit jetzt fast einer Woche kommen hier
diese Anrufe. Und immer das gleiche Schema: Ich hebe ab, es dauert zwei,
drei Sekunden und dann legt jemand auf. Und die Person am anderen Ende
sagt nie etwas.«

Martin nahm Susi in den Arm. »Das sind wahrscheinlich irgendwelche Kinder, die sich einen bösen Scherz mit uns erlauben. Sonst würde da ja einmal jemand antworten.

»Meinst du? Ich würde es ja gern glauben. Aber das macht mich so nervös. Nicht zu wissen, wer da am anderen Ende ist. Es ist unheimlich.«

»Wenn es nicht aufhört, dann lassen wir uns eine neue Telefonnummer geben«, versprach Martin. Dann hat der Spuk mit einem Schlag ein Ende.«

»Ja, das tun wir.« Susi kuschelte sich in Martins Arme.

Martin stand an seinem Lieblingsplatz im Küchenraum hinter dem Empfang: an die Spüle gelehnt, die Kaffeemaschine in Reichweite. Er war aufgebracht.

»Es ist wirklich kaum zu fassen.« Martin starrte in die gerade geleerte Kaffeetasse. »Sein Chef hat ihn knallhart reinlaufen lassen. Als Giovanni ins Büro kam, war er völlig aufgelöst. Da hatte er gerade gekündigt. Er ist auch nur noch eine Woche da, weil das sogar noch in seiner Probezeit ist.«

»Und Sie sagen, das war auch noch ein außergewöhnlich guter Mitarbeiter?«, fragte Lea Richter, mit der Martin im Raum hinter dem Empfang stand.

»Ja, er war nach wenigen Monaten schon so gut, dass ihn die älteren Mitarbeiter öfter mal etwas gefragt haben.«

»Wie konnte sein Chef nur so dumm sein.« Lea schüttelte den Kopf. »Diesen Fehler machen ja wirklich viele. Aber auch noch mit dem besten Pferd im Stall ...«

»Welchen Fehler machen viele?«, fragte Martin.

»Ihre Mitarbeiter in politische Spielchen zu verwickeln«, sagte Lea.

Fehler 10:
Verwickle andere gegen ihren Willen in politische Spielchen

Gleichgültig ob Industrieunternehmen, Dienstleistungsbetrieb oder Behörde: Wer anheuert, tut es für gewöhnlich mit der Bereitschaft, genau das zu tun, was der Name »Mitarbeiter« besagt, nämlich »mit-zu-arbeiten«. Er möchte also seine Arbeitskraft und seine Kenntnisse zum Wohle der Organisation einbringen. Und zwar mit den anderen Kollegen. Vor allem Berufsanfänger gehen davon aus, dass diese Bereitschaft zur Mit-Arbeit bei allen Mitgliedern der Organisation gleichermaßen vorhanden ist. Doch das ist leider nicht der Fall. Gerade in größeren Organisationen wird neben der Arbeit nämlich auch ganz massiv Politik betrieben. Je höher die Hierarchiestufe, desto größer ist der Anteil dieser Politik am täglichen Pensum. Spätestens ab der Abteilungsleiterebene spielen politische Überlegungen eine große Rolle. Ständig wird taktiert, sei es, um die eigene Position zu stärken oder um die Positionen anderer zu schwächen. Die Motive hierfür sind unterschiedlich. Sie reichen von reiner Notwehr über Karriereehrgeiz, der Lust an Macht und Intrige bis zur trivialen Bekämpfung von Langeweile.

Den Mitarbeitern, denen es nur darauf ankommt, fachlich einen guten Job zu machen, könnten solche politische Spielchen vollkommen gleichgültig sein, wenn diese nur zwischen denjenigen gespielt würden, die daran Gefallen finden. Dummerweise ist das aber nicht der Fall. Darunter leiden viele Mitarbeiter. Jedermann kann sehr schnell zur Zielscheibe oder zum Medium eines politischen Spielchens werden.

Meistens jedoch werden Mitarbeiter als ahnungslose Randfiguren in Kämpfe verwickelt. Da schlägt ein Mitarbeiter etwas absolut Sinnvolles vor und wird vom eigenen Chef abgeschmettert. Weshalb? Weil der Vorschlag unsinnig ist? Nein! Sondern nur deshalb, weil durch die Realisierung seines Vorschlags ein politischer Gegner des Chefs begünstig werden könnte. Der Mitarbeiter sieht indes nur die – fachlich gesehen – unsinnige Ablehnung und ist frustriert. Und wenn dann noch eine fachlich falsche (aber politisch richtige) Alternative realisiert wird, versteht er die Welt gar nicht mehr. Er zweifelt an seinem eigenen Urteilsvermögen, dem des Chefs und dem des ganzen Unternehmens. Doch selbst wenn er die Hintergründe erkennt, ist er frustriert. Zu wissen, dass immer nur das Suboptimum realisiert wird, ist in höchstem Maße ernüchternd und kann einem jede Freude an der Arbeit nehmen.

Noch schlimmer ist es, wenn man als aktiver Kämpfer in die Schlacht geworfen wird. Wie alle Kriege haben nämlich auch die politischen Auseinandersetzungen ihre Soldaten. Da Vorgesetzte am einfachsten auf ihre eigenen Leute zugreifen können, nutzen sie diese auch in aller erster Linie. Allerdings versuchen sie auch jeden anderen, für sich einzuspannen. Das bedeutet nicht, dass sie den betroffenen Mitarbeitern unbedingt sagen, dass sie primär für politische Zwecke eingesetzt werden. Ganz im Gegenteil: Vordergründig geht es meistens um ganz andere Sachen. Da setzt ein Chef seinen besten Verkäufer darauf an, einem angeblichen Schlüsselkunden ein neues Produkt zu verkaufen. Dabei weiß der Chef, dass gerade dieser Kunde niemals etwas vom Unternehmen kaufen würde. Der Chef will nämlich gar nichts verkaufen, sondern seinem internen Wettbewerber, dem Marketingleiter, beweisen, dass das neue Produkt unverkäuflich ist. Der Mitarbeiter weiß das natürlich nicht und arbeitet mit riesigem Aufwand und unter Vernachlässigung seines Privatlebens und anderer Kunden an dem Projekt. Dabei steht das Ergebnis schon fest. Selbst wenn der Kunde plötzlich doch interessiert wäre, so würde sein Chef den Deal anderweitig hintertreiben. Für Mitarbeiter ist es schlimm, derart gegen Wände zu laufen. Noch schlimmer ist es aber, wenn sie erkennen, wie sehr sie missbraucht wurden. Es gibt Situationen, in denen Mitarbeiter nur deshalb eingestellt wurden, damit man sie als Schachfiguren opfern konnte. Solche Erlebnisse kratzen ganz gewaltig am Selbstwertgefühl der Betroffenen – und sind der Loyalität dem Arbeitgeber gegenüber sicherlich mehr als abträglich.

Was betroffene Mitarbeiter tun können

Die Entscheidungen Ihres Chefs sind häufig fachlich nicht nachvollziehbar? Bevor Sie ihn sofort für total verrückt erklären, sollten Sie sich die zweifelhaften Entscheidungen einmal unter politischen Gesichtspunkten anschauen. Wer könnte durch die abgeblockten Lösungen gewinnen? Was könnte Ihr Chef verlieren? Vielleicht macht das Verhalten des Chefs vor dieser Fragestellung durchaus Sinn. Diese Erkenntnis ändert zwar faktisch nichts an der fachlich falschen Entscheidung, aber sie hilft Ihnen eine wichtige Komponente Ihres täglichen Arbeitslebens zu verstehen. Das Gefühl der Ohnmacht und Unsicherheit kann so deutlich reduziert werden.

Wenn Sie wissen, was – politisch gesehen – für den Chef wichtig ist, können Sie Ihre Lösungsvorschläge darauf einrichten. Sie können also darauf verzichten, Ihrem Chef eine Lösung vorzuschlagen, die er sowieso verwerfen wird. Andere Lösungen können Sie so verkaufen, dass sie in seine eigene Strategie passen. Allerdings haben Sie damit schon den ersten Schritt getan, selbst politisch zu agieren. Und Politik ist nicht jedermanns Sache.

Sie selbst sind zum Spielball politischer Machenschaften geworden? Oder vermuten dies zumindest? Da sind Sie nicht zu beneiden! In diesem Fall gibt es nämlich keine richtige Verhaltensweise. Am einfachsten haben Sie es, wenn Sie selbst politische Spielchen lieben und glauben, von einem Gewinner eingesetzt zu werden. Sie müssen dann nur den Betreffenden dazu bringen, Sie nicht nur als wertlosen Bauern zu sehen, sondern als höherwertige Figur. Als solche werden Sie teilweise in seine Pläne eingeweiht und sind vielleicht sogar bei der Planungen dabei. In diesem Fall kennen Sie zumindest die offizielle Version Ihrer eigene Rolle. »Offiziell« deshalb, weil es die für Sie bestimmte Version ist, die immer noch nicht stimmen muss.

Sind Ihnen politische Spielchen ein Gräuel, können Sie versuchen, sich bewusst daraus fern zu halten. Das ist aber leichter gesagt als getan. Häufig bleibt hier nur der Wechsel zu einem Arbeitgeber, bei dem weniger Politik betrieben und dafür mehr gearbeitet wird. Gerade kleinere und mittlere Unternehmen zeichnen sich manchmal durch diese Attribute aus.

Fazit: Wer nicht damit leben kann, dass derartige politische Spielchen zu fachlich und menschlich fragwürdigen Ergebnissen führen, sollte sich überlegen, ob die politischen Ränkespielchen in einem anderen Unternehmen weniger häufig sind. Kleinere und mittelständische Unternehmen bieten sich hierbei an.

Eine Woche später war Giovanni weg. Er hatte noch in der Probezeit gekündigt und darauf gedrängt, möglichst schnell auszuscheiden. Auer hatte ihm keinen Stein in den Weg gelegt, ja, er war regelrecht sauer auf Giovanni. Wie konnte man nur so überreagieren?

Für Martin war das Ganze eine traurige Angelegenheit. Die Zusammenarbeit mit dem jungen Italiener hatte Spaß gemacht. Nun wurde er Heiko Eisenschwert zugeteilt, der ungefähr doppelt so alt und doppelt so schwer wie Giovanni war. Eisenschwert war einer der »Alten« im Team, langsam, gründlich und mit allen Wassern gewaschen. Er machte Martin von Anfang an klar, dass er nicht viel Zeit für ihn haben würde, da er Giovannis Arbeit ja nun miterledigen musste. Außerdem hatte Auer ihm aufgetragen, erste Gespräche mit Bewerbern zu führen. Auer hatte nämlich sofort nach Giovannis Kündigung Stellenanzeigen schalten lassen, um die Lücke schnellstmöglich zu schließen.

Martin langweilte sich meistens, da Eisenschwert nicht nur wenig Zeit mit ihm verbrachte, sondern auch kaum Arbeit an ihn delegierte. Er stellte bald fest, dass es niemanden kümmerte, ob er überhaupt da war. Wenn er an seinem Arbeitsplatz saß, überlegte er meist, mit was er seinen Wochenbericht füllen sollte, und mangels wirklicher Aufgaben erfand die eine oder andere Tätigkeit.

Einen dieser langweiligen Tage nutzte er, um seine ehemalige Kollegin Martina in der EDV-Abteilung zu besuchen. Die schien erfreut ihn zu sehen.

»Hey Martin, ich dachte schon, du schaust hier überhaupt nicht mehr vorbei!«

»Ich wollte schon öfter vorbeikommen, aber erst musste ich wieder mal einen Kollegen verlieren«, erklärte Martin ironisch.

Martina schüttelte den Kopf. »Ich weiß nicht, vielleicht solltest du besser wieder gehen. Du scheinst da irgendetwas zu verbreiten.«

»Mach nur deine Scherze. Ich habe mittlerweile das Gefühl, ein Trainee-Programm macht man nur dafür mit, um zu lernen, wie Mitarbeiter vergrault werden. Es ist wirklich haarsträubend, was ich da ständig erlebe.«

»Ich weiß«, nickte Martina. »Wir haben ja hier so ziemlich das Schlimmste erlebt, was man mit einem Mitarbeiter machen kann.«

»Das glaubst du«, schüttelte Martin den Kopf. »Es geht noch schlimmer.«

Er erzählte Martina von Giovanni.

»Meinst du, das ist überall so?«, fragte Martina.

»Ich befürchte, ja. Ich kann da kein System erkennen, das aus sich heraus schlecht ist. Jedes Mal gibt es einen anderen Grund. Ich glaube, ich werde mal Lea Richter fragen. Die hat bisher noch jedes Mal eine Erklärung gehabt.«

»Ja, erstaunlich«, sagte Martina. »Woher weiß die das alles?«

Martin sah auf die Uhr. »Ich schlage vor, wir fragen sie einfach. Um diese Zeit macht sie ihre Kaffeepause.«

Die beiden machten sich auf den Weg ins Erdgeschoss, wo sie von Lea herzlich begrüßt wurden. Kaffeetassen wurden gefüllt und jeder suchte sich einen Platz zum Sitzen oder zum an der Wand Lehnen.

»Wir haben uns gerade Gedanken gemacht, woran es wohl liegt, dass hier ständig gute Leute gehen«, sagte Martin zu Lea Richter. »Haben Sie irgendeine Idee?«

»Dass Sie das fragen, wundert mich nicht«, antwortete Lea. »Sie kommen ja in keine Abteilung, ohne eine Kündigung mitzuerleben.«

»Ich habe das Gefühl, es sind jedes Mal wieder ganz andere Gründe, die alle nichts miteinander zu tun haben«, meinte Martin. »Aber die Häufung ist doch seltsam.«

»Das Traurige an der ganzen Angelegenheit ist, dass diese Häufung ganz normal ist«, erklärte Lea. »Ich glaube, in den meisten größeren Unternehmen ist das so.«

»Dann ist also nicht die AGATI AG ganz besonders schlecht, sondern alle anderen Unternehmen sind auch nicht besser?«

»Das ist nicht ganz richtig ausgedrückt. Es sind nicht die Unternehmen als abstraktes Gebilde, die ständig Fehler im Umgang mit ihren Mitarbeitern machen, sondern Menschen.«

Grundwahrheit 3: Unternehmen sind so gut oder schlecht wie ihre Chefs

Allzu häufig schimpfen unzufriedene Mitarbeiter auf »das Unternehmen«. Sie klagen, »das Unternehmen« würde sie schlecht behandeln. Sie betrachten »das Unternehmen« als ihren Gegenspieler. Sie unterstellen, dass »das Unternehmen« ihnen Böses will und Ziele verfolgt, die grundsätzlich nicht mit ihren eigenen Interessen vereinbar sind. Dabei machen Sie zwei entscheidende Fehler.

Der erste Fehler besteht darin, dass sie dem Unternehmen Interessen unterstellen, die denen der Mitarbeiter zuwider laufen. Das ist aber nicht so. Unternehmen haben im Grunde genommen nur ein einziges Ziel: Sie wollen überleben. Dazu müssen sie Leistungen erstellen und das können sie nur durch ihre Mitarbeiter. Ihr Überleben ist also vollkommen von ihren Mitarbeitern abhängig. Es gibt keinen Grund, weshalb ein Unternehmen seine Lebensversicherung absichtlich schlecht behandeln sollte. Natürlich gibt es Situationen, in denen das Unternehmen ums nackte Überleben kämpft und dann einen Teil der Mitarbeiter als Ballast aussieht, der über Bord zu werfen ist. Doch das sind eher die Ausnahmen. Die Regel ist, dass die Mitarbeiter für das Unternehmen wichtig sind und dass die Unternehmensleitung das auch weiß.

Der zweite Fehler, den Mitarbeiter machen, ist der, dass sie vom Unternehmen sprechen, als habe es eine eigene Persönlichkeit, einen eigenen Willen, eigene Muskeln und einen eigenen Mund. Das ist natürlich nicht der Fall. Ein Unternehmen kann weder etwas tun noch etwas unterlassen. Das können einzig und alleine die dort beschäftigten Menschen. Was immer »das Unternehmen« tut, tut es nur deshalb, weil ein Mensch so entscheidet und andere Menschen es ausführen. Man mag die hinter einer Entscheidung steckende Person vielleicht nicht kennen, doch das ändert nichts daran, dass ein Mensch die Ursache ist (oder war). Es ist wichtig, dass man sich diesen Unterschied vor Augen führt. Denn mit einer quasi Naturgewalt kann man sich nicht auseinandersetzen. Man kann weder mit ihr argumentieren noch mit ihr streiten. Mit Menschen dagegen kann man das schon. Menschen kann man klarmachen, dass der gesamte Organismus »Unternehmen« nur dann weiter wächst und gedeiht, wenn alle daran Beteiligten eine gewisse Zufriedenheit erfahren.

»Gute« Unternehmen zeichnen sich dadurch aus, dass bei den dortigen Führungskräften allgemein die Überzeugung herrscht, es sei wichtig und nützlich, wenn die Mitarbeiter stets die treibende Kraft hinter einer Entscheidung kennen. In solchen Unternehmen stehen die Manager zu den von ihnen getroffenen Entscheidungen und Maßnahmen, auch wenn sie einmal hart oder unangenehm sind. In Unternehmen, die man in diesem Sinne als »schlecht« bezeichnet, meiden die meisten Manager klare Verantwortlichkeiten. Den Mitarbeitern ist meist nicht ersichtlich, wer hinter Entscheidungen steckt. Und wieder sind es die Manager und nicht etwa »das Unternehmen«, die dieses Verhalten zeigen. Die Chefs sind zu feige, um zu ihren Entscheidungen zu stehen. Stattdessen verstecken sie sich hinter dem anonymen Unternehmen, das so überirdisch ist, dass man gegen seinen Willen nichts tun könne. Andere Chefs wiederum verstecken sich nicht aus Feigheit, sondern weil sie ihre Mitarbeiter nicht genug schätzen, um sich ernsthaft mit ihnen auseinander zu setzen.

Nicht verschwiegen werden soll, dass es wirklich Unternehmen gibt, die durch langjähriges Missmanagement und die konsequente Förderung von Gleichgesinnten vollkommen vergiftet sind. Dort denkt man nicht im Traum daran, dem Mitarbeiter irgendetwas zu sagen. Die negative Grundstimmung kann auch noch Jahre nach dem Ausscheiden der Hauptverantwortlichen die Atmosphäre dort verpesten. Glücklicherweise sind diese Fälle aber selten.

Was betroffene Mitarbeiter tun können

Sie fühlen sich von Ihrem Unternehmen schlecht behandelt? Vergessen Sie es! Das Unternehmen kann Ihnen gar nichts! Es sind Menschen, die Sie schlecht behandeln. Das ist zwar immer noch nicht angenehm, nimmt der Angelegenheit aber das Übernatürliche und reduziert das Gefühl der eigenen Machtlosigkeit.

Gehen Sie jene Menschen, von denen Sie sich schlecht behandelt fühlen, offensiv an. Wenn einer mit Reden wie »das Unternehmen will das so« anfängt, fragen Sie ihn direkt, wen er denn mit »dem Unternehmen« meint. Sich selbst? Seinen Chef? Dessen Chef? Den Vorstand? Irgendjemand muss die Entscheidung doch wohl getroffen haben, die Ihnen jetzt das Leben so schwer macht. Falls er wissen möchte, weshalb Sie das interessiert, können Sie ihm durchaus mitteilen, dass Sie von der Person, die die ganze Sache verursacht hat, gerne hören möchten, weshalb es denn unbedingt nötig sei, dass Sie diese negativen Auswirkungen zu erdulden hätten. Außerdem könne wohl auch nur diese Person eine Revision der von ihr getroffenen Entscheidung herbeiführen. Wenn Sie dann den Hinweis bekommen, dass eine Regel so alt sei, dass der Verantwortliche wahrscheinlich schon lange begraben sei, fragen Sie nach der Person, die diese Regelung annullieren oder Ausnahmen genehmigen kann.

Verantwortliche sind diesen offensiven Umgang mit »Unternehmensentscheidungen« selten gewohnt. Häufig reagieren sie in solchen Situationen mit einem von zwei Verhaltensmustern: Das erste ist, dass sie die Verantwortung so hoch in die Hierarchie schieben (z.B. zum Vorstand), dass sie davon ausgehen können, dass der Mitarbeiter sich nicht traut, die betreffende Person anzusprechen. Wenn Ihnen das Thema wirklich sehr wichtig ist, sollten Sie daher deutlich machen, dass Sie notfalls auch den Vorstand ansprechen werden – und es dann auch tatsächlich tun. Sofern es sich nicht um Strategiebeschlüsse (z.B. Massenentlassungen) handelt, haben Sie sogar eine ziemlich gute Chance, gehört zu werden – wenige Mitarbeiter gehen diesen Weg, weshalb der Stau vor den Türen des Vorstandes nicht so groß ist wie vor den Türen der Manager niederer Ebenen. Das zweite Verhaltensmuster, das Vorgesetzte bei einer offensiven Strategie der Mitarbeiter zeigen, besteht darin, dass sie einfach die Auskunft darüber verweigern, wer die treibende Kraft hinter einer Entscheidung ist. Sie verstecken sich hinter ihrer angeblichen Unwissenheit. In diesem Fall sollten Sie sich an den Chef Ihres Chefs wenden: »Herr Schmidtchen wusste leider nicht, wer die Sache vorantreibt. Sie, Herr Schmidt, wissen doch sicherlich Bescheid.«

Natürlich ist damit noch lange nicht gewährleistet, dass man Sie besser behandelt. Schließlich gibt es durchaus Gründe, weshalb ein Manager in einer bestimmten Situation Entscheidungen treffen muss, die negative Auswirkungen haben. Aber Sie wissen zumindest, wer verantwortlich ist und kennen hoffentlich auch seine Gründe. Außerdem haben Sie ihn mit Ihrer Unzufriedenheit konfrontiert. Damit sind Sie nicht der machtlose Spielball, als den sich andere Kollegen verstehen.

Und was sollten Sie tun, wenn Sie in einem von einem bösen Dämon besessenen Unternehmen arbeiten? Laufen! So schnell als möglich davonlaufen!

Fazit: Von »dem Unternehmen« zu reden ist eine Vereinfachung des täglichen Sprachgebrauchs, über die Sie sich klar sein müssen. Wenn Sie sich schlecht behandelt fühlen, schieben Sie es nicht auf »das Unternehmen«, sondern versuchen Sie herauszubekommen, wer die dahinter steckende Person ist. Das ist wesentlich produktiver.

»Woher wissen Sie denn eigentlich all diese Sachen?«, fragte Martin Lea. »Bisher hatten Sie für jede der Kündigungen, von denen ich erzählt habe, eine Erklärung. Haben Sie einmal in einer Personalabteilung gearbeitet?«

»Nein, aber an einem Platz, an dem man mehr über die Interna eines Unternehmens erfährt als in jeder Personalabteilung und in jedem Empfang.«

»Und das wäre?«, fragte Martina neugierig.

»Ich war fast zehn Jahre lang Gastronomin. Ich hatte ein Bistro gegenüber der Zentrale eines großen Unternehmens.«

»Der AGATI?«, fragte Martin.

»Nein, das war ein anderes Unternehmen in einer anderen Stadt. Aber die sind alle vergleichbar.«

»Und da erfährt man so viel über die Interna?«, fragte Martina überrascht.

»Das und noch viel mehr. Ich scheine etwas von einem Kummerkasten an mir zu haben. Das war auch der Grund, warum ich das Bistro aufgegeben habe. Mir wurde das alles zu viel. Irgendwann versuchen die Leute dann auch, einen in ihre politischen Spielchen hinein zu ziehen. Und dafür war ich mir zu schade.«

»Ist Ihnen der Job am Empfang dann nicht zu langweilig?«, fragte Martina. »Ich könnte mir vorstellen, dass eine eigene Kneipe ungleich aufregender ist.«

»Bistro«, korrigierte sie Lea. »Aber es ist schon etwas dran. Doch wer diesen Stress zehn Jahre mitgemacht hat, der weiß die Ruhe hier zu schätzen. Mal sehen, was das Leben noch bringt.«

»Wir haben diesmal einen Gast hier«, kündigte Hannes Küderlein zum Beginn des wöchentlichen Meetings Martin an. Wie üblich saßen seine Vertriebsmitarbeiter und seine Assistentin, Frau Louisa Rieger, im Besprechungsraum zusammen.

»Und zwar Herrn Martin Guter«, fuhr Küderlein fort. »Er ist Trainee in unserem Unternehmen und wird nach Abschluss der Ausbildung bei uns als Junior Vertriebsbeauftragter anfangen. Er wird in Zukunft ab und zu an unseren Meetings teilnehmen, um schon einmal etwas Stallgeruch anzunehmen.«

Martin stand etwas verlegen auf und lächelte ein unsicheres »Guten Tag«

in den Raum, das mit zustimmendem Nicken der Anwesenden quittiert wurde.

»Wer wissen möchte, wie Herr Guter zu uns gestoßen ist, fragt am besten Manfred Michalski«, grinste Küderlein. Michalski grinste nicht. Dann fuhr Küderlein mit dem normalen Programm eines Wochenmeetings fort.

In der Kaffeepause ging Michalski zu Martin. »Schön, dass wir uns einmal kennen lernen!«, begrüßte er Martin. »Ich bin Manfred Michalski.«

»Ja, schön Sie kennen zu lernen«, nickte Martin und schüttelte ihm die Hand.

»Das war ja ein tolles Ding damals«, lobte Michalski ihn. »Ich bin Ihnen noch Dank schuldig.«

»Nein, nein«, wehrte Martin ab. »Es war ja im Endeffekt nur Glück, dass sich da jemand gefunden hat, der helfen konnte.«

»Sie leben hier in Frankfurt?«, fragte Michalski.

»Ja, ich komme aus der Gegend«, nickte Martin.

»Alleine oder sind Sie verheiratet?«

»Keines von beiden. Ich wohne mit meiner Freundin zusammen.«

»Wenn Sie einmal Hilfe brauchen, wenden Sie sich ruhig an mich«, bot Michalski an. »Und, weil wir ja ohnehin bald zusammenarbeiten werden und wir uns hier alle duzen: ich bin Manfred.« Michalski streckte Martin die Hand hin.

»Martin«, lächelte der zurück.

»Willkommen an Bord!«

Die Kaffeepause war beendet und alle begaben sich wieder an ihre Plätze.

Als die Besprechung nach zwei Stunden beendet war und sich der Raum fast geleert hatte, rief Küderlein Martin und Frau Rieger zu sich.

»Frau Rieger, was war denn eigentlich bei unserer letzten Monatsbesprechung los? Hatten Sie Herrn Guter nicht eingeladen? Er behauptet, keine Einladung zum Meeting bekommen zu haben.«

Louisa Rieger zog erstaunt die Augenbrauen hoch. »Ich kann mir nicht vorstellen, wie das passiert ist. Ich konnte in dem Bereich, in dem er zu dem Zeitpunkt gearbeitet hat, niemanden erreichen und habe ihm deshalb per Hauspost ein Memo geschickt. Ich kannte ja seine E-Mail-Adresse nicht.«

»Dann ist das Memo wohl irgendwo in den Weiten der AGATI AG verschollen«, schloss Küderlein.

»Das tut mir wirklich Leid, Herr Guter«, sagte Frau Rieger voll Mitleid in der Stimme. »Ich hoffe, Sie bleiben in Zukunft von solchen Problemen verschont.« Dabei sah ihm die herb attraktive Frau auf eine Weise in die Augen, die Martins Puls unwillkürlich ansteigen ließ. Frau Rieger verabschiedete sich und auch Küderlein entschuldigte sich mit dem Hinweis auf einen Termin. Martin ging zurück an seinen Arbeitsplatz. Irgendetwas kam ihm seltsam vor, nur hatte er keine Ahnung, was.

Heiko Eisenschwert hatte Martin ausnahmsweise einmal etwas Interessantes zu bieten: Überraschend kurzfristig hatte sich auf die Stellenanzeige, mit der Giovannis Position besetzt werden sollte, ein Mann von COLTELLO, dem härtesten Konkurrenten, beworben. Nun war die AGATI AG nicht gerade für gute Gehälter bekannt, und COLTELLO war im Markt durchaus stark. Deshalb rätselte Eisenschwert, warum Max Fuchs, der Bewerber, den Arbeitsplatz wechseln wollte.

Fuchs hatte bei Auer, dem Leiter der Abteilung, angerufen und um ein Gespräch gebeten. Der hatte ihn sofort, ohne Prüfung seiner Unterlagen, eingeladen. Einen Mann vom direkten Wettbewerber zu bekommen, das reizte Auer verständlicherweise sehr. Er selbst war allerdings auf Geschäftsreise, hatte Eisenschwert aber aufgetragen, Max Fuchs einzustellen. Und er hatte klar gemacht, dass er von Eisenschwert eine Erfolgsmeldung erwartete.

Nun saßen Eisenschwert, Martin Guter und Fuchs zusammen mit einem Mitarbeiter der Personalabteilung beim Gespräch. Max Fuchs war ein sportlich wirkender Mann Anfang dreißig, dessen Augen ständig in Bewegung waren – ganz im Gegensatz zu seinem Körper, der während des gesamten Bewerbungsgespräches kontrolliert ruhig wirkte.

Fuchs legte seine Zeugnisse auf den Tisch. »Von meinem derzeitigen Arbeitgeber habe ich verständlicherweise noch kein Zeugnis«, erklärte er. »Ich möchte dort die Pferde nicht scheu machen.«

»An welcher Art von Projekten arbeiten Sie denn zur Zeit?«, fragte Eisenschwert neugierig.

»Haben Sie bitte Verständnis dafür, dass ich keine Kundennamen nennen will, jetzt zumindest nicht. Inhaltlich lässt es sich aber ganz einfach beschreiben. Unsere beiden Unternehmen befinden sich ja bei jeder größeren Ausschreibung über Bestückungsmaschinen im Wettbewerb. Und wenn wir gewinnen, mache ich genau das, was Ihre Techniker machen, wenn Sie gewinnen.«

Eisenschwert stellte Fuchs ein paar technische Fragen, die Martin genauso wenig verstand, wie die Antworten darauf. Aus Eisenschwerts Reaktionen schloss er aber, dass die Antworten wohl richtig sein mussten. Irgendwann gingen Eisenschwert dann auch die fachlichen Fragen aus, und er übergab das Gespräch befriedigt an den Personalmitarbeiter.

»Eine Frage interessiert mich besonders«, begann der. »Warum möchten Sie den Arbeitsplatz wechseln?«

»Das mag vielleicht ein wenig komisch klingen«, antwortete Fuchs. »Das Gehalt stimmt, die Mitarbeiter sind nett und mein Vorgesetzter ist auch in Ordnung. Das Problem ist: Es ist bei meinem derzeitigen Arbeitgeber schlicht und einfach stinklangweilig.«

»Stinklangweilig«, wiederholte der Personaler.

»Ja, genau. Jeder Tag verläuft gleich, unsere Produkte sind nicht schlecht, aber auch nie technologisch vorne dran. Bei uns liegt der Fokus immer auf Stabilität und Verlässlichkeit. Das ist zwar ganz gut für unsere Kunden, aber es bringt für mich keine Herausforderungen mehr.«

»Sie fühlen sich also nicht gefordert?«

Fuchs war nicht ganz zufrieden mit der Formulierung. »Das auch, aber das Schlimme an der Sache ist nicht, dass ich mich unterfordert fühle. Sondern es ist klipp und klar Langeweile. Ich betrete morgens meinen Arbeitsplatz und weiß genau, dass alles genauso verlaufen wird, wie in den Wochen und Monaten zuvor.«

Fuchs nahm einen Schluck aus dem Glas Mineralwasser, das vor ihm stand. »Und so sieht es auch bei uns in den Büros aus. Alles ein wenig angestaubt. Einfach nicht modern. Ich dachte, wir sind ein Hightech-Unternehmen. Es sieht aber aus wie in einer Behörde. Lange Gänge, über die ab und zu mal jemand huscht, nie ist es irgendwo laut. Es ist einfach tot.«

»Und wie würde Ihr idealer Arbeitsplatz aussehen?«, fragte der Personaler nach.

»Spannender. Von mir aus auch mit mehr Stress verbunden. Mit Projekten, die nicht eines wie das andere aussehen. Mehr Schwierigkeiten, dafür aber auch mehr Erfolgserlebnisse.«

»Und das vermuten Sie bei der AGATI AG?«

»Ich weiß es. Ich sehe doch Ihre Maschinen, die zum Teil auch bei unseren Kunden stehen. Ich sage Ihnen: Bei Ihnen wird manchmal ganz schön mit der heißen Nadel gestrickt. Das kann ich beurteilen, glauben Sie mir. Aber dabei sind dann eben auch manchmal wirklich clevere Lösungen. Das würde mir einfach mehr Spaß machen.«

»Ja, spannend sind unsere Projekte«, beeilte sich Eisenschwert zu bestätigen. »Bei uns müssen Sie kreativ sein, das ist Grundvoraussetzung für erfolgreiches Arbeiten ...«

»Wie viel verdienen Sie bei Ihrem derzeitigen Arbeitgeber?«, fragte der Personaler, nachdem einige andere Dinge geklärt waren und die üblichen Informationen ausgetauscht waren.

»48.000 Euro brutto.«

»Das ist sicher am oberen Ende dessen, was bei uns gezahlt wird. Dieses Gehalt könnten wir Ihnen erst nach einer sechsmonatigen Probezeit geben. Wir würden Ihnen in den ersten sechs Monaten 3500 Euro zahlen, danach können wir dann, wenn Sie sich gut eingearbeitet haben, 4000 monatlich zahlen. Ist das für Sie akzeptabel?«

Eisenschwert presste die Lippen zusammen. Wie konnte der Mann von der Personalabteilung bei einem solchen Bewerber nur anfangen, um ein paar Euro zu feilschen?

»Gut, das ist in Ordnung«, antwortete Fuchs.

Eisenschwert atmete hörbar auf.

»Sollen wir gleich einen Vertrag aufsetzen?«

»Ja, tun wir das. Ich mache gerne Nägel mit Köpfen«, freute sich Fuchs.

Eisenschwert reichte Fuchs die Hand. »Toll! Sie werden bei uns das spannende Umfeld finden, das Sie suchen. Da bin ich mir ganz sicher.«

Nachdem die Formalitäten abgehakt waren und Fuchs den Vertragsentwurf eingesteckt hatte, nicht ohne zu beteuern, dass er ihn am nächsten Tag unterzeichnet vorbeibringen werde, verabschiedete man sich voneinander. Zurück blieben Eisenschwert, Martin Guter und der Personaler.

»Sie sind ja ganz schön mutig«, ächzte Eisenschwert. »Bei dem Mann noch groß um das Gehalt zu verhandeln ... Auer hätte mich umgebracht, wenn es daran gescheitert wäre!«

»Die Gefahr bestand nie.«

»Wie können Sie sich da so sicher sein?«

»Wir machen ja viel falsch bei der AGATI. Aber unser Konkurrent hat hier den Kardinalfehler schlechthin begangen. Da treten Dinge wie das Gehalt in den Hintergrund.«

»Welchen Kardinalfehler?«, fragte Martin,

»Er langweilt seine Mitarbeiter.«

Fehler 11:
Sei langweilig und unattraktiv

Menschen möchten sich wohl fühlen. Das ist ihnen auch etwas wert. Und zwar im wahrsten Sinne des Wortes. Sie verwenden einen großen Teil ihres Einkommens dafür. Sei es für die Einrichtung ihrer Wohnung, für ihre Kleidung, für gutes Essen oder für den Urlaub. Eine besonders wichtige Rolle spielt beim Wohlfühlen das, was die Amerikaner als »have a good time« bezeichnen: das kurzweilige Gestalten der Zeit. Für einen angenehmen Zeitvertreib werden Milliarden ausgegeben: für Fernsehen, Kino, Theater, Bücher, Spiele, Kneipen, Rummelplätze und Sportveranstaltungen. Es ist wohl angebracht zu sagen, dass der größte Teil unserer wachen Freizeit darauf ausgerichtet ist, eine »good time« zu haben und Langeweile zu vertreiben.

Wäre es vermessen zu verlangen, dass Arbeitgeber aus dieser wirklich nicht schwer zu machenden Beobachtung ihre Schlüsse ziehen? Dass sie ihren guten Mitarbeitern Arbeitsplätze bereitstellen, die sie nicht langweilen und anöden? Mit Aufgaben, die Spaß machen und gleichzeitig fordern?

Leider ist dieses Ansinnen bei überraschend vielen Arbeitgebern wirklich vermessen. Dort scheint eher das Verständnis zu herrschen, dass Spaß, Herausforderung und Wohlfühlen ins Private gehören. Fast könnte man meinen, dass das Leitprinzip dieser Arbeitgeber lautet: »Wir langweilen Euch, damit ihr den bei uns erworbenen Überdruss mit dem bei uns verdienten Geld in Eurer Freizeit kompensieren könnt.«

Das Ergebnis? Zahlreiche Menschen finden sich in einer Arbeitsumgebung, in der die Zeit eingefroren erscheint. Es gibt nichts, was ihren Job spannend oder aufregend macht. Keiner hat das Gefühl, für eine ganz besonders tolle Firma oder an einem ganz außergewöhnlichen Arbeitsplatz zu arbeiten. Keiner schwärmt mit leuchtenden Augen von den eigenen Produkten. Niemand platzt beinahe vor Stolz darüber, dass das Unternehmen etwas ganz genial gelöst hat. Mit anderen Worten: Keiner hat das Gefühl, an etwas Besonderem teilzunehmen. Man arbeitet halt dort. Und zwar weitgehend alleine. Weil es keine gemeinsame starke Vision gibt, gibt es natürlich auch kein starkes Gemeinschaftsgefühl. Dabei hätte man sogar Zeit dafür. Es herrscht nämlich meist kein besonderer Stress. Alles ist mehr oder weniger jeden Tag gleich: Die Arbeit, die Kollegen, die Witze, der Tratsch, der Chef. Der Chef ist eigentlich gar kein richtiger Chef, sondern ein Verwalter. Von ihm ist nichts Aufregendes zu erwarten.

Nicht einmal richtig streiten kann man sich mit ihm. Denn in dieser Organisation ist alles genau geregelt. Konflikt und Konfrontation sind undenkbar. Da fliegen nie die Fetzen. Da wird nie getobt und geschrien. Auch nicht laut gelacht und rauschend gefeiert. Alles ist zivilisiert – und ungeheuer langweilig.

Bei diesen Arbeitgebern bekommt einer kaum Zugang zu neuem Wissen und neuem Können. Man schwimmt in seiner eigenen Ursuppe. Selbst dann, wenn es Weiterbildung gibt, ist auch diese strikt organisiert. Niemals würde ein solcher Arbeitgeber einem Mitarbeiter zumuten, etwas Neues zu tun, ohne vorher ordentlich geschult worden zu sein. Der Mitarbeiter darf das ohne Schulung nicht einmal. Nur nichts, was aufregen könnte!

Überraschungen gibt es keine. Weder gute noch schlechte. Jede Minute zieht sich wie Kaugummi. Jede Stunde fließt zäh in die nächste. Die Arbeitstage sind lang – auch wenn nur 35 Stunden pro Woche gearbeitet werden. Ständig wandert der Blick zur Uhr. Wann ist endlich Pause? Wann endlich Feierabend? Ein Blick auf den Kalender. Wie viele Tage sind es noch bis zum Urlaub? Man braucht schließlich neuen Gesprächsstoff. Von der Arbeit zu reden lohnt nicht. Es wird keine Minute länger gearbeitet als notwendig – doch das wird auch nicht erwartet. Das Unternehmen kümmert sich ja um seine Mitarbeiter. Es versorgt sie. Es überversorgt sie.

Bei diesen Arbeitgebern ist das Arbeitsumfeld meist ebenso statisch wie die Arbeit selbst. Nichts ändert sich ohne Not. Grundlegend renoviert wird nur, wenn es unbedingt notwendig ist. Falls es nicht notwendig ist, verbringt man Jahrzehnte mit den gleichen Möbeln und Fußböden. Kleinere Schönheitsreparaturen werden strikt nach Plan gemacht. Es ist nicht relevant, ob die Wände gestrichen werden müssen, sondern ob sie »dran« sind. Das Ergebnis solcher Renovierungen ist wieder derart langweilig, dass es sich nahtlos in den vorangegangenen Zustand einfügt.

Innerhalb des Unternehmens wird kaum umgezogen. Jeder Mitarbeiter hat genau seinen Platz. Die Chancen, nach zehn Jahren noch genau am gleichen Platz zu sitzen, sind sehr groß. Die technische Erneuerung findet ebenfalls mit Zeitverzögerung und aufgrund von Entscheidungen von Zentralabteilungen statt. Die Mitarbeiter arbeiten in solchen Unternehmen tendenziell mit älteren Gerätschaften als ihre Kollegen in anderen Unternehmen. Schließlich tun es die älteren Geräte noch.

Langweilige Arbeitgeber sind meist größere, etablierte Organisationen, die weder die Aufbruchstimmung noch den täglichen Überlebenskampf kennen. Für neue Mitarbeiter sind solche langweiligen Arbeitgeber ein Schock. Speziell junge Berufseinsteiger tun sich schwer mit dieser Atmosphäre. Daheim langweilen sie sich bei ihren Computerspielen bereits, wenn einige Sekunden lang nichts passiert. Jetzt sollen sie Tage im Zustand eines Scheintoten verbringen? Kein Wunder, dass viele sehr schnell frustriert und unlustig werden.

Was betroffene Mitarbeiter tun können

Ihr Arbeitsumfeld bietet nichts Interessantes, Herausforderndes, Spannendes? Das wird auch nicht durch die Arbeit selbst kompensiert? Sie haben deshalb das Gefühl, in einem endlosen, dunklen Tunnel dahinzugleiten? Zeitlos? Orientierungslos?

Falls es Ihnen so geht, sollten Sie sich schnellstens Gedanken über Ihre Zukunft machen. Die Eile ist deshalb geboten, weil Menschen, auch Sie, dazu neigen, sich mit ungünstigen Rahmenbedingungen zu arrangieren. Bequemlichkeit und die Angst vor Neuem spielen dabei wichtige Rollen. Diese Seite Ihrer Persönlichkeit ist es, die Ihnen ständig ins Ohr flüstert, dass es im Prinzip ja gar nicht so schlimm ist.

Auszuharren und darauf zu warten, dass Sie sich an die Langeweile und Farblosigkeit gewöhnen, ist durchaus eine erwägenswerte Alternative. Sie sollten sich dann aber zumindest dringend einige Hobbys zulegen. Einen Garten, eine große Familie, ein paar Extremsportarten oder den Vorsitz in einigen Vereinen. Dinge, die Ihnen die Abwechslung und Spannung geben, die Ihnen Ihr Job versagt.

Die Hobbys sollten Ihnen wichtig genug sein, um die täglichen acht Stunden Frust zu rechtfertigen. Sie sollten sich im Klaren darüber sein, dass die Arbeit in einer langweiligen Umgebung Sie verändern wird. Sie werden schwerlich verhindern können, dass Sie beruflich tendenziell unflexibel werden. Unvorhergesehene Anforderungen werden Sie zunehmend überfordern. Für einen späteren Arbeitsplatzwechsel sind das schlechte Voraussetzungen. Sie sollten sich also Ihres Arbeitsplatzes langfristig sehr sicher sein. Wenn Sie noch nicht so genau wissen, ob Sie bei Ihrem langweiligen Arbeitgeber bleiben wollen, können Sie sich einmal Ihre älteren Kollegen anschauen. Diese wurden durch die Umgebung schon geprägt. Sie sind heute so, wie Sie selbst in einigen Jahren sein werden, wenn Sie in dieser Umgebung bleiben. Ist das erstrebenswert für Sie? Oder ist es nur akzeptabel? Oder ist die Vorstellung für Sie absolut erschreckend?

Sollten Sie sich nicht an die herrschenden Umstände gewöhnen wollen, bleibt Ihnen nur, sich einen anderen Arbeitgeber zu suchen. Der Wechsel in eine Nachbarabteilung wird nämlich für gewöhnlich nicht ausreichen. Denken Sie allerdings daran, dass ein interessanter, spannender Arbeitsplatz nicht unbedingt angenehm und kuschelig ist. Wer sich gegen das langweilige Kinderkarussell und für die Superachterbahn entscheidet, muss damit zurechtkommen, dass er dort gelegentlich tüchtig durchgebeutelt wird und ihm die Haare zu Berge stehen. So ist es auch bei einem interessanten Arbeitgeber. Vieles mag nicht organisiert sein. Viele Überraschungen werden sich als unangenehm herausstellen. Es kann passieren, dass Ihnen der Hype zu viel wird, die Selbstbeweihräucherung zu extrem. Es wird wahrscheinlich gelegentlich richtig stressig werden. Und nicht nur einmal werden Sie diesen Stress verfluchen. Ihren Chef dort mögen Sie gelegentlich zum Teufel wünschen und die ganze Organisation mit ihm. Doch eines werden Sie in so einer Umgebung sicherlich nicht tun: ständig auf die Uhr schauen und den Feierabend herbeisehnen. Sie werden sich nicht nur auf den Urlaub freuen, sondern genau so sehr darauf, nach dem Urlaub wieder zur Arbeit gehen zu können.

Fazit: Ein langweiliges Arbeitsumfeld zieht Mitarbeitern das Mark aus den Knochen. Ganz selten kann das durch eine spannende Aufgabe kompensiert werden, denn meist haben langweilige Firmen auch langweilige Jobs. Man sollte sich gut überlegen, ob man sich das antut.

Jeden Montag Morgen saßen in Bert Auers Abteilung die Techniker mit ihrem Vorgesetzten zusammen, berichteten über die Einsätze der vergangenen Woche und besprachen die Einsatzplanung für die nächsten Tage.

»Zunächst die gute Nachricht«, eröffnete Auer die Besprechung. »Wir werden in sechs Wochen einen neuen Mitarbeiter hier begrüßen. Er kommt direkt vom Wettbewerb zu uns. Mit seiner Erfahrung wird er die Lücke, die durch den Weggang von Herrn Peccolo entstanden ist, sicher mehr als ausfüllen.«

Heiko Eisenschwert berichtete kurz von dem Einstellungsgespräch, das er mit Fuchs geführt hatte und davon, dass bei der Konkurrenz die AGATI offensichtlich als ein spannendes Unternehmen galt. Einige bissige Kommentare fielen zwar, doch im Endeffekt überwog natürlich die Freude, dem ärgsten Konkurrenten einen guten Mitarbeiter abgejagt zu haben.

»Übernimmt er dann die Projekte von Giovanni?«, fragte einer der Kollegen.

»Wir werden sehen«, sagte Auer. »Er ist kein Anfänger mehr. Vielleicht kann er auch von Anfang an größere Projekte übernehmen. Dann würden Herrn Peccolos Projekte einfach auf Sie alle aufgeteilt. Das sind sowieso alles Peanuts. Und nicht einmal die hat er richtig in den Griff bekommen. Seien wir froh, dass er weg ist.«

Betretenes Schweigen in der Runde. Eisenschwert, der wie keiner der Anwesenden um die Qualitäten von Giovanni wusste, konnte sich dann doch nicht zurückhalten. »So schlecht war er nun auch wieder nicht«, brummte er.

»Er hat bei seinem ersten eigenen Projekt versagt. Das sagt wohl alles. Und dann nicht einmal den Mumm haben, dazu zu stehen, sondern einfach gehen – wie jämmerlich.«

Martins Blutdruck schoss innerhalb weniger Sekunden um das Doppelte in die Höhe. Er sah Eisenschwert mit hilfloser Erregung an. Der erwiderte den Blick nur kurz und schaute dann zu Boden.

»Nun, hoffen wir, dass wir mit Herrn Fuchs einen besseren Griff getan haben«, beendete Auer seine Ausführungen zum Thema Giovanni.

Martin wünschte sich nur noch das Ende der Veranstaltung herbei, da er die Art, wie Auer über Giovanni herzog, schlichtweg abstoßend fand. Nach einer Stunde war er erlöst und verließ rasch den Raum. Eisenschwert folgte ihm. Vor dem Büro legte er ihm die Hand auf die Schultern: »Nimm das nicht so ernst.«

»Ich soll das nicht ernst nehmen? Da wird ein Mensch, der gerade mal eine Woche weg ist, übelst vor versammelter Mannschaft schlecht gemacht, und Sie tun so, als wäre das nur eine Kleinigkeit!«

»Ich habe doch versucht, ihn zu bremsen.«

»Ja, aber nicht gerade entschlossen.«

»Das bringt doch nichts«, wehrte sich Eisenschwert. »Es ist dummes Geschwätz und am besten vergessen wir es einfach.«

»Vergessen! Ich weiß nicht, ob man das so einfach vergessen sollte. Redet der auch so über mich, wenn ich mal nicht dabei bin?«

»Natürlich nicht. Auf Giovanni war er eben wütend, weil er so rasch die Konsequenzen aus Auers bösem Spiel gezogen hat.«

»Das hinterlässt einen solch schalen Nachgeschmack. Ich brauche jetzt erst einmal einen Kaffee.«

Martin verließ das Büro und fuhr mit dem Aufzug ins Erdgeschoss, zum Empfang.

Lea Richter beantwortete gerade ein Telefonat, bedeutete ihm aber per Handzeichen, dass er schon in den Pausenraum gehen sollte. Martin ging

Lieben Sie *spannende Stories,*

anspruchsvolle Literatur,

unterhaltsame Sachbücher

und durchschlagenden Humor?

Dann sollten Sie mit dieser Karte unser

aktuelles Programmverzeichnis anfordern.

Den Prospekt schicken wir Ihnen gern kostenlos. Diese Karte einfach lesbar mit Ihrem Absender versehen, frankieren und zur Post geben.

Anforderung per Fax unter

069/25 60 03-30

Er gibt Auskunft über die Bücher aus dem *Verlag mit der Fliege,* der zu den wenigen konzernunabhängigen Publikumsverlagen zählt.
Sie finden darin *Belletristik, Sachbücher, Ratgeber, Cartoons* ebenso wie *Hörbücher* und *Geschenkartikel.*

Besuchen Sie uns im Internet: www.eichborn.de

Ja,

ich möchte das *Eichborn-Verzeichnis* gern haben.

Meine Anschrift

Name, Vorname

Straße, Nr.

PLZ, Ort

Unser Lieblingsbuch.

» *... eine Blitztour durch Geschichte und Literatur, Kunst und Weltbilder ...*«

Der Spiegel

Dietrich Schwanitz
Bildung
Alles, was man wissen muß
544 Seiten, gebunden
26,90 (D) · sFr 46,–
ISBN 3-821-8-0818-7

Eichborn AG
Kaiserstraße 66

60329 Frankfurt am Main

hinein und setzte eine Kanne frischen Kaffee auf. Drei Minuten später kam Lea hinzu.

»Was ist denn Ihnen über die Leber gelaufen?«, fragte sie Martin überrascht. »Ihre Miene verrät nichts Gutes.«

»Ach«, antwortete Martin, »ich bin gerade Zeuge einer echten Schweinerei geworden. Ich hatte Ihnen doch erzählt, dass ein Kollege gegangen ist, weil er in politische Spielchen gezogen wurde.«

»Ja, ich erinnere mich«, nickte Lea.

»Heute hat sein Chef vor dem versammelten Team derart schlecht über ihn geredet, dass mir fast der Kragen geplatzt ist. Giovanni war anerkanntermaßen ein wirklich guter Mitarbeiter. Und dann so etwas ...«

Lea goss Martin und sich selbst eine Tasse des mittlerweile fertig gebrühten Kaffees ein. »Igitt, das klingt ja richtig unappetitlich«, quittierte sie Martins Erzählung.

»Genau so kam es bei mir auch an.«

»Und das war der Abteilungsleiter?«

»Ja, Bert Auer. Ausgerechnet der Mann, der schuld daran ist, dass Giovanni gegangen ist.«

»Dann ist er doppelt dumm«, konstatierte Lea. »Einen großen Fehler hat er ja schon begangen. Dadurch hat er einen Mitarbeiter verloren. Und jetzt riskiert er auch noch schlechte Stimmung in der gesamten Abteilung.«

»Wenn es auf die anderen genauso gewirkt hat wie auf mich, dann gute Nacht.«

»Ja, ein grausames Fehlverhalten, mit dem man auf einen Schlag großen Schaden anrichten kann«, erklärte Lea.

Fehler 12:
Übe schlechte Nachrede

Es ist schon eine erstaunliche Vorstellung, die Vorgesetzte abziehen können, wenn sie im Kündigungsgespräch erst einmal eingesehen haben, dass weder massives Drängen noch weitgehende Angebote die vom Mitarbeiter ausgesprochene Kündigung rückgängig machen können. Plötzlich werden ihre Gesichter starr, der Ton eisig. »Wenn Sie unbedingt wollen«, sagen sie und zucken mit den Schultern, als könne man gegen so viel Dummheit nun einmal nichts machen. Manchmal kommen auch spitze Bemerkungen wie »The grass is always greener on the other side of the fence« oder unverhohlen düstere Prophezeiungen hinzu: »Sie werden schon noch sehen, was Sie davon haben.«

Danach wird der Mitarbeiter in die Abwicklungsprozedur geschickt, meist zur Personalabteilung, die den ganzen Papierkram erledigen soll. Der Chef igelt sich derweil in seinem Zimmer ein und bastelt sich ein Weltbild zu Recht, in das die Kündigung passt, ohne seine eigene Position in Frage zu stellen. Heraus kommen dann wahrhaft wunderbare Gebilde. Dagegen, dass die Konkurrenz dem Müller ein derart astronomisches Gehalt geboten hat, kann man wirklich kaum etwas unternehmen. Wobei die schon sehen werden, wo sie mit solchen Mondgehältern hinkommen werden. Und was den Müller angeht: Im Grunde genommen ist es ja gar nicht so schlecht, dass er geht. Zugegeben, seine Leistungen waren weit überdurchschnittlich. Aber gerade damit hat er die anderen Mitarbeiter sicherlich immer ein wenig demotiviert. Was heißt hier: ein wenig? Ganz gehörig sogar! Wahrscheinlich hätte man sich aus diesem Grund über kurz oder lang ohnehin von ihm trennen müssen. Diese Entscheidung hat sich nun – Gott sei Dank – erledigt.

Während sich die Vorgesetzten ein solches Erklärungsmodell für sich selbst und ihre eigenen Chefs zurechtlegen, denken die wenigsten daran, wie sie ihren Mitarbeitern den Weggang eines Kollegen erklären sollen. Häufig wissen die Kollegen noch nichts. Die meisten Mitarbeiter sind nämlich so fair, ihren Chef als ersten über ihren Weggang zu informieren. Sie erwarten von ihm Instruktionen, wie sie sich den Kollegen gegenüber verhalten sollen. Gerne würden sie eine gemeinsame Sprachregelung mit ihm finden. Doch stattdessen werden sie von ihrem Chef mit eisigem Gesicht zur Personalabteilung geschickt. Angesichts der Ignoranz des Chefs machen sie sich natürlich nicht still und leise auf den Weg dorthin. Vorher teilen Sie ihren bisherigen Mitstreitern süffisant mit, dass sie gerade ihre Kündigung zur Personalabteilung tragen. Damit ist die Nachricht aus dem Sack. Während der Chef in seinem Büro noch an seinem Weltbild bastelt, verbreitet sich die Neuigkeit bereits wie ein Lauffeuer. »Haben Sie schon gehört? Der Müller geht!«

Bis sich der Chef dann aus seinem Zimmer wagt, hat sich schon jeder Mitarbeiter ein eigenes Bild und eine eigene Beurteilung der Situation gemacht. In der Regel sind Mitarbeiter durch den plötzlichen Weggang eines Kollegen ein wenig geschockt. Schließlich wird ihr persönliches Umfeld plötzlich verändert. Das löst automatisch Fragen aus: »Wie beeinflusst das meine Arbeit? Weshalb bin ich noch nicht auf den Gedanken gekommen, mich anderweitig umzuschauen? Sollte ich mir auch überlegen zu wechseln?«

Das Beste, was der Chef jetzt tun könnte, wäre seinen Mitarbeitern die Kündigung sachlich mitzuteilen, je nach Lage eventuell zuerst den Schlüsselleuten. Er müsste ihnen sagen, weshalb der Kollege geht und zu welchem Termin. Er sollte sagen, dass er versucht hat den Mitarbeiter zu halten und dass er das Ausscheiden bedauert. Und dann sollte er in den »Zukunftsmodus« schalten und darüber reden, wie er sich die Zukunft und die künftige Arbeitsteilung vorstellt. Er müsste sagen, bis wann er Ersatz für den Ausgeschiedenen haben möchte. Dann wäre der »Lobmodus« dran, womit er die bleibenden Mitarbeiter darin bestärkt, die künftigen Herausforderungen zu meistern.

Leider läuft es bei vielen Chefs ganz anders ab. In Ermangelung einer eigenen Geschichte für die Mitarbeiter wird einfach die Geschichte genommen, die sich der Chef für sich selbst zurechtgelegt hat. Vor allem in persönlichen Gesprächen und kleinen Runden lässt sich der Chef dazu hinreißen, negativ über den ehemaligen Mitarbeiter zu sprechen. Vieles, was in der Vergangenheit schlecht gelaufen ist, wird plötzlich dem scheidenden Mitarbeiter angehängt.

Negative Kommentare eines Chefs über einen Kollegen kommen bei Mitarbeitern aber grundsätzlich schlecht an – nicht nur bei Kündigungen. Mitarbeiter stellen sich automatisch immer gleich die Frage, wie denn der Chef wohl über sie in ihrer Abwesenheit spricht – und beantworten sich die Frage auch gleich selbst: Genau so! Das stärkt nicht gerade das Selbstwertgefühl und die Sympathie für den Chef. Wie gesagt: Das gilt grundsätzlich. Wenn es um ausscheidende Mitarbeiter geht, ist der negative Effekt jedoch besonders groß. Hier stößt der Schock des Mitarbeiters über die Kündigung auf die Gesundbeterei des Chefs. Je wichtiger der ausscheidende Mitarbeiter war, desto größer ist der Schock und desto auffälliger ist die Abweichung der Chefworte von der Wirklichkeit. Hinzu kommt noch, dass so eine Gesundbeterei die wahren Kündigungsgründe verleugnet. Das bedeutet, dass die verbleibenden Mitarbeiter auch nicht den geringsten Ansatz dafür sehen, dass tatsächlich bestehende Missstände in Zukunft ausgeräumt werden. Das ist keine besonders ermutigende Perspektive. In diesen Situationen haben schon viele Mitarbeiter stillschweigend beschlossen, sich ebenfalls auf dem Markt umzuschauen.

Glücklicherweise kommt es sehr selten vor, dass man von einer schlechten Nachrede des Chefs über die eigene Person erfährt. Eigentlich ist das wirklich auf die Kündigungssituation beschränkt. Normalerweise halten sich nämlich auch die weniger guten Chefs diesbezüglich zurück.

Was betroffene Mitarbeiter tun können

Haben Sie einen Chef, der in bestimmten Situationen (wie einer Kündigung) über (fast) jeden schlecht redet, sollten Sie sich nicht in Ihren Grundüberzeugungen erschüttern lassen. Es ist ein Zeichen für ein Persönlichkeitsdefizit Ihres Chefs. Das ist ärgerlich und unangenehm, sollte für Sie jedoch nicht Anlass zu schlechter Laune oder gar einer Kündigung sein.

Die beste Möglichkeit, sich nicht von diesem Geschwätz runterziehen zu lassen, ist aktiv dagegen vorzugehen. Falls Ihr Chef Sie also in einem vertrauensvollen Gespräch an seinen innersten Einsichten über Kollegen teilhaben lassen möchte, sollten Sie sich nicht ob des Vertrauens geschmeichelt fühlen, sondern ihm sagen, wo Sie seiner Einschätzung nicht zustimmen. Er soll merken, dass Sie eine eigene Meinung haben. Schalten Sie dann möglichst schnell auf den »Lösungsmodus« um. Fragen Sie also Ihren Chef, wie er sich vorstellt einen Schwachpunkt zu beseitigen. Beim Weggang eines Kollegen fragen Sie beispielsweise, wie sich die Arbeit künftig gestalten wird und welche Konsequenzen aus dem Ausscheiden gezogen würden. Schließlich soll die Kündigung zumindest den Zurückgebliebenen Vorteile bringen. Das geht nur, wenn Sie dafür sorgen, dass der Chef das Problem, das zur Kündigung führte, auch angeht.

Vollkommen anders ist es, wenn Ihr Chef in einem ungekündigten Arbeitsverhältnis hinter Ihrem Rücken schlecht über Sie redet. Wenn Sie so etwas mitbekommen, hilft nur das direkte, klärende Gespräch mit ihm. Sollte sich der Verdacht bewahrheiten, so kann das als ein Akt von Mobbing verstanden werden. Das sollten Sie Ihrem Chef auch deutlich sagen. Beim Wort »Mobbing« bekommen Chefs heutzutage sehr spitze Ohren. Und Arbeitnehmervertreter auch. In der überwiegenden Zahl der Fälle werden Sie nach solch einem Gespräch nie wieder hören, dass der Chef über Sie mit anderen spricht. Entweder weil er es nicht mehr tut, oder weil er es etwas geschickter vor Ihnen verbirgt.

Fazit: Negative Äußerungen nach einer Kündigung gehören zum Selbstschutzprogramm von Chefs und sollten deshalb nicht besonders ernst genommen werden. Dagegen ist üble Nachrede während eines laufenden Arbeitsverhältnisses nicht tolerierbar.

Susi hatte es sich gerade auf der Couch bequem gemacht, als das Telefon klingelte. »Das ist sicher Martin«, dachte sie, »um wieder einmal anzukündigen, dass er später kommt.« Sie ging zum Apparat und hob ab.

Am anderen Ende der Leitung herrschte Schweigen. Susi vermutete, dass es sich schon wieder um einen dieser seltsamen Anrufe handelte, die sie in letzter Zeit so belästigten, als die Stille unterbrochen wurde.

»Hallo«, meldete sich eine weibliche Stimme. »Hier ist Martina.«

»Martina?«

»Martins Kollegin. Ich muss dir etwas sagen.«

»Ich kenne Sie nicht«, wehrte sich Susi gegen die vertraute Anrede.

»Aber Martin kennt mich. Und darum geht es.«

»Ich verstehe kein Wort.«

»Ich weiß auch nicht, ob das der richtige Weg ist. Aber ich mag die Heimlichtuerei einfach nicht mehr.«

»Was für eine Heimlichtuerei?«, fragte Susi, in der auf einmal ein furchtbarer Verdacht keimte.

»Das mit Martin und mir. Ich will, dass du ihn gehen lässt. Das ist doch eh nichts mehr mit euch.«

Susi schnappte nach Luft. Ihr fehlten die Worte.

»Bist du überrascht?«, fragte die weibliche Stimme. »Mir sagt er immer, dass ihr euch ohnehin nicht mehr richtig versteht.«

»Was sagt er?!«, fragte Susi empört.

»Dass eure Beziehung praktisch gelaufen ist. Und da es mit uns beiden wirklich schön ist, wäre es besser, du gibst ihn auf. Ich bin es auch leid, nur Geliebte auf Abruf zu sein. Das musst du doch einsehen.«

Susi verstand überhaupt nichts mehr. Sie zitterte vor Aufregung. »Ich ... ich ... wer sind Sie überhaupt?«

Doch sie bekam keine Antwort mehr. Die Frau am anderen Ende hatte auf-
gelegt. Susi hielt den Hörer noch eine Minute in der Hand, bevor auch sie ihn
einhängte. Mit wackeligen Knien ging sie in die Küche und trank ein Glas
Wasser. Dann rief sie eine Freundin an.

»Du, Irene, kann ich heute Nacht bei dir schlafen?«

»Was ist denn los? Familienkrise?«

»Es ist so furchtbar.« Susi begann zu weinen. »Kann ich kommen?«

»Ja, natürlich. Soll ich dich abholen?«

»Nein, ich komme. Bis gleich.«

Martin fühlte sich müde und freute sich auf einen ruhigen Abend. Er hoffte,
dass Susi nicht ausgehen wollte – etwas Fernsehen auf dem Sofa schien ihm
dann doch die erstrebenswertere Abendgestaltung. Mit derlei Gedanken
schloss er die Türe der gemeinsamen Wohnung auf.

»Hi Susi, ich bin da«, kündigte er sich an. Antwort bekam er jedoch keine.
Von wem auch.

»Hallo?« Martin klapperte die Zimmer der Wohnung ab, konnte Susi aber
nicht finden. Er warf einen kurzen Blick zur Garderobe, an der immer ihre
Handtasche hing. Die war aber ebenfalls weg. Also war sie irgendwo unterwegs.

Ohne sich weiter Gedanken zu machen, zog sich Martin um und legte
sich, mit einem Glas Wein und der Fernbedienung für den Fernseher bewaff-
net, auf die Wohnzimmercouch.

Nach einer guten Stunde – es war bereits neun Uhr abends –, wunderte er
sich zum ersten Mal, wo Susi wohl abgeblieben sei. Er ging noch einmal
durch alle Zimmer, auf der Suche nach einer Nachricht. Aber auch diese Suche blieb ergebnislos. Langsam wurde er etwas unruhig. Das war so überhaupt nicht Susis Stil. Nicht mehr ganz so entspannt legte er sich wieder auf
das Sofa und sah weiter fern. Um zehn Uhr abends begann er sich richtig unwohl zu fühlen. Nein, so ganz ohne eine Nachricht ... irgendetwas war doch
da los. Hoffentlich war ihr nichts passiert. Er überlegte sich, wo er sich erkundigen konnte. War es paranoid die Krankenhäuser anzurufen? Oder erkundigte man sich bei der Polizei? Das Klingeln des Telefons ließ ihn zusam-
menzucken. Er lief zum Telefon und hob ab.

»Guter?«

»Hallo Martin, hier ist Irene.«

»Irene? Hallo ... sag mal, weißt du, wo Susi ist?«

»Ja, sie ist hier.«

Martin fiel ein Stein vom Herzen.

»Kannst du sie mir mal geben? Sie ist hier einfach weggegangen, ohne eine Nachricht zu hinterlassen.«

»Nein, das kann ich nicht. Du kannst froh sein, dass sie mir gestattet hat, dir Bescheid zu geben, dass sie hier ist.«

»Warum denn das?«, rief Martin überrascht aus.

»Das kannst du dir mal in aller Ruhe überlegen. Ich sage nur: deine Kollegin Martina. Den Rest kannst du dir dann wohl denken.«

»Martina? Meine Kollegin? Was ist mit ihr?« Martin war völlig verwirrt.

»Frag jetzt nicht so dumm. Ich sage dir Bescheid, wenn Susi mit dir sprechen will. Gute Nacht.«

»Gute Nacht«, stotterte Martin, der nichts zu entgegnen wusste. Er legte auf und setzte sich auf den Boden. »Martina ... was zum Teufel hast du denn da angestellt?«

»Was ist da passiert?«, fuhr Martin die verdutzte Martina an, als er am nächsten Morgen in ihr Büro stürmte.

Martina sah von ihrem Schreibtisch auf und Martin verwundert in die Augen. »Hey, so stürmisch kenne ich dich ja überhaupt nicht! Was soll denn los sein?«

»Irgendwas hast du doch angestellt. Tu jetzt bloß nicht so, als wäre nichts gewesen. Hast du Susi irgendwelche Sachen erzählt?«

»Wer ist Susi?«, fragte Martina, die nun ernstlich an Martins Geisteszustand zweifelte. »Und was für einen Schrott redest du da?«

»Schrott? Susi ist bei ihrer Freundin. Und die sagt mir, dass es etwas mit dir zu tun hat.«

»Nun mach mal halblang«, versuchte Martina Martin zu beruhigen. Sie stand auf und ging auf ihn zu, wie man auf ein wildes Tier zugeht, über das man gleich ein Netz werfen will. Sie sprach ganz langsam. »Fang mal ganz von vorne an. So, dass es auch die kleine Martina versteht, okay?«

Martin stand ihr etwas hilflos gegenüber. Sein Atem ging schnell. Er wusste, dass Martina irgendetwas angestellt hatte. Aber sie wirkte überhaupt nicht ertappt. Hielt ihn ganz offensichtlich für übergeschnappt.

»Gut. Also: Gestern komme ich heim, und Susi ist nicht da. Meine Freundin. Mit der ich zusammenwohne. Und irgendwann ruft mich eine Bekannte an und sagt, Susi wäre bei ihr und wolle nicht mit mir sprechen. Und es hätte etwas mit meiner Kollegin Martina zu tun. Ich habe nur eine Kollegin, die Martina heißt. Das bist du. Und ich will jetzt wissen, was da los ist.«

»Martin«, sagte Martina erstaunt, »du bist ja ganz von der Rolle! Setz dich mal hin.«

Martin setzte sich.

»So, und jetzt mal Klartext«, fuhr Martina fort. »Ich kenne deine Freundin nicht. Und ich wüsste auch nicht, was ich mit ihr zu bereden hätte. Ganz ehrlich gesagt habe ich das Gefühl, du bist ausgetickt. Soll ich einen Arzt holen?«

»Glaubst du mir etwa nicht?«, fragte Martin, der durch Martinas fürsorgliche Art begann, an sich selbst zu zweifeln.

»Nein, kein Wort.«

»Es ist aber so! Ruf doch bitte an! Warum meinst du denn, dass ich bei dir antanze und solch einen Aufstand mache? Wegen nichts und wieder nichts?« Er machte eine kurze Pause. »Ja, das wäre das beste. Ruf bitte an. Wenn du nichts mit der Geschichte zu tun hast, dann sollte es dir doch nichts ausmachen.«

»Was soll ich? Bei deiner Freundin anrufen? Und was soll ich ihr sagen? Hallo, hier ist die Martina und hier sitzt dein Freund und spricht wirr?«

»Verdammt, ich weiß doch nicht, was da vorgefallen ist. Nur, dass du etwas damit zu tun haben sollst.«

»Also, mein lieber Martin: Ich habe keine Ahnung, von was du sprichst. Ich schlage vor, du findest erst einmal selbst heraus, was los ist. Und solltest du dann immer noch der Meinung sein, ich hätte irgendetwas angestellt, dann komm von mir aus wieder. Ich bin mir zwar sicher, dass ich dir dann immer noch nicht helfen kann, aber egal. Aber komme mir bloß nicht noch einmal mit solch nebulösen Verdächtigungen! Sonst werde ich wirklich sauer. Kapiert?«

Martinas deutliche Worte verwirrten Martin. War nicht er derjenige, der hier deutliche Worte sprechen müsste? Nur machte ihn Martinas Reaktion unsicher. Wenn nicht sie, wer dann? Auf jeden Fall musste er zunächst einmal mehr erfahren. Er verabschiedete sich überhastet, verließ das AGATI-Gebäude und suchte sich eine stille Ecke im Hof. Aus seinem Notizbuch suchte er Irenes Telefonnummer und wählte sie.

»Hallo, hier Irene.«

»Hallo, hier ist Martin.«

»Ach, du.«

»Ja, ich. Erzähle mir doch bitte, was eigentlich vorgefallen ist. Ich bin total durcheinander.«

»Durcheinander? Dann frag mal, wie es der Susi geht!«

»Sag mir doch endlich, was los war!«

»Na, deine Martina hat angerufen. Und sie hat Susi von eurer Affäre erzählt.«

»Unserer Affäre? Ich glaube, ich höre nicht richtig! Ich war gerade bei Martina und die hält mich für übergeschnappt, weil ich so einen Mist erzähle. Ich habe keine Affäre mit Martina. Das ist eine Kollegin. Punkt.«

»Und deshalb ruft sie bei Susi an und fordert sie auf, dich freizugeben?« Das »freizugeben« betonte Irene besonders ironisch.

»Was für ein Quatsch. So ein Wort würde Martina überhaupt nicht gebrauchen.«

»Na, du kennst sie ja ziemlich gut, wenn du das weißt.«

»Ich habe mit ihr gearbeitet!«, schrie Martin ins Telefon. »Seid ihr denn alle durchgedreht?«

»Du kannst wieder anrufen, wenn du dich benimmst wie ein zivilisierter Mensch«, bemerkte Irene trocken und legte auf. Martin hatte gute Lust, sein Handy gegen die graue Fassade des AGATI-Gebäudes zu donnern. Stattdessen steckt er es ein und stapfte auf direktem Weg zu Martinas Büro. Die sah ihn genervt an, als er wieder in der Türe stand.

»Du hast bei Susi angerufen und ihr erzählt, wir hätten etwas miteinander.«

»Was habe ich?! Ich glaube, ich rufe jetzt mal den Betriebsarzt. Du brauchst Hilfe, Martin.«

»Hör auf mit dem Quatsch! Susis Freundin hat es mir erzählt. Du hättest Susi angerufen und ihr gesagt, sie solle mich freigeben.«

»Und dann habe ich um deine Hand angehalten, oder was?«

Martin sah Martina in die Augen. Da war überhaupt nichts von Unsicherheit oder Nervosität. Sie hielt ihn offensichtlich für durchgedreht. In ihren Augen fand er sogar eine Spur von Mitleid.

»Und ... und wer sollte das sonst gewesen sein?«, stotterte er unsicher.

»Bist du sicher, dass sie mich gemeint hat?«, fragte Martina.

»Ja, meine Kollegin Martina, hat sie gesagt. Und da gibt es nur eine, nämlich dich.«

Martina stand auf und ging zu Martin. »Sag mal, irgendjemand hat hier ganz massiv etwas gegen dich, oder?«

»Du warst es nicht?«

»Nein, ich war es nicht.« Martina legte ihre Hand auf Martins Schulter. »Komm, setz dich erst einmal. Irgendetwas ist hier oberfaul.«

»Wie erkläre ich das Susi? Die will überhaupt nicht mit mir reden.«

»Die wird sich schon wieder beruhigen.«

»Da kennst du sie schlecht. Ihr zweiter Vorname ist Eifersucht.«

»Na, Klasse. Ich gebe dir einen Tipp, so von Frau zu Mann: Lass sie erst einmal in Ruhe. Du kannst jetzt sagen, was du willst. Das wird sie überhaupt nicht hören.«

»Aber du könntest doch mit ihr sprechen. Dann hört sie, dass das nicht deine Stimme war. Sie ist bei ihrer Freundin.«

»Sehr gute Idee. Ich rufe da an und sage ihrer Freundin, da ist die Martina und ich will mit deiner Susi sprechen. Wie hoch schätzt du die Chance ein, dass ich sie an den Hörer bekomme?«

Martin griff wortlos zum Telefon und wählte Irenes Nummer, die er bereits im Kopf hatte.

»Hallo Irene, hier ist noch mal Martin.«

»Was ist denn schon wieder?«

»Ich bin hier bei Martina. Sie hat nicht angerufen. Das muss irgendjemand gewesen sein, der mich fertig machen will. Mir sind hier schon ein paar solch seltsame Dinge passiert.«

»Ach, eine böse Unbekannte?«, quittierte Irene spöttisch Martins Erklärungsversuch.

»Lass das. Martina würde auch ein paar Takte mit Susi reden. Dann hört sie ja, dass das eine ganz andere Stimme ist.«

»Und du glaubst, das bringt etwas? Diese Frau könnte doch irgendwer sein.«

Martin wurde schlagartig klar, dass es fast unmöglich war, Susi zu beweisen, dass es sich hier um eine böswillige Verleumdung handelte. Es sei denn, Susi würde ins Büro kommen und sich selbst die Kollegin Martina anschauen. Aber auch dann: Sie würde davon ausgehen, dass es in einer großen Firma wie der AGATI Dutzende von Martinas gab. Und welche davon er ihr auch immer präsentierte: Das konnte immer jemand sein, der Martin eben einfach half, seinen Kopf aus der Schlinge zu ziehen. Auch wenn ein solches Täuschungsmanöver nicht besonders realistisch wäre, Susi würde so denken. Das wusste Martin. Wie perfekt doch die Gemeinheit war, die man ihm da angetan hatte.

»Bist du noch dran?«, schreckte ihn Irenes Stimme aus seinen Gedanken auf.

»Ja ... mir ist gerade klar geworden, wie schwer es ist, zu beweisen, dass das alles ein böses Spiel ist«, murmelte Martin niedergeschlagen.

»Ganz ehrlich«, sagte Irene, »ich glaube dir auch nicht. Und Susi ist jetzt sicher nicht in der Stimmung für irgendwelche Spielchen.«

»Sag ihr einen schönen Gruß – da war wirklich nichts, und es tut mir leid, wie es ihr jetzt geht. Es wird sich alles aufklären.« Martin klang wie ein geprügelter Hund.

»Wir hören jetzt besser auf«, entschied Irene. »Ciao.«

»Tschüss«, sagte Martin und beide legten den Hörer auf die Gabel.

Bert Auer ging in die Personalabteilung und meldete sich bei Dr. Bosserts Sekretärin an.

»Einen kleinen Augenblick bitte«, sagte diese und verschwand kurz im Büro des Personalvorstands. Nach einer halben Minute kam sie wieder heraus.

»Bitte«, forderte sie Auer auf und deutete mit der Hand auf die Türe.

Er trat ein.

»Herr Auer, wie geht es Ihnen?«, fragte Bossert, der sich von seinem Sessel erhoben hatte und auf den Besprechungstisch zuging.

»Nicht schlecht«, antwortete Auer. »Die Kunden sind wie immer anspruchsvoll, der Vertrieb hält uns in Atem, aber wir schlagen uns tapfer.«

»Das freut mich zu hören. Setzen wir uns doch.«

»Danke. Allerdings bin ich mir nicht sicher, ob es Sie weiterhin freut, wenn wir fertig sind. Ich komme heute nämlich, um mich über einen Ihrer Mitarbeiter zu beschweren, Herr Dr. Bossert.«

»Was ist denn vorgefallen?«, runzelte Bossert die Stirn.

»Ihre Mitarbeiter gehen Risiken ein, die ich für unangebracht halte. Konkret geht es um ein Einstellungsgespräch, das vor kurzem stattgefunden hat.«

»Und was ist passiert?«, fragte Bossert, während er sich aus der Thermoskanne auf dem Tisch eine Tasse Kaffee einschenkte.

»Wir haben einen vielversprechenden Kandidaten hier gehabt. Er kam direkt vom Wettbewerb und hat exakt das Profil, das wir brauchen. Wir hatten gerade einen Mitarbeiter verloren und brauchten dringend Ersatz. Die Devise hieß also: auf jeden Fall einstellen.«

»Und das ist misslungen?«, fragte Bossert.

»Nein, Gott sei Dank nicht. Aber beinahe. Und bevor so etwas noch einmal passiert, möchte ich Sie lieber darüber informieren.«

»Waren Sie bei dem Gespräch dabei?«, fragte Bossert.

»Nein, einer meiner Mitarbeiter hat das für mich übernommen. Ich war auf Geschäftsreise, wollte das Gespräch aber auf keinen Fall verschieben.«

»Sehr vernünftig«, nickte Bossert.

»Jedenfalls hat mir mein Mitarbeiter erzählt, dass das Gespräch sehr gut verlaufen ist. Es war klar, dass der Kandidat der Richtige ist.«

»Und was ist dann passiert?«, fragte Bossert etwas ungeduldig.

»Ihr Mitarbeiter hat angefangen, völlig unnötig über das Gehalt zu feilschen. Er hat dem Kandidaten für die ersten sechs Monate weniger geboten als der bei seinem jetzigen Arbeitgeber hatte. Das war nun wirklich überflüssig. Er hat damit riskiert, dass uns diese Perle noch von der Schippe springt.«

»Aber wir haben ihn doch eingestellt, oder?«, hakte Bossert nach.

»Ja, das schon. Aber nicht auszudenken, wenn der Kandidat wegen dieses kleinlichen Verhaltens nein gesagt hätte. Das wäre wirklich ein immenser Schaden gewesen.«

Bossert lehnte sich zurück. »Ähnliche Geschichten höre ich öfter.«

»Also ist das Problem bekannt?«, fragte Auer erstaunt.

»Ja. Nur, dass es überhaupt kein Problem ist. Es ist wohl überlegt. Und viele Manager sind dann erstaunt, wenn wir bei Gehaltsverhandlungen für Neueinstellungen betont zurückhaltend sind.«

»Wie ... das finden Sie in Ordnung?«

»Ja. Ein Fehler war vielleicht, dass mein Mitarbeiter mit Ihrem vorher nicht darüber gesprochen hat. Aber wenn wir am Anfang zu großzügig sind – selbst wenn wir es uns leisten könnten –, dann kaufen wir uns damit große Probleme für die Zukunft ein. Und dem neuen Mitarbeiter erweisen wir einen Bärendienst.«

»Ich sehe nicht, wo darin ein Problem liegt. Der Mann war es wert und das Gehalt können wir aus unserem Budget zahlen.«

»Es ist ein beliebter Fehler, den viele Manager machen«, entgegnete Bossert:

»Sie zahlen den Mitarbeitern am Anfang zu viel Gehalt.«

Fehler 13:
Gib am Anfang zu viel Geld

Dass Mitarbeiter durch eine zu hohe Bezahlung unzufrieden werden sollen, erscheint auf den ersten Blick unsinnig. Schließlich kann kaum einer etwas gegen viel Geld haben. Trotzdem stimmt es: Dicke Anfangsgehälter lassen oft mittelfristig Frust bei den Mitarbeitern erwarten.

Ein hohes Anfangsgehalt ist für ein Unternehmen dasselbe wie der Wurm für den Angler: Ein Köder. Ein intelligenter Bewerber könnte sich angesichts eines besonders fetten Angebots fragen, weshalb das Unternehmen so viel mehr Geld an den Haken hängen muss als seine Konkurrenten. Die Wahrscheinlichkeit, dass das viele Geld als Ausgleich für Nachteile oder Schwierigkeiten dient, ist ziemlich groß. Leider sind Bewerber in der Bewerbungssituation nicht so kühl und berechnend, wie sie es sein sollten. Schnell wird im Reflex zugegriffen. Damit haben sie plötzlich einen Job, den sie ohne das dicke Gehalt nicht genommen hätten. Im Alltag zeigen sich dann die Schwierigkeiten. Während das Gehalt schnell als normal betrachtet wird, werden die damit zu kompensierenden Nachteile nicht so schnell akzeptiert: schlechtes Betriebsklima, ungünstige Arbeitsbedingungen, riesige Anforderungen. Die betroffenen Mitarbeiter fühlen sich über den Tisch gezogen.

Diese Mitarbeiter fühlen sich spätestens dann hintergangen, wenn ihr Gehaltsniveau der branchenüblichen Bezahlung angepasst wird. – Und das geschieht zwangsläufig in den meisten Firmen über kurz oder lang. In diesem Moment werden die Nachteile ersichtlich, die man durch das hohe Einstiegsgehalt in Kauf genommen hat: Die künftigen Gehaltserhöhungen fallen mager aus – viel magerer, als das der Mitarbeiter aufgrund seiner Leistungssteigerung erwartet. Es kann passieren, dass seine Leistung überhaupt keine Auswirkung mehr auf sein Gehalt hat. Das ist im höchsten Maße demotivierend. Das Gefühl, sein Gehalt kaum aktiv beeinflussen zu können, macht hilflos. Die Erkenntnis, in den Leistungsfortschritten nicht anerkannt zu werden, macht wütend. Der Mitarbeiter vergisst, dass er selbst einen Teil der Schuld trägt. Er wirft dem Unternehmen Fehlverhalten vor. Auf jeden Fall sind solche Gefühle keine guten Voraussetzungen für eine lang andauernde und frohe Mitarbeit.

Auch auf die Kollegen kann ein hohes Anfangsgehalt negativ ausstrahlen. Neid und Missgunst sind bei all denen vorprogrammiert, die mit weniger Gehalt starteten. Sie werden schon eine Gelegenheit finden, bei der sie zeigen können, dass der Neue das viele Geld nicht wert ist. Außerdem werden sie dem Unternehmen vorwerfen, es ließe sich erpressen. Das vergällt ihnen und dem Neuen die Arbeit ganz erheblich.

Was betroffene Mitarbeiter tun können

Sie haben sich beworben und von einem Unternehmen wesentlich mehr Gehalt angeboten bekommen, als Sie erwarteten? In diesem Fall müssen Sie zunächst abklären, ob Ihre bisherige Einschätzung bezüglich des Gehaltsniveaus für diesen Job richtig war. Das geht am einfachsten, indem Sie denjenigen fragen, der Ihnen das viele Geld bietet: »Wie schätzen Sie Ihre Anfangsgehälter ein? Liegen diese unter, über oder im Marktdurchschnitt?« Sofern die Antwort »über dem Markt« lautet, fragen Sie unverblümt, weshalb das Unternehmen mehr bezahlt. Wahrscheinlich werden Sie daraufhin sinngemäß hören, dass das Unternehmen die Besten wolle und dafür auch bereit sei, tiefer in die Tasche zu greifen. Sie könnten jetzt natürlich bösartigerweise fragen, ob das Unternehmen nur über viel Geld die Besten anziehen könne. Doch das verkneifen wir uns. Stattdessen fragen Sie nach, ob diese Maxime »Wir zahlen mehr als der Wettbewerber« nur für die Anfangsgehälter gilt oder für alle Gehaltsklassen. Wie viel, bitteschön, wird durchschnittlich mit fünf Jahren Berufserfahrung gezahlt? Und um wie viel Prozent liegt das über dem Branchendurchschnitt?

Schauen Sie nicht zu sehr auf das Anfangsgehalt. Betrachten Sie stattdessen immer die langfristige Perspektive. Statt von Anfang an ein dickes Gehalt zu haben kann es befriedigender sein, bei der Einstellung eine wesentliche Gehaltssteigerung nach einem Jahr auszuhandeln. Das gibt zweimal Anlass zur Freude: zum ersten Mal dann, wenn man sich bei der Verhandlung durchsetzt, und das zweite Mal nach einem Jahr, wenn die bis dahin gezeigte Leistung entsprechend honoriert wird. Durch die geringere Bezahlung sehen Sie sich auch geringerem Leistungsdruck und weniger Kollegenneid ausgesetzt.

Was aber, wenn Sie solch einen überbezahlten Job schon angenommen haben? Hier gilt die Maxime: genießen und sich nicht über die mageren Zuwächse ärgern. Schließlich sind Sie selbst mit schuld daran. Sie können natürlich versuchen, den Arbeitgeber zu wechseln. Der Neue wird Ihnen wahrscheinlich noch einige Euro auf Ihr jetziges Gehalt draufpacken. Die Frage ist nur auch hier: Ist dieses Anfangsgehalt für ihn dann noch normal?

Fazit: Auffallend hohe Anfangsgehälter sind häufig ein Anzeichen dafür, dass der Job einen Haken hat. Ein interessanter Job und die langfristige Gehaltsperspektive sind wichtiger als ein dickes Anfangsgehalt.

Oliver Knoff war beunruhigt. Der Bereich, in dem er arbeitete, der Systemsupport, wurde mit dem Softwaresupport zusammengelegt. Der Systemsupport leistete Unterstützung für die eingesetzten PCs, Drucker und Netzwerke, während sich der Softwaresupport eben vor allem um Probleme der Benutzer mit ihren Anwendungen kümmerte. Um Kosten zu sparen hatte die EDV-Leitung nun beschlossen, beide Bereiche zusammenzufassen.

Das wäre an sich kein großes Problem gewesen – Oliver erwartete nicht, dass sich sein Job ändern würde –, aber er fragte sich, wie sich das auf sein Arbeitsumfeld auswirken würde. Im Softwaresupport wurde die meiste Arbeit am Telefon geleistet. Das heißt, es kam ein Anruf von einem Benutzer, der Probleme hatte und dann wurde versucht, dieses Problem auch am Telefon zu lösen. Die Mitarbeiter dort waren in der Regel angelernte Kräfte, die auf einige Softwarepakete spezialisiert waren und nach fest vorgegebenen Frage- und Antwort-Schemata vorgingen, die die häufigsten Probleme abdeckten. Da nur wenige Probleme wirklich neu oder ungewöhnlich waren, funktionierte dieses Konzept ganz gut. Oliver konnte sich allerdings nicht vorstellen, so zu arbeiten. Er liebte die abwechslungsreichere Arbeit im Systemsupport und die Tatsache, dass er meist direkt am Ort des Problems aktiv wurde.

Oliver war reichlich nervös, als beide Bereiche zu einer gemeinsamen Versammlung geladen wurden, in der die neue Struktur vorgestellt werden sollte.

Die Versammlung fand in einem abgetrennten Bereich der Kantine statt, da die Besprechungsräume für die Menge der Mitarbeiter zu klein waren. Vorne war ein Overhead-Projektor aufgebaut und auch eine kleine Verstärkeranlage für das Mikrofon. Wohl um von Anfang an klar zu machen, dass gegen die Umstrukturierung kein Widerstand mehr zu erwarten und möglich war, sprach zuerst ein Betriebsrat von seinem heldenhaften Kampf um die Arbeitsplätze der Beschäftigten und seinem großartigen Erfolg, dass keine Kündigungen ausgesprochen würden. Nur altersbedingte Abgänge würden künftig nicht mehr ersetzt. Oliver, der nie daran gedacht hätte, dass sein Job in Gefahr sein könnte, schweifte mit seinen Gedanken etwas ab, bis er mit halbem Ohr hörte: »Und so werden wir in Zukunft eine ganz neue Zusammenstellung von Arbeitsgruppen haben, die allen sicherlich ein interessantes und reiches Arbeitsumfeld bieten wird.«

Neue Arbeitsgruppen? Oliver horchte auf. Er wollte nicht aus seinem momentan Team gerissen werden, in dem ihm das Arbeiten sehr viel Spaß machte.

Markus Tischholzer ergriff das Wort. Tischholzer war EDV-Vorstand bei der AGATI und sein Erscheinen machte klar, dass es hier nicht um ein Reförmchen ging, sondern um eine ausgewachsene Umstrukturierung.

»Meine Damen und Herren, verehrte Mitarbeiter, ich möchte Ihnen zunächst einmal für Ihre professionelle, manchmal nicht einfache Arbeit im Support danken. Die Produktivität unseres Unternehmens hängt nicht zuletzt von Ihrer Unterstützung ab.«

Oliver dachte kurz daran, eine Gehaltserhöhung zu fordern und sich dabei auf Tischholzers Aussage zu berufen.

»Heute«, fuhr Tischholzer fort, »passen wir unsere Strukturen im Support an die geänderte Welt der Informationstechnologie an. Damit tragen wir Rechnung den ...«

Oliver hatte wieder Mühe, dabei zu bleiben. Es folgten ein Schwall von mehr oder weniger richtig gebrauchten EDV-Buzzwords und ein wenig Geschwafel über die Zukunft als solche.

»... und ordnen wir die Bereiche wie folgt neu:«

Oliver war schlagartig wieder ganz Ohr.

»Die Gruppe ›Systeme‹ wird sich voll auf die eingesetzten Arbeitsplatzrechner und deren Peripherie konzentrieren.«

Oliver fragte sich, wo da die Neuerung wäre.

»Damit wird der ganze Bereich Netzwerke aus dem Systembereich herausfallen und dem ihm heute verwandteren Softwaresupport angegliedert.«

Oliver stutzte. Ihm war nicht klar, welchem Bereich er nun angehören würde. Denn bisher hatte er sowohl Unterstützung für Rechner und Drucker als auch für Netzwerkprobleme geleistet.

Es folgten wieder Ausführungen, die mehr rhetorischen als inhaltlichen Wert hatten. Dann verwies Tischholzer auf die Organigramme, die just in diesem Moment an den schwarzen Brettern der EDV-Abteilung ausgehängt würden und beendete die Veranstaltung.

Oliver machte sich sofort auf den Weg in seine Abteilung und versuchte durch die Traube von Mitarbeitern einen Blick auf die Organigramme zu werfen. Vergeblich suchte er in der Gruppe »Systeme« seinen Namen. Dann durchforstete er das Organigramme der Gruppe »Software und Netze«. Und da stand er. Oliver suchte seine alten Kollegen auf dem Blatt, fand aber keinen davon. Es schien, als würde da etwas völlig Neues auf ihn warten. Er atmete tief durch und ging in sein Büro.

Martin hatte gerade die dritte einsame Nacht in der gemeinsamen Wohnung hinter sich. Susi war noch immer nicht aufgetaucht. Mehrfach hatte er versucht, an sie heranzukommen. Aber Irene hatte ihn stets abgeblockt. Einmal hatte er Susi im Hintergrund »Er soll mich in Ruhe lassen« rufen hören. So kam er also nicht weiter. Deshalb machte er sich an diesem Samstag Vormittag auf den Weg zu Irene, um Susi persönlich zu sprechen.

Sein Herz schlug bis zum Hals, als er klingelte. Obwohl er stundenlang hin und her überlegt hatte, was er denn sagen sollte, war er zu keiner vernünftigen Strategie gekommen. Nun musste er sich eben auf seine Intuition verlassen. Ohnehin: Es kam ausschließlich darauf an, in welcher Laune Susi war. Wenn sie für ein Gespräch mit ihm offen war, dann würde sie ihm auch zuhören und er hatte eine Chance. War das nicht der Fall, konnte er sagen, was er wollte, und alles war falsch.

Irene meldete sich an der Sprechanlage. Martin kündigte sich mit zittriger Stimme an und verlangte Susi. »Moment, warte mal«, sagte Irene und die Sprechanlage war wieder stumm. Eine Minute später erschien Irene an der Haustüre.

»Wo ist Susi?«, fragte Martin, der eigentlich seine Freundin oder die Aufforderung, in die Wohnung zu kommen erwartet hatte.

»Sie ist weggefahren«, antwortete Irene. Die Situation schien ihr etwas unangenehm zu sein.

»Wie ... weggefahren? Wohin denn?«

»Ein paar Tage in die Berge.«

»Susi? In die Berge? Das klingt überhaupt nicht nach ihr. Und da ist sie ganz allein hingefahren?«

Irene räusperte sich. »Nein, nicht alleine.«

»Mit wem denn?«, fragte Martin irritiert.

»Klaus ist gekommen und hat sie getröstet. Sie hat jemand zum Reden gebraucht.«

»Klaus!«, rief Martin aus. »Und mit mir wollte sie nicht reden!«

Martin erinnerte sich an die Zeiten, in denen Susi ihm hoch und heilig geschworen hatte, dass ihr dieser Klaus nichts mehr bedeutete und sie auch nicht ihr Leben an der Seite eines selbsternannten Künstlers verbringen wollte. In Martins Hals bildete sich ein Kloß in der Größe eines Tennisballes, als er an Klaus dachte. Mit seinem pseudointellektuellen Geschwafel hatte er bei Frauen ungewöhnlichen Erfolg. Und der fuhr jetzt gerade mit seiner Freundin in die Berge. Wahrscheinlich auf irgendeine Hütte. Was da dann passieren würde, das konnte er sich schon ausmalen.

»Dieses Schwein.«

»Sei nicht ungerecht«, erwiderte Irene. »Immerhin war er da, als Susi ihn gebraucht hat.«

»Wie ein Aasgeier hat er wahrscheinlich seine Kreise über ihr gezogen, bis sein Moment gekommen ist!«, schimpfte Martin. »Wohin sind sie gefahren?«

»Sie haben es mir nicht gesagt. Sie wollten vermeiden, dass du mich ausquetscht, haben sie gesagt. Das war wohl auch richtig so.«

»Ja, absolut richtig. Damit dieser Lüstling ungestört über meine Freundin herfallen kann!«

»Sie ist nicht mehr deine Freundin«, bemerkte Irene trocken.

Martin schwieg einen Moment. »So ... ist sie das nicht mehr.« Er schluckte. »Dann ... dann gehe ich jetzt wohl besser.«

»Ja, geh jetzt besser.« Irene schloss die Türe.

Lea Richter sah Martin mit großen Augen an. Was er ihr da erzählte, das war so perfide, dass es ihre Vorstellungskraft überstieg. Martin war auf einen Tasse Kaffee zu ihr hinter den Empfang gekommen, und nun standen sie dort schon über eine halbe Stunde. Lea hatte ihre Kolleginnen gebeten, etwas zu warten, weil sie Martin nicht unterbrechen konnte und wollte.

»Wie abscheulich«, sagte sie, als Martin zum Schluss gekommen war. »Sie Armer. Und es ist jetzt absolut vorbei mit Ihrer Freundin?«

»Ja, das ist es wohl. Ich suche jedenfalls eine kleinere Wohnung für mich. Und wenn ich die Ratte erwische, die mir das angetan hat, dann ... dann ... ich weiß auch nicht. Jedenfalls will ich wissen, wer das war.«

»Es muss jemand gewesen sein, der wusste, dass Sie mit Ihrer Freundin zusammenwohnen«, meinte Lea.

»Ja, aber das ist ja kein großes Geheimnis. Das können viele sein.«

»Dieser Klaus etwa?«

Martin überlegte. Daran hatte er noch gar nicht gedacht. Doch dann schüttelte er den Kopf. »Ich traue dem wirklich viel zu. Aber das würde er nicht bringen. Wenn Susi dahinter käme, dass er bei so etwas beteiligt ist, könnte er sich einen Platz in der Intensivstation reservieren.«

Lea Richter nickte. »Damit konzentriert sich Ihr Verdacht also weiterhin auf die Firma. Haben Sie inzwischen irgendwelche Anhaltspunkte, wer hinter den anderen Dingen stecken könnte?«

»Nein, nicht wirklich. Nur einmal ist eine Sache passiert, bei der ich weiß, wer involviert war. Aber das kann auch ein Zufall gewesen sein. Eine Kleinigkeit.«

Martin erzählte von der verschwundenen Einladung zum Vertriebsmeeting und von Louisa Rieger, die diese angeblich per Memo verschickt hatte.

»Ja, das kann genauso gut ein Fehler der Hauspost gewesen sein«, bestätigte Lea. »Aber trotzdem ist es zumindest eine kleine Spur. Ich frage einmal meinen Freund Günter Wagenheimer, ob er diese Louisa Rieger kennt. Wir wissen ja auch noch nicht, woher Günters Sekretärin damals die Verleumdungen über Sie hatte.«

»Ja, gute Idee«, nickte Martin. »Sagen Sie ihm bei der Gelegenheit einen schönen Gruß von mir.«

Leas Kolleginnen erschienen in der Türe und die Kaffeepause war beendet.

»Unser erstes Meeting findet am Dienstag morgen um acht Uhr dreißig im Besprechungsraum B12 statt. Ich bitte um pünktliches Erscheinen. Bereiten Sie sich darauf vor, einige Worte zu Ihrem Erfahrungshintergrund und Ihren bisherigen Tätigkeiten zu sagen.«

Oliver notierte sich den Termin in seinem Planer. Die E-Mail war von seinem neuen Vorgesetzten. Den Namen hatte er noch nie gehört. Die Namen in der Empfängerliste waren ihm ebenfalls durchweg unbekannt. Er vermutete, dass es sich ausschließlich um Mitarbeiter aus dem alten Softwaresupport-Team handelte. Oliver hatte ein flaues Gefühl im Magen.

Am nächsten Tag um halb neun Uhr morgens saß Oliver im Besprechungsraum, zusammen mit ungefähr zwanzig neuen Kollegen, die er alle nur vom

Sehen kannte. Er nahm sich vor, alles einfach auf sich zukommen zu lassen. Ändern konnte er jetzt ohnehin nicht viel. Also hörte er sich wortlos an, dass er in einer Gruppe gelandet war, die als kleines Call-Center agierte und Probleme, die auf Fehler im Netzwerk zurückzuführen waren, lösen sollte. Es war geplant, nach dem gleichen Konzept zu arbeiten, wie beim Software-Support. Also sollte nach einem festen Frage-Antwort-Schema vorgegangen werden, um die häufigsten Fehler damit zu isolieren. Für Fehler, die außerhalb der vorgegebenen Lösungswege lagen, sollte Oliver zuständig sein.

Oliver war mit diesem Aufgabenbereich nicht unzufrieden, würde er ihm doch ausreichend interessante Tätigkeiten gewährleisten. Außerdem gefiel ihm der Status des »Mannes für besondere Fälle«.

Nach zwei Tagen, in denen Oliver vor allem mit dem Umzug seines Arbeitsplatzes beschäftigt war, begann er mit seiner neuen Aufgabe. Voller Elan stürzte er sich auf die Probleme anderer, die für ihn reizvolle Herausforderungen waren. Wie schon immer vergaß er darüber öfter einmal die Zeit und saß bis in die späten Abendstunden in seinem Büro. Insofern hatte sich nicht allzu viel geändert. Was aber neu war für ihn: Spätestens ab 17:30 Uhr war er allein. Nicht, dass ihn das besonders gestört hätte, war er doch ohnehin meist tief in die Lösung eines Problems versunken. Wenn er mal Ansprache brauchte, ging er eben zu seinen alten Kollegen von der Gruppe, die jetzt »Systeme« hieß. Nein, es störte ihn nicht sonderlich. Es war mehr Erstaunen darüber, dass man dieser doch nicht uninteressanten Tätigkeit mit so wenig Leidenschaft nachgehen konnte, wie das seine neuen Kollegen taten. Wenn auch die anderen nach Schema F vorgehen mussten, während er die harten Brocken abarbeitete: Mehr und mehr sank der Rest seiner Kollegen in seinem Ansehen.

Nach zwei Wochen fand das erste Gruppenmeeting statt. Justus Sippel, Olivers neuer Chef, hatte am Tag vorher alle gebeten, ihm ihre Tagesberichte der letzten Woche zu schicken. In diesen Berichten war jeder Support-Fall aufgezeichnet, mit der Kostenstelle des Anwenders, der Zeit, die für die Lösung gebraucht wurde und der Art des Problems. Aus diesen Berichten hatte Sippel eine kleine Statistik angefertigt, die er nun auf den Overhead-Projektor legte.

»Dies gibt uns einen Überblick darüber, was wir in der letzten Woche geleistet haben. Wir können hier auch sehen, welche Probleme am häufigsten auftreten, damit wir sie in Zukunft noch effizienter lösen können.« Sippel machte eine kleine Pause.

»Außerdem können Sie auch daran sehen, wie Sie im Vergleich zu Ihren

Kollegen liegen. Hier« – er legte eine neue Folie auf – »sehen Sie, wer wie viele Supportanfragen bearbeitet hat.« Sippel deutete auf einen der Kollegen. »Herr Maier, Gratulation zu Ihrer überragenden Leistung. Sie haben im Schnitt 22 Anfragen pro Tag aufgenommen und gelöst. Eine reife Leistung!«

Die Anwesenden klopften anerkennend auf die Tischplatte.

Oliver suchte seinen Namen auf der Liste und fand sie im letzten Drittel. Seine Leistung sah da überhaupt nicht anerkennenswert aus. Ein leichter Stich ging durch seine Magengrube, als ein Kollege gelobt wurde, der wahrscheinlich noch nie in seinem Leben mehr als 37,5 Stunden in der Woche gearbeitet hatte und in dieser Zeit auch nur Arbeit leistete, die in Olivers Augen nicht sonderlich anspruchsvoll war. Er verbot sich diesen Neid und redete sich ein, dass seine Reaktion unsinnig war. Natürlich konnte er nur erheblich weniger Aufträge abarbeiten als die anderen, schließlich bekam er ja die schwierigen Fälle.

Doch dann fuhr Sippel fort. »Ich möchte diejenigen, die sich hier im unteren Drittel wiederfinden, vor allem bitten, auf mehr Effizienz zu achten. Unsere Supportleistungen werden von den Anwendern, die ja unsere Kunden sind, nicht zuletzt daran gemessen, wie teuer sie sind.«

Oliver meldete sich zu Wort. »Manche Probleme sind aber nicht einfach zu lösen. Und die kosten dann eben mehr Zeit.«

»Das mag sein, Herr Knoff«, erwiderte Sippel, der dabei Olivers Position in der Liste betrachtete. »Aber für den Kunden spielt es keine Rolle, worin das Problem liegt. Der will schnellstmöglich eine Lösung. Und das zu erreichen, ist unser Ziel.«

Sippels Ausführung wurde vom heftigen Nicken einiger der Anwesenden begleitet. Oliver war wütend. Aber er wollte seinen Kollegen nicht noch mehr Möglichkeit geben, sich bei Sippel einzuschleimen. Deprimiert verließ er gegen Mittag das Meeting und ging hinunter zum Empfang, um einen Kaffee zu trinken.

»Wie nur von einem Tag auf den anderen aus einer vernünftigen Firma ein absoluter Mistladen werden kann!«, beschwerte sich Oliver, während er sich den Kaffeepott füllte. Martin und Lea Richter sahen ihn verwundert an. Oliver war ja sonst immer der Optimismus in Person.

»Welche Laus ist dir denn über die Leber gelaufen?«, fragte Martin.

»Ich habe euch doch von der Umstrukturierung im Support erzählt«, sagte Oliver.

»Ja«, meinte Lea. »Ja. Und dass Sie hoffen, dass sich für Sie nicht allzu viel ändert.«

»Genau«, nickte Oliver. »Bei dieser Umstrukturierung bin ich in ein neues Team gekommen.«

»Und da gefällt es dir nicht?«, fragte Martin.

»Es ist absolut schrecklich! Da sitzen nur Beamte! Die Art Kollegen, die um halb fünf den Bleistift fallen lässt. Und besondere Leuchten sind sie auch nicht.«

»Und das ist nicht auszuhalten?«, fragte Lea.

»Es ist schwer zu ertragen. Aber der Gipfel ist, dass diese Luschen dann auch groß gelobt werden. Und mich, den einzigen, der von der Materie wirklich Ahnung hat, pflaumt der Chef an. Weil ich zu langsam wäre. Dabei muss ich immer die schwierigen Fälle übernehmen. Es ist doch klar, dass das dann länger dauert!«

»Allein schon in einem solchen Umfeld arbeiten zu müssen ist schlimm«, sagte Lea. »Mit dieser Methode vergrault man jeden guten Mitarbeiter: Steck' ihn mit Pfeifen zusammen.«

Fehler 14:
Steck' sie mit Pfeifen zusammen

Der Mensch ist ein soziales Wesen. Er ist ungern allein. Auch bei der Arbeit legt er großen Wert auf menschliche Nähe und Interaktion. Ein Arbeitsplatz, der die Chance bietet, mit freundlichen, fähigen und interessanten Menschen zusammenzutreffen, hat aus Mitarbeitersicht einen riesigen Vorteil. Solch eine Stelle bietet weit mehr als nur den Broterwerb. Sie schafft Freude an der Arbeit. Die Zeit vergeht viel schneller. Fast könnte man glauben, dass man für ein Vergnügen bezahlt wird.

Der Umkehrschluss ist allerdings ebenfalls richtig: Ein Arbeitsplatz, der einen mit unfreundlichen, unfähigen, faulen, langweiligen oder negativen Menschen zusammenbringt, wird umgehend zu einer Quelle der Frustration. Gerade weil die menschliche Nähe so wichtig ist, schlagen negative Erlebnisse auf diesem Gebiet besonders stark zu Buche. Niemand will ständig mit »Pfeifen« konfrontiert sein. Und doch kommt es einem häufig so vor, als wären gerade die in der Überzahl. Für Leistungsträger ist meistens die Arbeitseinstellung und Arbeitsqualität sehr wichtig. Sie besitzen ein starkes Berufsethos. Faule, schlampige und unfähige Menschen sind ihnen aus diesem Grund ein Gräuel. Auch anmaßende, überhebliche, unfreundliche oder großmäulige Zeitgenossen verderben ihnen die Stimmung. Ebenfalls unbeliebt sind bei ihnen Menschen, die ständig Negatives ausstrahlen, denen nichts richtig gemacht werden kann und deren einzige Freude darin zu bestehen scheint, alles abgrundtief schlecht zu finden. Die Liste ließe sich noch weiter fortsetzen. Nahezu in jeder Auflistung von unsympathischen Menschen und Nieten finden sich beispielsweise Menschen, die ständig blöde Witze reißen, dampfplaudern, tratschen, hinter falschem Lob herhecheln, arschkriechen oder sich ständig unbotmäßig bauchpinseln lassen wollen.

Pfeifen finden sich überall. Es gibt unmögliche Kunden ebenso wie nicht tolerierbare Kollegen und unakzeptable Chefs. Je öfters und je näher man mit solchen Menschen in seinem Job umgehen muss, desto schlimmer wird das erlebt. Besonders schlimm ist es, wenn der Chef eine Niete ist. Zum einen kann man ihm schlecht ständig aus dem Weg gehen und zum anderen stellt jedermann an seinen Vorgesetzten instinktiv besonders hohe Ansprüche. Um so mehr ist man enttäuscht. Einer Pfeife um den Bart gehen oder sich von ihr etwas sagen lassen zu müssen, ist für Mitarbeiter besonders schmerzhaft.

Treten die Pfeifen vereinzelt und zudem isoliert auf, können die meisten Menschen einigermaßen mit ihnen leben. Anders sieht es aus, wenn die Pfeifen in der Mehrzahl sind oder besondere Positionen innehaben. So wie ein einziger fauler Apfel einen ganzen Korb von Äpfeln zum Faulen bringen kann, kann eine einzige, exponiert positionierte Pfeife das Arbeitsleben vieler Menschen vermiesen. Auch hier sind die unfähigen Chefs wieder an erster Stelle zu nennen. Die Mitarbeiter sind nämlich von ihnen zu einem guten Teil abhängig. Vom Chef falsch eingesetzt zu werden, hat schon viele Mitarbeiter an ihre Grenzen kommen lassen. Meist stellt sich niemand unfähigen Chefs ernsthaft entgegen. Im Gegenteil: Es gibt jede Menge Kollegen, die nach nichts anderem gieren, als Speichel zu lecken. Und das macht es den anderen noch unerträglicher. Nicht viel besser ist es, wenn der Meinungsführer einer Gruppe eine Pfeife ist. Mitarbeiter, die sich solchen Menschen nicht anschließen, haben für gewöhnlich in dieser Gruppe nichts zu lachen.

Für Mitarbeiter ist es frustrierend, wenn ihr Arbeitgeber ihnen Pfeifen zumutet. Noch schlimmer ist es, wenn der Arbeitgeber sich weigert, Pfeifen überhaupt als solche zu erkennen. Beispielsweise indem er einen vollkommen unmöglichen Kunden als normal darstellt und dem Mitarbeiter damit das Gefühl gibt, er habe kein Urteilsvermögen. Es ist unglaublich, wie blind sich manche Manager stellen können. Sie schauen einfach weg, wenn sich jemand daneben benimmt. Sie ignorieren es, wenn Kunden ihre Mitarbeiter anpöbeln. Sie geben vor, nichts zu merken, wenn Mitarbeiter blaumachen und schauen auch absichtlich weg, wenn Mitarbeiter den ganzen Tag nichts anderes tun, als am PC zu spielen. Ein solches Verhalten erweckt in den anderen Mitarbeitern die kalte Wut. Heiß wird diese Wut, wenn sich der Arbeitgeber gar auf die Seite der Pfeifen schlägt und beispielsweise den Mitarbeiter in einer unerfreulichen Situation mit randalierenden Kunden dazu auffordert, sich nicht so anzustellen. Gerade diese Formulierung wird täglich unzählige Male verwendet.

Was betroffene Mitarbeiter tun können

Niemand kann von Ihnen verlangen, dass Sie einen Großteil Ihrer Zeit mit unsympathischen und unfähigen Menschen verbringen. Was man allerdings verlangen kann, ist eine gewisse Professionalität. Akzeptieren Sie also, dass es in Ihrem Berufsleben immer und überall Menschen geben wird, die Ihren Ansprüchen nicht genügen. Es geht darum, dass Sie sich von diesen Leuten nicht die Laune verderben lassen und dass Sie selbst nicht negativ werden. Ferner bedeutet »professionell«, dass Sie im Umgang mit den Pfeifen freundlich und verbindlich bleiben und ihnen ansonsten so weit als möglich aus dem Weg gehen. Das gelingt Ihnen bei einem Kunden, den Sie nur gelegentlich sehen, natürlich wesentlich einfacher als bei einem Chef, der Ihnen täglich zugemutet wird. Ein Allheilmittel ist diese »Ich-lasse-mich-doch-nicht-nach-unten-ziehen«-Politik also nicht.

Auch wenn Sie über eine professionelle Einstellung verfügen, bedeutet das nicht, dass Sie sich tatenlos einer Pfeife ausliefern müssen. Sie können und sollen durchaus etwas tun. Ihre Strategie dabei hat zu berücksichtigen, um welche Art von Pfeife es sich handelt und wie stark diese in ihrem Umfeld abgesichert ist.

Häufig helfen bereits kurze Bemerkungen. Weisen Sie den Erzähler von zotigen Witzen kurz und trocken darauf hin, dass Sie diese Witze überhaupt nicht lustig finden und künftig auch nicht mehr hören möchten. Dem Dampfplauderer kann man zu verstehen geben, er solle lieber arbeiten, als nur ständig darüber zu reden. Sofern man es schafft, die Aversion aus der Stimme zu halten, sind solche Schüsse vor den Bug überraschend wirkungsvoll. Diese Schüsse können auch bei Kunden angewandt werden. Wichtig ist jedoch immer der Ton: Aggressivität wird mit Aggressivität beantwortet. Es kann also nicht in Ihrem Interesse sein, eine Pfeife anzubrüllen. Das ist völlig ineffektiv. Die freundliche, aber bestimmte Zurechtweisung bringt wesentlich mehr.

Zusätzlich empfiehlt es sich, derart unerfreuliche Personen in der Gruppe zu isolieren. Das tut man am besten, indem man mit jenen Kollegen spricht, die man auf seiner Seite glaubt. Ein gemeinsames Feindbild schweißt auch die Gruppe zusammen. Viele Abteilungen werden vor allem dadurch zusammengehalten, dass keiner den Chef leiden kann. Die Strategie der Isolierung funktioniert allerdings nicht, wenn die Pfeife eine starke Lobby hat.

Hat die Pfeife einen großen Einfluss auf Ihre Arbeit, sollten Sie mit ihr direkt darüber sprechen, wie Sie sich eine Zusammenarbeit vorstellen. Sprechen Sie sachlich jene Tatbestände an, die für Sie nicht akzeptabel sind. Machen Sie konkrete Vorschläge für die künftige Interaktion. Sie brauchen der Pfeife ja nicht zu sagen, dass Sie ihr nichts zutrauen oder dass Sie sie nicht leiden können. Eine andere glaubwürdige Begründung zu finden sollte nicht schwer fallen.

Sie können natürlich auch mit jenen sprechen, die Einfluss auf die Pfeife haben. In erster Linie mit deren Chef. Teilen Sie auch ihm sachlich mit, was Ihnen nicht gefällt und was abgestellt werden muss, damit eine gute Zusammenarbeit möglich ist.

Und was machen Sie, wenn Ihr Chef eine Pfeife ist? Am besten das gleiche, was Sie tun sollten, wenn Sie keine Chance haben, mit Ihren Maßnahmen die Pfeifen in ihre Schranken zu verweisen: Suchen Sie sich andere Kollegen und einen anderen Chef. Ab einem gewissen Punkt lohnt es sich nämlich nicht, Aufwand in die Umerziehung anderer Menschen zu stecken. Diese Energie setzen Sie wesentlich besser für den Aufbau und die Pflege neuer Beziehungen ein.

Fazit: Man kann Pfeifen schlecht aus dem Weg gehen – es gibt sie überall. Eine gewisse professionelle Einstellung Ihrerseits ist deshalb zwingend notwendig. Wenn die Pfeifen jedoch zu übermächtig werden, sollte man entweder aktiv werden oder sich neue Kollegen in einer anderen Abteilung oder Firma suchen.

»Ich sollte wohl besser versuchen, mich wieder in den alten Bereich zurückversetzen zu lassen«, sagte Oliver. »In diesem Team werde ich mit Sicherheit nicht alt.«

»Ja, mach das«, stimmte Martin zu. »Das klingt ja schrecklich.«

»Ich habe übrigens Neuigkeiten«, kündigte Lea an. »Ich habe mit Günter Wagenheimer gesprochen. Und tatsächlich: Seine Sekretärin geht mit dieser Louisa Rieger regelmäßig in die Kantine. Die beiden scheinen sich ganz gut zu kennen. Ich habe das Gefühl, da sind wir auf der richtigen Fährte.«

»Toll!«, freute sich Martin. »Nur, welches Interesse sollte denn eine wildfremde Sekretärin daran haben, mich fertig zu machen?«

»Das weiß ich auch nicht«, sagte Lea. »Aber vielleicht ist sie ja nur Verteilerin der Gerüchte und es steckt im Endeffekt jemand anderes dahinter.«

»Zunächst einmal müsste man sich sicher sein, dass es wirklich sie war, die die Gerüchte weitergegeben hat«, meinte Oliver.

»Stimmt«, nickte Martin.

»Wie sieht sie denn aus?«, fragte Oliver mit schelmischem Blick.

»Willst du etwa bei ihr spionieren?«, lachte Martin. »Sie sieht verdammt gut aus. Wenn sie dich ansieht, bekommst du wacklige Knie.«

»Das ist doch genau mein Fall! Was meinst du, soll ich mal versuchen, mich an sie heranzupirschen?«

»Und dann?«

»Dann erzähle ich ihr beiläufig davon, dass ich dich kenne und warte, ob sie mir Gerüchte über dich auftischt.«

»Das ist gar nicht so dumm«, nickte Lea Richter. »Es muss zwar nicht sein, dass sie darauf hereinfällt, aber eine kleine Chance besteht immerhin. Und unser Oliver ist bei den Damen ohnehin immer gern gesehen.«

»Danke, das geht wieder mal runter wie Öl! Ich versuche, an sie heranzukommen.«

»Viel Glück!«, wünschte Martin.

Bert Auer hatte sich entschieden, in Zukunft vorausschauender zu handeln. Der Absprung von Giovanni hatte ihn überrascht, und bis Max Fuchs, sein Nachfolger, endlich seinen Posten antreten würde, klaffte eine Lücke. Deshalb wollte Auer ein kleines Nachwuchsprogramm aufsetzen. Er stellte sich vor, direkt an der Universität nach guten Nachwuchskräften Ausschau zu halten, und stets zwei davon in Praktika zu beschäftigen. Damit stünde immer ein gewisses Reservoir zur Verfügung, aus dem er sich dann bei Bedarf bedienen konnte.

Die fachlichen Anforderungen waren für Universitäts-Absolventen nicht sonderlich hoch. Man musste nur Leute finden, die willens waren, nach ihrem Studium auch einen Schraubenzieher in die Hand zu nehmen, statt nur am Computer zu sitzen und zu konstruieren. Leider hatte Auer überhaupt keinen Bezug zu Universitäten – er selbst hatte sein Berufsleben als Feinmechaniker begonnen und sich dann hochgearbeitet. Mit der Zeit war die Technologie aber so komplex geworden, dass man ohne ein Maschinenbau- oder Elektrotechnik-Studium keine Chance mehr hatte, den Job zu machen. Also hatte Auer eine Idee: Er würde seinen Trainee nutzen, um an der Universität für AGATI zu werben. Leider hatte er das Gefühl, dass der Trainee, Martin Guter, ihn nicht mochte. Es war ihm zwar unverständlich, aber so sah es nun einmal aus. Also beschloss er, Heiko Eisenschwert die Aufgabe zu übertragen, Martin anzuleiten. Die beiden schienen sich recht gut zu verstehen und für Eisenschwert war es ohnehin an der Zeit, Führungsaufgaben zu erlernen. Also rief Auer Eisenschwert zu sich.

»Herr Eisenschwert, ich habe wieder einmal eine Sonderaufgabe für Sie, nachdem Sie die Einstellung von Herrn Fuchs ganz gut über die Bühne gebracht haben. Sie betreuen doch zur Zeit Herrn Guter, unseren Trainee.«

»Ja«, antwortete Eisenschwert, »wenngleich es momentan nicht einfach ist, ihn zu beschäftigen. Für die Technik hat er nicht das rechte Händchen. Da fehlt es ihm an Talent. Er ist eben doch ein Betriebswirtschaftler.«

»Ja, das kann ich mir gut vorstellen. Aber ich glaube, ich habe eine Lösung für dieses Problem.«

»Und wie sieht die aus?«, fragte Eisenschwert neugierig.

»Ich möchte eine Art Trainee-Programm im Kleinen aufsetzen. Um in Zukunft Ressourcen-Mängel schneller beheben zu können, will ich hier ständig ein oder zwei Praktikanten haben, die wir nach Bedarf relativ kurzfristig übernehmen können.«

»Gute Idee«, stimmte Eisenschwert zu. »Und wie sollen wir an die Leute herankommen?«

»Wir gehen direkt an die Universität. Und da kommt unser Herr Guter ins Spiel. Ich möchte, dass er ein Programm für Öffentlichkeitsarbeit an der Universität aufsetzt. Das muss nichts Großes sein. Eher ab und zu eine Präsentation vor Ort oder ein Tag der offenen Türe in unserer Abteilung. Etwas in diesem Stil.«

»Glauben Sie, dass Guter der Richtige dafür ist?«, fragte Eisenschwert. »Er hat ja Probleme, die Technologie richtig zu verstehen.«

»Mag sein«, nickte Auer. »Aber mir geht es vor allem darum, dass jemand herausfindet, wo und wie wir die Leute ansprechen. Er muss ja nicht die Vorträge halten, das machen wir. Aber er soll dafür sorgen, dass überhaupt welche stattfinden. Verstehen Sie? Wenn einer weiß, wer die richtigen Ansprechpartner an der Universität sind, dann doch er. Er kommt doch gerade von da.«

»Da haben Sie recht. Und wie soll das funktionieren? Soll ich ihn einfach zur Uni schicken?«

»Nein, entwickeln Sie zunächst einen Schlachtplan mit ihm. Und dann soll er losmarschieren und das umsetzen. Er ist noch drei Wochen bei uns. In dieser Zeit sollten zumindest noch erste Gespräche mit der Universität stattfinden. Also keine Trödelei, sondern alles mit einem ganz straffen Zeitplan.«

»Gut, ich kümmere mich darum«, sagte Eisenschwert.

»Ich verlasse mich auf Sie«, verabschiedete ihn Auer.

Eisenschwert setzte sich direkt im Anschluss an das Gespräch mit Martin zusammen. Er war froh, dem Trainee einmal eine echte Aufgabe bieten zu können. Deshalb präsentierte er Martin den Auftrag zunächst als seine eigene Idee.

Als Eisenschwert die Grundzüge des Konzepts erklärt hatte, freute sich Martin.

»Tolle Aufgabe! Ich mache mich gleich daran, eine Liste möglicher Aktivitäten aufzuschreiben.«

»Und notieren Sie zu jeder Aktivität auch den Ansprechpartner, den wir dafür kontaktieren müssen«, riet Eisenschwert.

»Ja, das sowieso«, nickte Martin.

»Sie trauen sich das also zu?«, versicherte sich Eisenschwert noch einmal.

»Ja, sicher. Ich weiß ja noch, wo andere Firmen bei uns in der Universität angesetzt haben, um Nachwuchs zu rekrutieren. Es ist sicher nicht dumm, diese Stellen auch selbst anzugehen. Und ich kenne noch ein paar Leute aus den Fachschaften. Da wird es sicher nicht schwer, Kontakte zu den E-Technikern und Maschinenbauern herzustellen.«

»Ja, aber sagen Sie mir immer vorher Bescheid, wenn Sie jemanden ansprechen«, forderte Eisenschwert.

»Jedes Mal?«, fragte Martin nach. »Auch, wenn ich nur ein paar alte Freunde dort anrufe?«

»Sicher ist sicher. Wir wollen von Anfang an mit den richtigen Leuten sprechen.«

»Na ja, wenn Sie meinen ...«

»Gut, dann fangen Sie an!«

Martin setzte sich hin und schrieb erst einmal auf, welche Aktivitäten er für sinnvoll hielt. Er hatte vor, diese Liste mit Leuten an der Uni zu diskutieren, um herauszubekommen, welche dieser Ideen denn überhaupt erfolgversprechend oder sinnvoll waren.

Gegen fünf Uhr Nachmittag erschien auf einmal Martina in seinem Büro. Entgegen ihrem sonst forschen Auftreten schlich sie diesmal eher in den Raum. Dabei sah sie sehr trübsinnig aus. Selbst ihre roten Haare schienen weniger zu leuchten als sonst.

»Hallo Martina!«, freute sich Martin zunächst – bis ihm Martinas trauriger Blick auffiel. »Was ist denn mit dir los?«

»Ich brauche heute Abend jemand, der sich mit mir besäuft«, antwortete Martina trocken. »Hast du Lust?«

»Zum Besaufen? Na ja ... auf ein Bier jedenfalls gerne. Wann denn? Und vor allem: Warum willst du dich denn betrinken?«

»Das erzähle ich dir dann. Wie sieht es so um sieben Uhr, unten vor dem Haupteingang, aus?«

»Lass mich vorher noch kurz heimfahren. Ich würde mir gerne noch etwas Bequemeres anziehen, okay?«

»Gut. Dann acht Uhr in der Kneipe hier schräg gegenüber.«

»Ja, treffen wir uns dort.«

»Bis dann.« Martina schlich von dannen.

Martin wunderte sich eine Weile über Martinas Laune und machte sich dann wieder über seine Liste her.

Um halb sieben fuhr er heim, in die halb verwaiste Wohnung. Es versetzte ihm nach wie vor einen Stich, die Türe aufzumachen und zu wissen, dass die Frau, deren Habseligkeiten hier überall herumlagen, mit einem anderen Urlaub machte. Im Briefkasten lag neben den üblichen Rechnungen ein handschriftlich adressierter Brief. Susis Handschrift. Martin ging schnell in die Wohnung und riss den Brief auf. Er las:

Martin,
was Du mir angetan hast, kann ich Dir nicht verzeihen. In den nächsten Tagen wird sich jemand bei Dir melden, um meine Sachen abzuholen. Klaus kümmert sich um mich. Ohne ihn hätte ich das nicht überstanden.
Adieu
Susi

Der lapidare Tonfall des Briefes machte Martin sprachlos. Aber was sollte er sich wundern: Das war der Tonfall einer verletzten Frau. Dass sie gleich Nägel mit Köpfen gemacht hatte und sich diesem Klaus an den Hals geworfen hatte, rief in Martin trotzdem eine Mischung aus Wut und Verzweiflung hervor.

»Dieses miese Schwein!«, schimpfte er laut über Klaus. Dann erinnerte er sich wieder an den Grund des ganzen Dramas und schwor sich, den oder die Verantwortlichen zu finden. Martina hatte er nicht mehr im Verdacht. Er traute ihr so etwas einfach nicht zu und konnte auch kein Motiv bei ihr entdecken. Da fiel ihm wieder ein, dass sie sich ja heute Abend besaufen wollte. Gut, das wollte er jetzt auch. Er zog sich schnell um und rief bei der Taxizentrale an, um einen Wagen zu bestellen.

Die Kneipe schräg gegenüber der AGATI-Zentrale war alles andere als ein Ort, an dem man gepflegt »den Absacker« nimmt. Die Besitzerin, eine Mittfünfzigerin mit langen roten Fingernägeln, auf denen kleine silberne Sternchen klebten, hatte dort die Herrschaft über ein Dutzend meist männlicher Gäste, die wohl alle nur das Ziel kannten, den letzten Tag zu vergessen und den nächsten Tag mit Kopfschmerzen zu beginnen. Martina wartete bereits vor der Türe, als Martin kam. Sie gingen hinein und suchten sich einen Platz im hintersten Eck des eher schummrig beleuchteten Etablissements. Dort an der Wand war eine Art Klapptisch befestigt, an dem zwei Barhocker standen.

»Ein Bier?«, fragte Martin.

»Ich brauche zunächst einmal etwas richtig Starkes«, meinte Martina.
»Haben die hier Drinks?«

Martin ging zur Theke und erkundigte sich nach Mixgetränken. Da diese Anfrage erwartungsgemäß abschlägig beschieden wurde, kam er mit zwei Bieren und dazu zwei Calvados wieder zum Tisch zurück. Er verscheuchte einen Betrunkenen, der sich Martina nähern wollte, und die beiden hoben das Calvados-Glas.

»Auf dieses Scheißleben«, prostete Martina Martin zu.

»Genau auf das«, nickte Martin. Beide kippten ihr Glas und spülten mit Bier nach.

»Jetzt erklär' mir aber mal, warum du dich eigentlich betrinken willst«, sagte Martin.

»Mir ist mein Freund abhanden gekommen. So wie anderen ihre Sonnenbrille oder ihr Regenschirm abhanden kommt, so ist es bei mir mit den Männern.«

»Der Berufsschullehrer?«, erinnerte sich Martin.

»Ja, der.« Martina nahm einen kräftigen Schluck.

»Welcome to the Club«, sagte Martin und leerte sein Glas. »Ich habe heute den Abschiedsbrief von Susi bekommen.«

»Dann hole ich am besten noch eine Runde«, beschloss Martina und ging zur Theke.

Dieses Ritual wiederholte sich noch diverse Male. Bis gegen Mitternacht zwei gänzlich entspannte und der Vernunft beraubte Menschen zusammen zu Martin fuhren und sich dort gegenseitig ihre Wunden leckten.

»Wie weit sind Sie denn mit der Liste?«, begrüßte Heiko Eisenschwert am nächsten Morgen einen mühsam mit der Aufrechterhaltung seiner Lebensfunktionen beschäftigten Martin.

»Ich habe eine Liste von Aktivitäten zusammengestellt, die ich für Erfolg versprechend halte«, nuschelte Martin. »Aber ich möchte erst einmal mit ein paar Leuten von der Uni sprechen, ob die das auch so sehen.«

»Nein, lassen Sie uns zuerst durch die Liste gehen«, lehnte Eisenschwert Martins Vorschlag ab. Er setzte sich zu Martin und ging jeden Punkt einzeln durch, stellte manche in Frage, ergänzte andere. Martin war leicht genervt, konnte aber nicht sagen, ob das nun an Eisenschwert, an seinen Kopf-schmerzen, seiner Übelkeit oder an allem zusammen lag. Oder vielmehr an der nagenden Frage, wie er wohl Martina an diesem Tag begrüßen sollte.

»Es ist doch viel zu früh, das schon so intensiv zu diskutieren«, wehrte sich Martin gegen Eisenschwerts Pedanterie. »Lassen Sie mich lieber zuerst mit Freunden an der Uni darüber sprechen. Dann kann ich das ein oder an-dere vielleicht ohnehin streichen.«

»Mit wem wollen Sie dort sprechen?«, wollte Eisenschwert wissen.

»Das weiß ich selbst noch nicht«, gestand Martin. »Ich werde einfach durch mein Notizbuch gehen, Telefonnummern heraussuchen und alte Freunde fragen.«

»Sagen Sie mir dann, mit wem Sie darüber sprechen wollen«, schlug Ei-senschwert vor.

Martin fragte nicht mehr, wozu das gut sein sollte und nickte in der Hoff-nung, endlich in Ruhe arbeiten zu können.

Eine halbe Stunde später hatte er die Telefonnummern gefunden, nach de-nen er gesucht hatte. Er ging zu Eisenschwert und legte sie ihm hin. »Das sind die Bekannten von der Uni, mit denen ich jetzt sprechen möchte.«

»Was wollen Sie diese Bekannten fragen?«

»Na, ob sie meine Ideen für realistisch halten.«

»Und was für Leute sind das? Welche Funktionen haben sie an der Uni-versität?«

»Das weiß ich doch selbst nicht genau. Dort ändert sich alles ziemlich schnell.«

»Gut, dann rufen Sie sie an. Sagen Sie mir dann gleich Bescheid, was da-bei herausgekommen ist.«

»Ja«, nickte Martin, mittlerweile extrem genervt. Er sah auf die Uhr und entschied, dass er versuchen sollte, ob er bereits Kaffee bei sich behalten konnte. Außerdem hatte er das Gefühl, eine Weile unter andere Leute kom-men zu müssen. Er fuhr mit gemischten Gefühlen in der Magengegend ins Erdgeschoss und war froh, im Pausenraum hinter dem Empfang Lea Richter und Oliver Knoff anzutreffen.

»Oh, oh«, bemerkte Oliver, als er Martin sah. »Das sieht mir nach einem schweren Einsatz am Vorabend aus.«

»Das kannst du laut sagen. Bier und Calvados. Eine absolut tödliche Mi-schung.«

»Ich bekomme ja schon Kopfschmerzen, wenn ich das nur höre«, sagte Lea und verzog ihr Gesicht.

»Aber es gibt noch etwas Schlimmeres«, sagte Martin. »Nämlich in diesem Zustand zu Tode genervt zu werden. Von einem Chef, der einem jeden Handgriff bis in kleinste Detail vorschreiben will und jede Bewegung kontrolliert.«

»Um davon genervt zu sein, muss man keinen Kater haben«, erklärte Lea. »Was Sie da beschreiben, ist eine regelrechte Seuche in großen Unternehmen:«

Fehler 15:
Vertraue deinen Mitarbeitern nie
(Betreibe Micro-Management)

Das Schlimmste an einem Gefängnis soll ja nicht das Eingesperrtsein an sich sein. Was Gefangene wirklich plagt und ihre Persönlichkeit oft verändert, ist die Erfahrung der vollständigen Fremdkontrolle. Ihr Tagesablauf ist bis ins Kleinste vorgeschrieben. Jeder einzelne Schritt wird von vielen Augen penibel überwacht. Abweichungen sind kaum möglich. Falls doch, werden sie bemerkt und umgehend bestraft. Selbst in seinen privatesten Räumen kann sich ein Gefangener nicht vor Überwachung sicher fühlen. Spontankontrollen sind jederzeit und jederorts möglich. Das Gefühl, nichts mehr selbst entscheiden und nichts aus eigenem Willen heraus durchführen zu können, verändert Menschen – und manche zerbricht es auch.

Was das mit der Situation von Beschäftigen in Unternehmen zu tun hat? Sehr viel!

Zahlreiche Chefs scheinen in einem früheren Leben nämlich Gefängniswärter gewesen zu sein. Sie haben die Prinzipien der Fremdkontrolle derart verinnerlicht, dass man bei jedem ihrer Schritte noch das Klirren des Schüsselbundes zu hören glaubt. Sie behandeln ihre Mitarbeiter, als seien sie gemeingefährliche Schwerverbrecher, die man ständig unter Kontrolle halten muss und denen man niemals vertrauen darf. Sie mischen sich ständig und in jeder Phase in deren Arbeit ein. Gleichgültig ob Planung, Entscheidung, Ausführung oder Kontrolle: Sie sind immer präsent und kümmern sich selbst um jedes Detail. Sie wissen alles – und alles besser. Selbst bei relativ unbedeutenden Sachen löchern sie ihre Mitarbeiter mit tausend Fragen. Solange sie etwas nicht selbst vollständig verstanden haben, fühlen sie sich nicht wohl. Nicht nur das Ziel, sondern auch der genaue Weg dorthin wird von ihnen festgelegt – und ständig überprüft. Diese Chefs betreiben Micro-Management. Managen also selbst noch das kleinste und auch oft das unwichtigste Detail. Viele von ihnen verlangen, dass die gesamte Eingangspost über ihren Tisch geht. Auch darf kein Dokument ohne ihre Unterschrift die Abteilung verlassen. Sie versuchen alle Entscheidungen auf ihrem Schreibtisch zu bündeln. Jeder Atemzug muss genehmigt werden – möglichst mit Entscheidungsvorlagen. Über Entscheidungen ihrer Mitarbeiter – soweit diese überhaupt so etwas wie Entscheidungsspielraum haben – gehen sie hinweg wie ein Panzer. Sie sagen, was Sache ist und damit basta. Da er nicht ständig präsent sein kann, erlässt dieser Cheftyp viele Regeln, die auch während seiner Abwesenheit eine strikte Kontrolle gewährleisten sollen.

Bei den Mitarbeitern löst ein solches Verhalten eine Flut von Gefühlen aus. Wenn sich ein Chef in Dinge einmischt, die nach dem Verständnis des Mitarbeiters in die eigene Kompetenz fallen, ist das zunächst einmal nur ärgerlich. Wenn er das ständig tut, verdichtet sich dieser Ärger mittelfristig zu handfestem Frust. Häufig kommt Verunsicherung hinzu. Diese wird mit der Zeit immer stärker. »Hat der Chef etwa Recht? Brauche ich wirklich diese enge Führung? Kann man mir wirklich nicht vertrauen?« Die Freude an der Arbeit geht verloren. Der Mitarbeiter geht nur noch zur Arbeit, um seine Brötchen zu verdienen. Langfristig verunselbstständigt eine solche Micro-Management-Umgebung den Mitarbeiter. Er gewöhnt sich daran, dass der Chef alles kontrolliert, und verlernt, etwas selbstständig zu tun. Wenn die Einmischung des Chefs einmal fehlt, fühlt er sich plötzlich unsicher. Je länger ein Mitarbeiter unter diesen Bedingungen arbeitet, desto größer werden diese Selbstzweifel und diese Unsicherheit. Der Mitarbeiter bekommt Angst davor, in einem anderen Bereich oder Unternehmen arbeiten zu müssen, in dem er plötzlich wieder selbst Entscheidungen treffen und die Verantwortung tragen müsste. Weil er sich dem nicht mehr gewachsen fühlt, hat er auch Angst, seinen Arbeitsplatz zu verlieren. Darauf, dass er selbst noch einmal den Arbeitgeber wechseln könnte, kommt er dann schon gar nicht mehr.

Was betroffene Mitarbeiter tun können

Mischt sich Ihr Chef ständig in Ihre Arbeit ein?

Das ist unangenehm. Allerdings sollten Sie sich vergegenwärtigen, dass Ihr Chef damit gemeinhin ein viel größeres Problem hat als Sie. Die Neigung zum Micro-Management ist für ihn nämlich ein Fluch. So etwas wie ein krankhafter Waschzwang. Solange er sich nicht davon lösen kann, wird er kaum weiter Karriere machen können. Denn höher angesiedelte Jobs sind Micro-Managern normalerweise verschlossen. Er weiß und ahnt das auch. Doch er tut sich so schwer, sich nicht einzumischen.

Für Sie als Betroffener zählen aber natürlich in erster Linie Ihre eigenen Interessen. Und die besagen ganz deutlich, dass Sie Freiraum zum Atmen und Arbeiten benötigen. Deshalb müssen Sie das Thema angehen und damit beginnen, Ihren Chef zu erziehen.

Ob Sie an dem Verhalten Ihres Chefs etwas ändern können, hängt vor allem von den Ursachen ab, die diesem Verhalten zugrunde liegen. Am einfachsten ist es, wenn Ihr Chef aus falscher Fürsorglichkeit handelt. Wenn er Sie also im Grunde genommen entlasten und unterstützen will. In diesem Fall kann ein klärendes Gespräch oft Wunder wirken. Sofern aber krankhaftes Misstrauen der Grund für das Chefverhalten ist, sind die Chancen für eine schnelle Besserung schlecht. Alle anderen Fälle liegen bezüglich der Einflussmöglichkeiten zwischen diesen beiden Polen.

Sie müssen sich klar darüber sein, dass dem Verhalten Ihres Chefs zumeist eine unbewusste Angst zugrunde liegt. Er fürchtet sich vielleicht davor, die Kontrolle zu verlieren, Ihnen oder anderen ausgeliefert zu sein. Oder er ist sehr unsicher und tut alles, um für sich so viel Sicherheit wie möglich zu gewinnen. Vielleicht will er durch sein Auftreten aber auch nur seine eigenen Schwächen verbergen. Vielleicht war das Gebiet, auf dem Sie tätig sind, früher sein eigenes Spezialgebiet und er kann es nicht loslassen – aus Angst, dadurch eine vermeintlich sichere Rücksprungbasis zu verlieren. Oder er konzentriert sich deshalb so auf Ihr Themengebiet, weil er Angst davor hat, sich auf andere, ihm unbekanntere Sachgebiete vorzuwagen.

Der Umgang mit Ängsten ist deshalb so schwierig, weil sie irrational sind und sich deshalb rationalen Argumenten weitgehend verschließen. Um die Angst Ihres Chefs herabzumildern, müssen Sie ihm deutlich machen, dass ihm durch weniger Einmischung in Ihre Arbeit keine Gefahr entsteht. Der erste Schritt ist stets ein persönliches Gespräch. Sie müssen zunächst klar zum Ausdruck bringen, dass Sie mit der jetzigen Situation unzufrieden sind. Lassen Sie dabei Ihren Gefühlen freien Lauf. Reden Sie darüber, wie es in Ihnen aussieht. Ihr Chef soll ruhig von Ihren negativen Gefühlen geschockt sein. Je stärker er auf der Gefühlsebene betroffen ist, desto eher wird er – ebenfalls auf der Gefühlsebene – bereit sein, sich mit Ihren Forderungen überhaupt einmal ernsthaft auseinander zu setzen. Als nächstes müssen Sie dann den zum Arbeiten notwendigen Freiraum einfordern. Formulieren Sie genau, was Sie möchten. Es ist sinnvoll, sich dabei zunächst auf ein Teilgebiet oder auf eine Aufgabe zu beschränken. In diesem Moment kommt wahrscheinlich bereits wieder die Angst Ihres Chefs zurück. Um ihr keine Chance zu geben, müssen Sie Ihrer Forderung sofort Beschwichtigungen folgen lassen. Bieten Sie von sich aus an, den Prozess zunächst noch (»bis wir beide der Meinung sind, dass das nicht mehr nötig ist«) in Meilensteine aufzuteilen und Kontrollpunkte zu definieren, zu denen Sie Ihrem Chef regelmäßig berichten. Auf diese Weise hat Ihr Chef das Gefühl, noch involviert zu sein. Zum Abschluss des Gespräches müssen Sie noch einmal bestärken, dass dieses Gespräch wichtig war und sowohl für Sie als auch für ihn künftig eine Arbeitserleichterung verspricht.

Nach einer solchen Vereinbarung ist es äußerst wichtig, dass Sie die Kontrollpunkte und Meilensteine einhalten. Berichten Sie Ihrem Chef anfangs lieber zu häufig über den Stand der Arbeit als zu wenig. Er muss die notwendige Sicherheit gewinnen. Wenn das der Fall ist, können Sie nach und nach immer mehr Aufgaben an sich heranziehen.

Seien Sie darauf gefasst, dass es sich um einen langwierigen Prozess handelt, der nicht mit dem ersten Gespräch erledigt sein wird. Sie werden immer wieder mit Rückfällen konfrontiert sein. Ihr Chef kann einfach nicht so schnell aus seiner Haut. Er wird also immer wieder in Ihren Verantwortungsbereich einzugreifen versuchen. Wenn dies geschieht, müssen Sie es sofort zur Sprache bringen. Natürlich niemals vor anderen Leuten. Zeigen Sie Ihre Verletzung und erinnern Sie ihn an Ihre Vereinbarung. Machen Sie ihm auch deutlich, dass Sie auf die Einhaltung dieser Vereinbarung pochen. Sie halten sich an Ihren Teil, da soll er sich gefälligst auch an den seinen halten.

Wenn Sie davon ausgehen können, dass Ihr Chef große Angst davor hat, Sie zu verlieren, können Sie auch versuchen, diese Angst gegen die andere Angst einzusetzen. Den Teufel mit dem Beelzebub auszutreiben. Das kann allerdings auch in die Hose gehen. Nämlich dann, wenn die Angst des Chefs, Sie zu verlieren, kleiner ist als seine Angst vor Kontrollverlusten. Wenn Sie dann zu deutlich mit Ihrer Kündigung gedroht haben, müssen Sie wohl oder übel die Konsequenzen ziehen und gehen. Andererseits ist das auch kein Drama. Denn bei einem Chef, der nur mit einer Gefängniswärtermentalität managen kann, macht das Arbeiten ohnehin keinen Spaß. Sofern Sie also keine Ansätze für eine Besserung sehen, sollten Sie sich nach einem anderen Chef umsehen. Denken Sie daran: Im Gegensatz zu einem Gefangenen können Sie Ihre Umgebung wählen. Tun Sie es also.

Fazit: Jeder Job sollte Raum für Eigenverantwortung haben. Chefs, die einem das nicht zugestehen, sind es nicht wert, dass man für sie arbeitet.

»Meinen Sie, ich soll Eisenschwert einfach sagen, dass es so nicht funktioniert?«, fragte Martin.

»Ja, tun Sie das. Wahrscheinlich ist er sich einfach unsicher, wie viel Anleitung und Kontrolle richtig ist. Warum ihm nicht helfen?«

»Ich versuche es«, versprach Martin, der sich ganz nebenbei darüber freute, bereits wieder Kaffee zu vertragen. Dann wandte er sich an Oliver. »Warst du inzwischen schon bei dieser Sekretärin? Dieser Frau Rieger?«

»Nein, in dem Job, den ich jetzt habe, ist es nicht mehr so einfach, ohne Grund irgendwo etwas zu machen. Ich bin da in ein ganz enges Korsett eingezwängt. Ich hoffe aber, dass ich es in den nächsten zwei Wochen schaffe. Ich verspreche es.«

»Ja, das liegt mir wirklich am Herzen«, sagte Martin. »Ich will wissen, wer hinter alldem steckt.«

Martin machte sich wieder auf den Weg in sein Büro. Nein, da war noch etwas zu erledigen. Er fuhr mit dem Aufzug zur EDV-Abteilung. Dort trottete er einen Gang entlang. Kurz bevor er bei Martinas Büro angelangt war, blieb er noch einmal stehen. Er atmete tief durch. Martin wusste überhaupt nicht, was das Ziel seines Besuches war. Aber er fand es angebracht, am Tag, nachdem man miteinander geschlafen hatte, zumindest hallo zu sagen. Etwas beschäftigte ihn dabei, er konnte aber nicht sagen, was. Er würde es schon noch herausbekommen.

Martin klopfte an die offene Bürotüre – was er bei Martina noch nie gemacht hatte – und blieb dort stehen. Martina sah auf und errötete augenblicklich. Jede Reaktion hätte Martin erwartet, nur nicht diese.

»Hallo«, sagte er und es klang bei weitem nicht so locker wie geplant.

»Hallo«, grüßte Martina gleichermaßen verlegen.

»Wie geht's?«, fragte Martin, nur um etwas zu sagen.

»Ganz gut. Und dir?« Martina schien als erste die Fassung wieder zu gewinnen, was Martin etwas ärgerte.

»Auch ganz gut. Etwas verkatert.« Martin deutete auf seinen Kopf, der sich zwar schon etwas besser anfühlte als frühmorgens, aber immer noch schmerzte. Sein Herzklopfen hatte das Pochen darin sogar wieder etwas verstärkt.

Es entstand eine kleine Pause.

»Das gestern …«, begannen plötzlich beide gleichzeitig, um sofort wieder abzubrechen, da jeder gern dem anderen den Vortritt lassen wollte.

»Wir waren einfach betrunken«, erlöste Martina dann beide.

»Ja, das waren wir. Aber sonst ist alles wie vorher?«

»Genau«, nickte Martina. Wieder entstand eine Pause.

»Dann ... gehe ich mal wieder an die Arbeit«, beschloss Martin das Gespräch.

»Tu das«, lächelte ihn Martina an.

Heiko Eisenschwert war ein allein stehender Mann. Um so wichtiger waren ihm seine Freunde und sein Hobby, das schon mehr eine Passion war: der Sportverein seines Heimatortes im Norden Frankfurts. Man sah Eisenschwert nicht mehr an, dass er einmal selbst als Fußballer aktiv gewesen war. Das war auch schon eine ganze Weile her. Aber er hatte sich nicht wie so viele aus dem Verein zurückgezogen, als seine aktive Zeit mangels Beweglichkeit beendet gewesen war. Nein, Eisenschwert liebte das, was andere vielleicht als Vereinsmeierei bezeichnen, er aber schlicht als Dienst an seiner Dorfgemeinschaft sah. Er war im Vereinsvorstand des örtlichen Sportvereins und engagierte sich dort energisch für die Jugendarbeit. Er war derjenige, der dem Bürgermeister einen neuen Fußballplatz aus den Rippen geleiert hatte und der ständig bei den Firmen am Ort für Spenden sorgte. Eisenschwert genoss das Gefühl, ein wichtiger Mann in seiner Gemeinschaft zu sein, und ein guter Teil seiner sozialen Kontakte beruhte auf der Vereinsarbeit.

Sein ganzer Stolz war die Jugendmannschaft, die, nicht zuletzt dank seiner tatkräftigen Mithilfe, im Landkreis zu den erfolgreichsten gehörte. Und so war es für ihn selbstverständlich dabei zu sein, als die Jugendmannschaft des kleinen Ortes an einem hessischen Jugendturnier teilnehmen durfte. Das Turnier fand in Sontra statt, circa 180 km nördlich von Frankfurt, und ging über drei Tage. Die örtlichen Geschäfte hatten fleißig gespendet, um die Unterkunft für die Jugendlichen und ihre Betreuer zu finanzieren. Eisenschwert freute sich ganz besonders auf die Veranstaltung.

Doch zunächst einmal galt es einige Diskussionen mit Martin Guter durchzustehen. Der hatte sich darüber beschwert, dass er zu eng geführt würde. Eisenschwert fühlte sich bei dem Gedanken daran, Martin freier arbeiten zu lassen, nicht so recht wohl – schließlich war er ja Auer gegenüber für das Ergebnis verantwortlich. Aber es schien so, als würde der Trainee sonst überhaupt nicht mehr weiterarbeiten wollen. Also ließ er es nach einigen Gesprächen eben zu. Martin bedankte sich dafür mit zügiger, motivierter Arbeit. In nur wenigen Tagen hatte er einen Aktionsplan aufgestellt, der mit Leuten an der Universität abgesprochen war und der der AGATI AG ohne großen finanziellen Aufwand Sichtbarkeit an den relevanten Instituten gewährte. Da Martin so schnell vorangekommen war, machte er in der verbleibenden Zeit auch gleich noch eine Liste mit Instituten an anderen deutschen Universitäten, an denen sich ähnliche Veranstaltungen lohnen würden.

Eisenschwert konnte zufrieden sein. Nur eines machte ihm Sorgen: Durch die Übernahme von Giovannis Projekten war sein Kalender mittlerweile derart mit Kundenterminen gefüllt, dass es langsam schwierig wurde, sich die Tage freizuhalten, an denen er mit dem Sportverein nach Sontra fahren wollte. Dazu hatte er schon vor einer ganzen Weile zwei Tage Urlaub eingetragen. Bert Auer, sein Chef, hatte nun leider die schlechte Angewohnheit, die endgültige Genehmigung von Urlaubstagen so weit wie möglich herauszuzögern. Damit wollte er sich Flexibilität bewahren, wenn einmal Ressourcen knapp wurden. Das war höchst unangenehm für seine Mitarbeiter, konnte es ihnen doch passieren, dass ein längst beantragter Urlaub kurz vor Antritt plötzlich an Auers Veto scheiterte. Schon öfter hatte das für böses Blut gesorgt.

Dies im Sinn, entschloss Eisenschwert sich, Druck auf Auer auszuüben. Er wollte den Urlaubsantrag endlich abgesegnet bekommen, da ihm die Fahrt sehr wichtig war. Also ging er eines Morgens in Auers Büro.

»Guten Morgen, Herr Eisenschwert!«, begrüßte der ihn. »Hektische Zeiten, nicht wahr? Ich sitze hier gerade über der Einsatzplanung. Es wird Zeit, dass der Neue, dieser Fuchs, endlich anfängt.«

»Ja«, nickte Eisenschwert, »Giovannis Weggang hat ein Loch gerissen. Aber es ist alles ohne weiteres zu schaffen.«

»Was führt Sie zu mir?«

»Mein Urlaubsantrag. Er liegt nun seit ungefähr vier Wochen bei Ihnen. Ich brauche Ihre Genehmigung.«

Auer runzelte die Stirn. »Das ist nicht einfach zur Zeit. Sie sehen doch, wie voll Ihr Kalender ist. Das ist kein guter Zeitpunkt, um in Urlaub zu gehen.«

»Es sind auch nur zwei Tage. Das ist leicht zu verkraften.«

»Sie haben den Überblick nicht«, schüttelte Auer den Kopf. »Wenn Sie sehen würden, wie eng das zur Zeit insgesamt ist, würden Sie anders denken.«

»Die Urlaubstage sind sehr wichtig für mich«, gab Eisenschwert zu bedenken.

»Das mag sein«, antwortete Auer. »Aber in solchen Zeiten muss ich Prioritäten setzen. Das sehen Sie doch sicher ein. Auch wenn es zugegebenermaßen manchmal zu Härten führt: Das Unternehmen ist darauf angewiesen, dass wir Gewehr bei Fuß stehen, wenn es beim Kunden brennt. Da fast alle hier voll ausgebucht sind, haben wir ohnehin keine Reserven mehr für Notfälle. In so einer Zeit einen Urlaub genehmigen – so leid es mir tut, nein, das kann ich nicht.«

Eisenschwerts Gesicht lief rot an. »Herr Auer, ich habe den Antrag vor geraumer Zeit abgegeben. Und ich habe Ihnen damals – genauso wie gerade eben – gesagt, dass der Urlaub genau zu diesem Termin sehr wichtig für mich ist.«

»Das habe ich vernommen«, bügelte ihn Auer herunter. »Sie haben doch gehört, was ich Ihnen erklärt habe. Es geht nicht.«

»Das ist Ihr letztes Wort?«, presste Eisenschwert heraus.

»Ja, das ist mein letztes Wort.«

Die Situation als bizarr zu bezeichnen, wäre eine Untertreibung gewesen: Heiko Eisenschwert fühlte sich zu Beginn des Gespräches von den Blicken seines Gegenüber regelrecht seziert.

»Sie haben persönlich das Gespräch mit unserem Herrn Fuchs geführt?«, fragte Michael Schweizer, Personaler bei COLTELLO, dem härtesten Wettbewerber der AGATI AG im Markt für Bestückungsmaschinen. Schweizer hatte in seinen über zwanzig Jahren Personalarbeit schon viel erlebt. Aber so etwas noch nicht: Da saß ihm ein Mitarbeiter des härtesten Wettberbers gegenüber. So weit, so gut, aber genau diese Person hatte vor wenigen Wochen einen Mitarbeiter von COLTELLO abgeworben. Und weil das noch nicht genug war: Dieser Mitarbeiter des Konkurrenten bewarb sich nun wiederum bei ihm. Als Eisenschwert vor zwei Tagen bei ihm angerufen hatte, da hätte Schweizer nie gedacht, dass es sich um den Mann handeln könnte, der Max Fuchs abgeworben hatte. Schweizer hatte gleich den Manager des Technischen Dienstes angerufen, und der hatte ihm nur zwei Worte mitgegeben: »Unbedingt einstellen«. Klar, die Lücke, die durch den Weggang von Fuchs entstanden war, musste gefüllt werden. Nur hatte Schweizer damit zu kämpfen, Eisenschwert sympathisch zu finden, hatte der ihm doch vor wenigen Wochen noch wehgetan.

»Vor kurzem waren Sie noch so zufrieden mit Ihrem derzeitigen Arbeitgeber, dass Sie einen unserer Mitarbeiter dafür begeistern konnten. Wie kann sich das denn so schnell ändern?«

»Ich fühle mich als Person von meinem Vorgesetzten nicht ernst genommen«, antwortete Eisenschwert. »Solange ich funktioniere, ohne irgendwelche Ansprüche zu stellen, ist alles in Ordnung. Aber wenn ich einmal einen Wunsch habe, wird er völlig ignoriert.«

»Das klingt danach, als hätte es einen Vorfall gegeben, der Sie verärgert hat«, schloss Schweizer. »Was für ein Vorfall war das?« Er wollte das schon genauer wissen. Denn Mitarbeiter, die sich von ihrem Arbeitgeber ständig zu schlecht behandelt fühlten, waren ihm suspekt.

»Stellen Sie sich vor«, erklärte Eisenschwert, »Sie stellen mit sechs Wochen Vorlauf einen Urlaubsantrag für zwei läppische Urlaubstage. Weil nach vier Wochen immer noch keine Reaktion darauf kommt, fragen Sie nach. Und da erst wird Ihnen mitgeteilt, dass der Urlaub abgelehnt wird. Stellen Sie sich vor, Sie sagen Ihrem Vorgesetzten, dass die zwei Tage sehr wichtig für Sie sind. Aber er wischt das weg, als wäre das völlig uninteressant. Stellen Sie sich schließlich vor, dass dies kein Einzelfall ist, sondern dass eine ganze Abteilung unter solchem Verhalten leidet. Ist das ein nachvollziehbarer Grund, irgendwann einmal sauer zu werden?« Eisenschwert geriet schon allein durch das Erzählen wieder in Rage.

Schweizer musste gegen seinen eigenen Willen schmunzeln. »So also sieht es in einer Firma aus, die nicht todlangweilig ist? Langeweile war nämlich der Grund, den Fuchs mir für seine Kündigung genannt hat.«

Nun musste auch Eisenschwert lachen. »Ich weiß, das ist wirklich verrückt. Hätten Sie mir vor einer Woche noch erzählt, ich würde heute hier sitzen, ich hätte Sie angesehen wie ein Wesen von einem anderen Stern. Vielleicht ist es aber auch einfach so, dass Herr Fuchs besser in die AGATI AG passt als ich.«

»Das glaube ich nicht.« Schweizer schüttelte vehement den Kopf. »Ihr Vorgesetzter macht einen Fehler, der vielleicht sogar dafür sorgen wird, dass Herr Fuchs eines Tages wieder hier sitzt.«

»Und welcher Fehler ist das?«, fragte Eisenschwert.

»Er ignoriert, dass seine Mitarbeiter auch ein Privatleben haben.«

Fehler 16:
Pfeif' auf ihr Privatleben

Unternehmen, Behörden und Vereine sind Mikrokosmen. Sie entwickeln eigene Ziele, Strukturen, Prozesse und Wertvorstellungen. Diese lokalen »Naturgesetze« können sehr stark und auch sehr nützlich sein. Sie helfen den Mitarbeitern bei der Zusammenarbeit und schaffen Zugehörigkeitsgefühl. Allzu häufig vergessen Organisationen aber, dass sie nur ein kleiner Teil einer größeren Welt sind. Zumindest verhalten sie sich so, als wären Sie deren Nabel. Alleine ihre Interessen und Wertvorstellungen sollen zählen und alles andere soll sich ihnen unterordnen. Im Umgang mit Mitarbeitern ist dies deutlich zu spüren. Von den Beschäftigten wird erwartet, dass sie sich mit Haut und Haaren dem Unternehmen verschreiben und einzig und alleine seine Interessen verfolgen.

Solche Organisationen verhalten sich so, als würden ihre Mitarbeiter nicht stundenweise ihre Arbeitsleistung verkaufen, sondern für immer und ewig ihre Seele. Ohne Rücksicht werden ständig Überstunden erwartet, Urlaubssperren verhängt oder bereits genehmigte Urlaube kurzfristig abgesagt. Bevor man nicht im Flieger sitzt, kann man sich nie sicher sein, ob man wirklich Urlaub hat. Zu jeder Tages- und Nachtzeit kann das Telefon klingeln. Es wird keine Rücksicht auf private Termine genommen und auch die spezifische private Situation soll – bitte schön – den geschäftlichen Ablauf nicht tangieren. Sie sind alleinerziehend? Ihr Problem! Sie haben vor kurzem einen großen persönlichen Verlust erlitten? Am liebsten möchten wir das gar nicht wissen! Geben Sie Ihre Gefühle gefälligst morgens an der Pforte ab! Ihre Frau möchte Ihr Privatauto nutzen? Vergessen Sie's! Das brauchen Sie für das Unternehmen! Mehr als zwei Wochen Urlaub? Das geht nicht! Denken Sie an Ihre Arbeit! An das viele Geld, das wir Ihnen zahlen! Seien Sie professionell! Alleine die Arbeit zählt!

Menschen sind jedoch keine Maschinen, die man morgens ein- und nach 14 Stunden wieder ausschaltet. Sie haben ein Privatleben. Und sie brauchen das auch. »A one-winged bird can't fly« sagen die Amerikaner. Was für Vögel gilt, gilt auch für Menschen. Menschen, deren Leben einzig auf das Unternehmen ausgerichtet ist, sind unvollständig. Sie sind verkrüppelt, zu einem austauschbaren, mechanischen Teilchen degradiert. Sie können niemals ihre Erfüllung als Mensch finden. Und sie können niemals als vollwertige Menschen vollwertige Leistungen erbringen. Die meisten Menschen wissen das instinktiv. Sie fühlen sich deshalb unwohl, wenn es im Unternehmen nur um das Geschäft oder nur um Geld geht. Wenn ihr Chef ihr Privatleben total negiert und es nicht möglich ist, mit ihm auch einmal Privates zu besprechen, ziehen solche Menschen über kurz oder lang die Konsequenz und suchen sich einen neuen Arbeitgeber.

Andere Mitarbeiter sind weniger sensibel. Sie merken nicht, wenn ihnen ihr Privatleben entgleitet. Entweder fehlen ihnen hierfür die Antennen oder die Warnzeichen werden verdrängt. Gerade in sehr leistungsorientierten Unternehmen ist letzteres häufig der Fall. Der Job ist herausfordernd, er macht Spaß und hält ständig auf Trab. Vielleicht bekommt man auch ständig gesagt, dass man zur Elite zählt. Oder dass man Karriere macht. Da hat man keine Zeit, sich groß Gedanken über den Sinn des Lebens zu machen. Man ackert und arbeitet. Als Workaholic vergisst man schnell, dass es außer der Arbeit auch noch anderes gibt. Dieser blinde Fleck gilt jedoch nicht für die Angehörigen. Die merken die nachlassende Lebensqualität sehr wohl. Sie drängen darauf, dass sich etwas ändert. Deshalb suchen sich Mitarbeiter, denen ihre Beziehungen wichtig sind, über kurz oder lang ebenfalls neue Jobs. Die Extrem-Schaffer suchen sich dagegen neue Partner und Familien – und bleiben natürlich beim Unternehmen.

Und so bleiben in vielen Unternehmen letztlich nur noch jene übrig, die kein Privatleben brauchen. Die Hardcore-Workaholics, die Beziehungsunfähigen, die Menschenverachter und die völlig Unsensiblen. Jeder von ihnen ist seelisch verkrüppelt. Diese Mehrheit sorgt dann dafür, dass ihre Behinderung zum Standard erklärt wird und der »Professionalität« noch mehr Bedeutung zugemessen wird. Damit wird das Unternehmen für normalentwickelte Menschen ein immer schwerer zu ertragender Arbeitgeber. Mit der Konsequenz, dass noch mehr normale Leute gehen und sich die Spirale weiterdreht.

Was betroffene Mitarbeiter tun können

Lässt Ihre Arbeit Ihrem Privatleben zu wenig Raum?

Dann sollten Sie sich zunächst einmal die Frage beantworten, woher das kommt. Verlangt wirklich Ihr Chef zu viel von Ihnen? Ist er es, der Ihre privaten Interessen unterdrückt? Oder tun Sie das etwa selbst? Etwa in einer Art vorauseilenden Gehorsams? Oder weil Sie glauben, dass es nicht »professionell« ist, ein Privatleben zu haben, das diesen Namen verdient? Oder weil Sie viel lieber im Unternehmen sind statt daheim beim quengelnden Partner? Eine ehrliche Antwort auf diese Frage ist sehr wichtig. Häufig sind es nämlich gar nicht die Unternehmen, die ihre Mitarbeiter in die Hamsterräder stecken. Das tun die von ganz alleine. Den Vorgesetzen ist dann höchstens der Vorwurf zu machen, dass sie ihre Mitarbeiter nicht gelegentlich dazu zwingen, das Hamsterrad wieder zu verlassen und im wirklichen Leben herumzuschnuppern.

Sofern der Druck nicht von Ihnen selbst ausgeht, sondern vom Unternehmen kommt, müssen Sie sich über eine Tatsache im Klaren sein: Sie alleine sind für Ihr Privatleben verantwortlich. Nicht das Unternehmen! Sie selbst müssen also dafür sorgen, dass Sie den notwendigen Raum für Ihre privaten Belange bekommen. Haben Sie das überhaupt schon einmal versucht? Falls nein, sollten Sie es umgehend tun. Wie? Einfach indem Sie mit Ihrem Chef sprechen. Wichtig ist es, dass Sie dabei nicht den Eindruck erwecken, Sie würden sich nicht den Leistungsanforderungen stellen. Darum geht es schließlich nicht. Es geht vielmehr darum, für Ihr Privatleben eine gewisse Planungssicherheit und genügend Raum zu erhalten. Gut ist es, wenn Sie mit einem konkreten Problem zu Ihrem Chef gehen können. Sie wissen nicht, wie Sie Ihr Kind zum Kindergarten bringen und abholen können? Fragen Sie doch Ihren Chef. Schildern Sie ihm Ihr Dilemma und fragen Sie ihn um Rat. Mehr als abblocken kann er nicht – und auch das ist bereits eine beredte Aussage. Auch Widerspruch hilft. Akzeptieren Sie einfach nicht, dass Sie Ihren Urlaub verschieben sollen. Vielleicht setzen Sie sich noch nicht beim ersten Mal durch. Doch beim nächsten Mal wird sich Ihr Chef schon überlegen, ob er sich diese Diskussionen mit Ihnen noch mal antun soll.

Sofern Ihr Chef mit dem Spruch kommt, die Betonung Ihres Privatlebens würde die notwendige Professionalität missen lassen, können Sie ihm ruhig sagen, dass »professionell zu sein« nicht bedeutet, ein Unmensch sein zu müssen. Im Gegenteil: Ein in sich ruhender, freundlich aufgeräumter Mitarbeiter ist im Endeffekt für das Unternehmen weit wertvoller als ein Workaholic, der mit 35 Jahren total ausgebrannt ist. Falls sich Ihr Chef ständig und konsequent weigert, Ihre privaten Interessen zu berücksichtigen, kann man Ihnen eigentlich nur dazu raten, so schnell als möglich die Konsequenzen zu ziehen.

Natürlich gibt es Situationen, bei denen das nicht so einfach geht. Gerade Organisationen wie Wirtschaftsprüfungsgesellschaften, Unternehmensberatungen und Anwaltssocietäten stehen im Ruf, Neueinsteiger in den ersten Jahren regelrecht zu verheizen. Wer beispielsweise die Prüfung zum Wirtschaftsprüfer ablegen will, kommt meist nicht umhin, sich eine Zeit lang von einer großen Prüfungsgesellschaft rücksichtslos ausnutzen zu lassen. Aber auch hier kann man aktive Vorsorge treffen, um bestimmte Bereiche seines Privatleben zu schützen. Dabei ist es wichtig, dass man sich mit seinem Partner darüber im Klaren ist, dass es sich um eine zeitlich befristete Phase handelt, die einfach gemeinsam durchgestanden werden muss.

Sollten Sie dagegen nach genauer Analyse zu dem Schluss gekommen sein, dass es im Grunde genommen gar nicht das Unternehmen ist, das Ihnen den Freiraum für ein Privatleben stiehlt, sondern Sie selbst es sind, ist der nächste Schritt ganz leicht. Probieren Sie doch einfach einmal aus, was passiert, wenn Sie sich die Freiheiten nehmen, die Sie sich bisher nicht zu nehmen wagten. Kürzen Sie Ihre Überstunden. Vielleicht passiert überhaupt nichts.

Und was, wenn Sie zwar ungeheuer gefordert sind, dies aber nicht als Belastung, sondern als Bereicherung sehen? Wenn für Sie das Privatleben eher unwichtig und der Job zentral ist? Dann ist das wohl Ihr Weg. Sie sollten sich trotzdem einmal bewusst mit dem Thema »Sinn des Lebens« auseinandersetzen. Bei vielen, die das nicht getan haben, rächte sich dieses Versäumnis nämlich irgendwann einmal. Beispielsweise dann, wenn sich der Partner von ihnen trennte. Oder wenn sie ausgebrannt waren. Oder wenn sie in ein Vakuum eintauchten, nachdem sie entlassen wurden. Auch für den geborenen Workaholic ist es besser, diesen Möglichkeiten sehenden Auges gegenüberzutreten, als von ihnen überrascht zu werden.

Fazit: Das Privatleben der Mitarbeiter ist wichtig – sowohl für den Menschen als auch mittelfristig für das Unternehmen. Sorgen Sie dafür, dass Sie eines führen können. Kein Unternehmen und keine Karriere ist es wert, dass Sie ein einseitiger Mensch werden.

Schweizer lehnte sich zurück. »Das ist sicher eines der ungewöhnlichsten Einstellungsgespräche, die ich bisher geführt habe.«

»Ich hatte auch ein komisches Gefühl, als ich bei Ihnen angerufen habe«, nickte Eisenschwert.

»Dafür habe ich mittlerweile ein ganz gutes Gefühl«, sagte Schweizer. »Ich schlage vor, Sie unterhalten sich jetzt eine Weile mit dem Leiter unseres Technischen Dienstes und dann regeln wir hier das Formale. Einverstanden?«

»Einverstanden«, lächelte Eisenschwert.

Zwei Tage später saß Eisenschwert in Bert Auers Büro. Der schäumte vor Wut: »Ich bin extrem enttäuscht von Ihnen!«, zischte er. »So etwas Illoyales habe ich noch nicht erlebt. Haben Sie denn überhaupt kein schlechtes Gewissen dabei?«

»Nein«, antwortete Eisenschwert, nicht ruhig – ihm war dieses Gespräch sehr unangenehm –, aber mit fester Stimme. »Sie haben es in der Hand gehabt. Nur ein kleines bisschen Respekt für mein Privatleben, und ich wäre noch hier.«

Auer las noch einmal das zweizeilige Kündigungsschreiben, das vor ihm auf dem Tisch lag. Eisenschwert hatte keinen Moment gezögert, als der unterschriebene Arbeitsvertrag von COLTELLO bei ihm im Briefkasten gelegen hatte, und sofort bei der AGATI gekündigt. Es war ihm eine große innere Befriedigung gewesen, dieses Schreiben aufzusetzen. Fast war er enttäuscht, wie kurz so eine Kündigung ist.

»Natürlich werden Sie bis zum letzten Tag hier arbeiten«, knurrte Auer. »Sie gehen hier keinen Tag vor Ablauf Ihrer Kündigungsfrist.«

»Ich habe noch fast sechs Wochen Resturlaub«, entgegnete Eisenschwert. »Damit könnte ich eigentlich sofort gehen.«

Eisenschwert hatte eine Kündigungsfrist von sechs Wochen zum Quartalsende und gerade rechtzeitig gekündigt. Denn in genau sechs Wochen war dieses Quartal zu Ende.

»Das können Sie vergessen«, erwiderte Auer. »Von mir aus bekommen Sie den Urlaub ausbezahlt. Aber Sie bleiben hier. Sie stecken in zwei Projekten mitten in der Installationsphase, die führen Sie schön zu Ende.«

»Ich gehe also zu den Kunden und installiere AGATI-Maschinen, wenn ich genau weiß, dass ich in sechs Wochen zum Wettbewerber gehe. Gut, ich werde meine Arbeit ordentlich erledigen, das kann ich Ihnen zusagen. Ich kann Ihnen aber nicht zusagen, dass ich nicht über meinen Wechsel spreche.«

»Ich warne Sie«, fuhr Auer ihn an. »Das dürfen Sie überhaupt nicht. Ich ziehe Sie vor das Arbeitsgericht, wenn ich davon etwas höre.«

»Das kann mir niemand verbieten«, sagte Eisenschwert. »Fragen Sie mal unseren Betriebsrat oder die Personalabteilung.«

Auer griff sofort zum Hörer und fragte eine Juristin aus der Personalabteilung. Nachdem er ein paar Worte mit der Frau gewechselt hatte, legte er auf.

»Tun Sie mir einen Gefallen und räumen Sie Ihr Büro. Verschwinden Sie, ich will Sie hier nicht mehr sehen.«

Eisenschwert lächelte. »Ich glaube, wir brauchen uns nicht ›Auf Wiedersehen‹ zu sagen.«

In vertrauter Runde standen Lea Richter, Oliver Knoff und Martin Guter zusammen im Kaffeeraum hinter dem Empfang. Martin hatte davon berichtet, dass ihm schon wieder ein Chef »von der Schippe gesprungen« war. Lea Richter kam aus dem Kopfschütteln nicht mehr heraus. »Was Sie hier bisher in nur ein paar Monaten miterlebt haben, das würde ja fast schon ein Buch füllen«, sagte sie zu Martin.

»Dann hoffe ich, dass mir bald der Stoff für dieses Buch ausgeht«, meinte Martin. »Es beginnt nämlich wirklich langsam frustrierend zu werden. Immer das gleiche Schema. Da macht jemand seine Arbeit, meistens auch noch gut. Dann kommt sein Vorgesetzter, macht einen Kapitalfehler, und rumms, da waren's nur noch Neun.«

»Es wird aber auch immer schlimmer hier«, nickte Oliver. »Ich sage euch, wenn sich bei mir nicht schnellstens etwas ändert, bin ich auch weg. Ich finde meinen Arbeitsplatz mittlerweile unerträglich.«

»Wollten Sie nicht versuchen, wieder in Ihren alten Bereich zurückzukommen?«, fragte Lea.

»Ich versuche es immer noch. Es ist einfach nicht zu fassen, wie stur sich die Oberen in der EDV da anstellen«, stöhnte Oliver. »Wenn ich es überhaupt schaffe, dann dauert es sicher noch einige Wochen.«

»Das hältst du doch noch aus«, beschwichtigte Martin.

»Das weiß ich nicht«, schüttelte Oliver den Kopf. »Es ist ja nicht nur die Tatsache, dass ich jetzt in einem Team von lauter Arschkriechern arbeite. Auch nicht, dass meine Arbeit weniger interessant geworden ist. Ich habe einfach das Gefühl, dass ich tun kann was ich will: Es interessiert niemanden, ob ich meinen Job gut oder schlecht erledige. Ich werde immer nur angemeckert, weil ich nicht so viele Incidents abarbeite wie die anderen.«

»Was sind Incidents?«, fragte Lea.

»Das sind Anfragen von Anwendern nach Unterstützung. Allein nach der Anzahl der bearbeiteten Incidents wird bei uns beurteilt, ob jemand gut oder schlecht arbeitet. Ich komme mir vor wie in einem Hamburger-Restaurant, in dem an der Theke die Tafel mit dem Mitarbeiter des Monats hängt, ›Hugo Müller, mit 1500 verkauften Hamburgern in nur einer Woche!‹ Niemand interessiert sich im Geringsten dafür, dass meine Aufgaben erheblich schwieriger sind als die der anderen. Und das Schlimmste für mich ist, dass mein neuer Chef überhaupt nicht beurteilen kann, ob ich gut oder schlecht arbeite. Weil er schlichtweg keine Ahnung vom Netzwerkbereich hat. Ich kann die tollste Lösung finden und da ist keiner, der mir auf die Schulter klopft und sagt ›Hey Olli, geile Lösung‹. So war das nämlich vor der Umstrukturierung.

Mein damaliger Chef mag nicht die absolute Koryphäe gewesen sein, aber das hat er immer gut verstanden. Wenn ich was gut gemacht hatte, dann wurde das bemerkt und auch entsprechend kommentiert. Aber jetzt – dieser Zustand bringt mich enorm runter.« Oliver war sein Ärger deutlich anzusehen.

»So kann man gute Mitarbeiter natürlich auch vergraulen«, sagte Lea. »Indem man ihnen ordentliche Anerkennung verweigert.«

Fehler 17:
Verweigere ordentliche Anerkennung

»Der Mensch lebt nicht vom Brot allein!« Dieser Spruch ist in den ersten Büchern des alten Testaments zu lesen und stimmt in unserer entfremdeten Zeit heute mehr denn je. Nicht nur der Magen und das Bankkonto wollen gefüllt werden. Auch die Seele braucht Nahrung. In vielerlei Hinsicht ist diese Seelennahrung sogar weit wichtiger als die für den Magen. Wie wichtig, das offenbarte unabsichtlich ein Experiment des Stauferkaisers Friedrich II.: Um festzustellen, welche Sprache die natürliche, unverdorbene Ursprache des Menschen sei, ließ dieser eine Gruppe von Waisenkindern ohne Kontakt zur Sprache (und damit auch ohne engen Kontakt zu Menschen) großziehen. Obwohl die Kinder gut gepflegt und gut ernährt wurden, starben sie alle innerhalb der ersten drei Jahre. Damals konnte man sich das nicht erklären. Heute wissen wir: Ohne Zuwendung, Aufmerksamkeit und Anerkennung nützt der vollste Magen nichts. Man wird unlustig, unzufrieden und sogar ernsthaft krank.

Seit Anfang der dreißiger Jahre die berühmten Hawthorne-Experimente nachwiesen, dass persönliche Zuwendung und Anerkennung die Arbeitszufriedenheit und Produktivität der Mitarbeiter drastisch erhöhen, hat die Erkenntnis um die Bedeutung der »weichen« Faktoren auch in der Managementlehre Einzug gehalten. Das war immerhin vor mehr als 70 Jahren! Man sollte annehmen, das sei genügend Zeit, damit diese Erkenntnis sich herumspricht. Zumal seit Jahrzehnten kein Managementtraining zur Personalführung mehr auf dieses Thema verzichtet und sich Bücher zur »emotionalen« und »sozialen« Kompetenz in Millionenauflagen verkauf(t)en. Dessen ungeachtet haben viele Mitarbeiter das Gefühl, dass ihre Chefs diesen Teil des Trainings wohl verschlafen und auch die Bücher nur als farbliche Ergänzung fürs Buchregal gekauft haben müssen. Wie sonst ist zu erklären, dass auch heute noch Chefs – und zwar nicht wenige – im täglichen Arbeitsleben jedes positive Feedback verweigern? Dabei ist die Anerkennung des direkten Chefs besonders wichtig. Schließlich gibt er damit Sicherheit und Status innerhalb der Gruppe.

Viel zu vielen Vorgesetzten ist es anscheinend vollkommen gleichgültig, ob ihre Mitarbeiter ihren Job »gut« oder nur »ausreichend« machen. Ja, ihnen scheint sogar egal zu sein, was ihre Leute überhaupt machen. Solange kein kapitaler Bock geschossen wird, sagen Sie nie etwas.

Anderen Chefs dagegen scheint »gut« nicht zu reichen. Bei ihnen muss immer alles mindestens »sehr gut« gemacht werden. Und weil »sehr gut« die Minimalnorm ist, brauchen sie auch keine positiven Worte darüber zu verschwenden, wenn ein Mitarbeiter dieses Minimum regelmäßig erfüllt. Dafür bellen sie jeden an, der in der Hektik des Berufsalltags einmal nur »gut« zustande bringt.

Das Verhalten solcher Chefs demonstriert Desinteresse an ihren Mitarbeitern und/oder an der Aufgabe. Oder sollten diese Chefs etwa gar nicht in der Lage sein, die Arbeitsschwierigkeit sowie die Arbeitsqualität und -originalität ihrer Mitarbeiter richtig zu beurteilen? Für die Mitarbeiter sind solche Chefs auf jeden Fall äußerst unbefriedigend. Sie könnten durchaus auch ohne sie auskommen. »Wenn der Chef nicht da ist, läuft alles besser«, sagen sie.

Um aus der Frustration der Mitarbeiter richtigen Ärger werden zu lassen, entblöden sich manche Chefs nicht zu demonstrieren, dass sie durchaus loben können und dies auch gerne tun. Nämlich sich selbst. Sie erzählen jedermann, welch tolle Hechte sie selbst sind. Dabei schmücken sie sich auch des öfteren unverblümt mit fremden Federn. Was soll ein Mitarbeiter denken, wenn er auf Geheiß seines Chefs eine von ihm erfundene Verbesserung Besuchern vorführt und dann vom Chef die erklärenden Worte zu hören bekommt: »Das haben wir hier entwickelt. Ich führe das jetzt in allen Bereichen ein. Damit spare ich eine Million Euro. Eine solche Summe hat noch keiner eingespart.« Soll dieser Mitarbeiter sich gut fühlen? Anerkannt? Wichtig? Wohl kaum! Er wird sauer sein. Und er wird sich fragen, was seinen Chef daran hindert ganz einfach zu sagen: »Das hat übrigens unser Herr Clever hier entwickelt. Wenn das System überall eingeführt ist, spart uns seine brillante Idee eine Million Euro. Damit ist er unser bisheriger Einsparmeister.«

Die Selbstbeweihräucherung des Managements auf Kosten der Mitarbeiter ist weiter verbreitet als man denkt. Man braucht dazu nur die Mitarbeiterzeitungen der Unternehmen genauer unter die Lupe zu nehmen. Der Großteil der Fotos scheint dazu da zu sein, die Geschäftsführung abzubilden. Normale Mitarbeiter tauchen auf den Ablichtungen meist nur als Statisten auf. Die Bildunterschrift lautet dann »Produktionsvorstand Dr. Märkl mit Mitarbeiter«. Hat denn nur der Vorstand einen Namen? Ähnlich ist es mit Berichten über Erfindungen und besondere Leistungen. Da wird allzu häufig nur der Name des Vorgesetzen oder die Abteilung genannt. Von Textbausteinen wie »Die Verfahrensentwicklung von Dr. Körner machte mit einer neuen Innovation auf sich aufmerksam...« scheinen sich manche Schreiber niemals lösen zu können.

Die Verweigerung einer längst fälligen Anerkennung kränkt den Mitarbeiter. Mindestens genauso schlimm ist aber falsches Lob. Viele Mitarbeiter leiden unter Vorgesetzten, die die Managementkurse und schlauen Bücher in den falschen Hals bekommen haben. Diese Chefs loben jetzt jeden für alles. Selbst für den größten Blödsinn wird man von solchen Vorgesetzten noch gelobt. Da hat man es im vierten Anlauf immer noch nicht geschafft, eine Seite fehlerfrei zu schreiben und was hört man? »Sehr schön! Die Formatierung ist Ihnen diesmal besonders gut gelungen!« Wer sich angesichts solcher Sprüche nicht veralbert fühlt, muss scheintot sein. Ein Lob aus diesem Munde kann keiner mehr ernst nehmen.

Viele dieser Dauerlober betrachten Anerkennungen ohnehin nur als Sonderform des Lippenbekenntnisses. Und zwar wortwörtlich. Sie drücken Anerkennung immer nur verbal aus. Dass man mit einer kleinen Geste, wie der überrascht hochgezogenen Augenbraue, einem anerkennenden Pfiff oder dem erhobenen Daumen ebenso gut Wertschätzung transportieren kann, scheint ihnen unbekannt. Ebenso, dass einer verbal ausgedrückten Anerkennung auch irgendwann einmal Taten folgen müssen, um glaubwürdig zu sein.

Neue Studien zeigen, dass Mitarbeiter überproportionalen Gehaltssteigerungen eine wichtige Rolle zumessen. Viele Manager sehen sich durch diese Studien in ihrer Haltung bestätigt, dass »dieser ganze Zinnober um die Loberei« alles nur Mache sei und es den Mitarbeitern im Grunde genommen immer nur aufs Geld ankomme. Warum kommt keiner dieser Herren auf die Idee, dass für die Mitarbeiter eine überproportionale Gehaltserhöhung vor allem die Nagelprobe für all die schönen Worte des vergangenen Jahres darstellt? Denn wenn man so toll und außergewöhnlich war wie der Chef behauptet, dann sollte sich das auch in einer außergewöhnlichen Gehaltserhöhung manifestieren. Falls nicht, dann war es mit dem Lob wohl nicht weit her. Mitarbeiter sind sehr sensibel für Situationen, in denen die hehren Worte und die Handlungen des Vorgesetzten sich nicht decken.

Was betroffene Mitarbeiter tun können

Wird auch in Ihrem Unternehmen vor allem kritisiert und genörgelt? Drückt sich persönliche Anerkennung primär auf schwäbische Art (»Nicht geschimpft ist schon gelobt«) aus? Dann braucht man Ihnen sicher nicht zu sagen, wie unbefriedigend solche Zustände sind!

Darauf zu warten, dass sich diese Zustände von alleine ändern, ist müßig. Das tun sie nämlich in der Regel nicht. Sie müssen also wieder mal selbst aktiv werden. Zunächst sollten Sie sich von ihrer eigenen, negativen Grundhaltung befreien. Sie haben sich nämlich mit großer Wahrscheinlichkeit bereits selbst mit dem »Nichtanerkennungsbazillus« infiziert. Was das bedeutet? Ganz einfach: Dass auch Sie nicht mehr genügend loben! Gewöhnen Sie sich also an, Kollegen, Kunden und Geschäftspartnern Anerkennung auszudrücken, wenn diese etwas besonders gut gemacht haben. Allerdings nur dann. Sie wollen ja nicht zum Lobhudler werden. Nutzen Sie beim Loben das ganze Repertoire: Gesten, Worte und Handlungen. Lächeln Sie. Klopfen Sie auf Schultern. Loben Sie – vor allem natürlich in Gegenwart anderer. Verbreiten Sie die Information über die tolle Leistung von Kollegen bei allen, die es interessieren könnte. Geben Sie Ihrem Gegenüber einfach ein tolles Gefühl. Sie werden feststellen, dass sich die Stimmung um Sie deutlich ändert. Wenn Ihre Worte aufrichtig und richtig dosiert sind, wird Ihr Status innerhalb der Gruppe steigen. Jeder mag Leute, die loben. Der eine oder andere wird ganz automatisch Ihrem Beispiel folgen und sich seinerseits positiv über gute Leistungen äußern. So fällt auch wieder etwas auf Sie zurück. Vielleicht besteht Ihr erstes empfangenes Lob ja darin, dass jemand sagt: »Ich finde es toll, dass Sie loben! Das hat hier seit langem gefehlt. Seit Sie hier sind, herrscht ein vollkommen anderes Klima.«

Und was ist mit Ihrem Chef? Nun, zunächst einmal ist er ein Kollege wie jeder andere auch. Loben Sie also auch ihn, sobald sich dazu eine Gelegenheit ergibt. Chefs sind ebenso lobbedürftig wie andere Mitarbeiter. Da sie sich häufig einsam oder isoliert fühlen, sind sie in vielen Fällen sogar noch empfänglicher für Anerkennung. Scheuen Sie sich also nicht, Lob auszusprechen. Allerdings sollten Sie sich der Gefahr bewusst sein, dass Kollegen das bösartigerweise als »Schleimerei« ansehen könnten. Aber wenn Sie Ihre Anerkennung nur auf wirklich unzweifelhafte Situationen beschränken und mit Ihrem Lob alle gleichermaßen bedenken, ist diese Gefahr ziemlich gering.

Ein Chef, der das Loben täglich vorgelebt bekommt, wird häufig sein eigenes Verhalten umstellen.

Und was, wenn nicht?

Dann sprechen Sie ihn auf das Thema an. Tun Sie es allerdings erst dann, wenn Sie sich von ihren negativen Gefühlen befreit haben. Platzen Sie nicht mit der Tür ins Haus. Vermeiden Sie also zunächst Aussagen wie: »Sie loben zu wenig.« Nutzen Sie stattdessen auch hier die Fragetechnik zum Einstieg. Wie solch ein Gespräch aussehen könnte? Nun, beispielsweise folgendermaßen:

Sie: »Ich bin jetzt seit einem Jahr in der Abteilung. Inzwischen kenne ich mich ganz gut aus und denke, dass wir auch eine wichtige Funktion für das Unternehmen haben. Offen gestanden habe ich aber das Gefühl, dass ich nicht zu Ihrer Zufriedenheit arbeite. Was könnte ich denn besser machen?«

Chef: »Wie kommen Sie denn darauf? Ich bin mit Ihnen sehr zufrieden.«

Sie: »Davon merke ich leider nichts. Ich bin oft verunsichert, ob ich in die richtige Richtung marschiere. Dadurch ziehe ich unbewusst die Handbremse an und bleibe hinter meinem eigentlichen Potenzial zurück. Wäre es möglich, dass Sie mich merken lassen, wenn ich Dinge tue, die in die richtige Richtung gehen? Oder wenn ich etwas besonders gut tue? Das würde mir sehr helfen.«

Im Anschluss an ein solches Gespräch können Sie den Chef in Situationen, in denen er Sie Ihrer Meinung nach loben sollte (es aber nicht tut), direkt darauf ansprechen. Am einfachsten wieder durch eine Frage: »War das jetzt in Ordnung?« Sofern Ihr Chef bei solchen Fragen dazu tendiert, immer jene zwei Prozent, die weniger gut gelaufen sind, breit zu treten, sollte Ihre Frage gezielt auf die positiven Aspekte abheben: »Das Projekt ist zu Ende. Was ist aus Ihrer Sicht dieses Mal besonders gut gelaufen?«

Manche Chefs lernen auf diese Art allmählich selbst aktiv zu werden.

Sollte Ihr Chef dagegen zu den Dauerlobern gehören, hilft ebenfalls nur der direkte Angriff. Sagen Sie ihm in einer stillen Minute, dass er Sie mit seiner Loberei verärgert und Sie sich über weniger, dafür aber wirklich angemessene Anerkennung wesentlich mehr freuen könnten. Auch hier werden Sie in der Folge den Chef häufig darauf aufmerksam machen müssen, wenn er in sein altes Verhaltensmuster zurückfällt.

Was aber tun Sie, wenn Ihre Erziehungsbemühungen nichts fruchten? Wenn Ihr Chef und Ihre Kollegen weiterhin mit Anerkennung knausern? Oder wenn Sie diesen das Lob immer aus der Nase ziehen müssen? Oder sich ständig falsches Lob anhören müssen? Oder die Kollegen Ihr Verhalten als eine Unterwerfungsgeste ansehen? Dann sollten Sie sich ehrlich die Frage stellen, wie wichtig Anerkennung für Ihre Zufriedenheit ist. Sind Sie der geborene »einsame Wolf«, dann werden Sie auch ohne viel soziale Aufmunterung auskommen und brauchen sich weiter keine großen Gedanken zu machen (das haben Sie wahrscheinlich ohnehin nicht gemacht. Auch die Idee, selbst zu loben oder Ihren Chef diesbezüglich zu erziehen, halten Sie wahrscheinlich für total überflüssig). Wenn Sie dagegen Zuwendung brauchen wie eine Blume die Sonnenstrahlen, sollten Sie sich nach einem Plätzchen mit mehr Sonne umschauen. Im kalten Schatten verkümmern Sie nämlich. Denken Sie daran: Sie sind keine Blume. Sie sind nicht festgewachsen.

Fazit: Wer trotz guter Leistungen keine Anerkennung erfährt, sollte sie sich holen – notfalls in einem anderen Unternehmen. Zunächst sollte er jedoch selbst mit gutem Beispiel vorangehen.

»Stimmt«, nickte Oliver. »Ich bin hier schließlich wirklich nicht festgewachsen. Ich kann jederzeit gehen. Vielleicht sollte ich das unseren Oberen mal sagen. Dann lassen sie mich vielleicht schneller wieder in meinen alten Bereich zurück.«

»Hoffentlich klappt das«, sagte Martin. »Wenn du auch noch gehst, dann verliere ich vollends den Glauben an diesen Laden. Aber etwas ganz anderes: Hattest du schon einmal die Chance, dich an diese Louisa Rieger heranzupirschen?«

»Ich habe in drei Tagen in ihrer Abteilung etwas auszutauschen. Dabei werde ich zufällig ein paar Probleme an ihrem Rechner finden. Keine Sorge, ich bin dran.«

»Gut. Bevor ich nicht weiß, wer mir ständig Steine in den Weg legt, komme ich hier nicht zur Ruhe.«

»Bei mir gibt es zur Abwechslung auch etwas Neues«, erzählte Lea. Oliver und Martin spitzten die Ohren.

»Die Empfangsbereiche unserer vier Standorte im Raum Frankfurt sollen in einer Gruppe zusammengefasst werden. Und ich habe mich um die Leitung dieser Gruppe beworben.«

»Ja toll!«, freute sich Martin. »Ich kann mir keinen Grund vorstellen, warum Sie diese Position nicht bekommen sollten. Wer würde sich besser dafür eignen als Sie?«

Lea machte eine beschwichtigende Handbewegung. »Nicht zu viel Optimismus, junger Mann. Wer weiß, wer sich sonst noch dafür bewirbt.«

»Aber Sie leiten doch das Empfangsteam am größten Standort«, argumentierte Martin. »Das ist doch die beste Voraussetzung.«

»Das wird sich zeigen. Natürlich rechne ich mir ganz gute Chancen aus. Sonst hätte ich mich gar nicht erst beworben. Aber warten wir es ab.«

»Viel Glück«, wünschte Oliver und drückte demonstrativ beide Daumen.

Martins letzte Tage im Technischen Dienst verliefen äußert öde. Heiko Eisenschwert war von einem Tag auf den anderen verschwunden und die Arbeit, die man Martin aufgetragen hatte, war auch erledigt. Zudem motivierte ihn nichts, für diesen Bereich auch nur einen Strich mehr zu tun als unbedingt notwendig. Martin wartete also unter Vortäuschung von Geschäftigkeit darauf, endlich wieder die Abteilung wechseln zu können. Für die nächsten sechs Wochen stand die Personalabteilung auf seinem Plan. Die Aussicht, dort zu arbeiten, gefiel ihm. Denn in diesem Bereich erwartete er ausnahmsweise einmal Menschen vorzufinden, die in der Lage waren, vernünftig mit ihren Mitarbeitern umzugehen. Wenn nicht in der Personalabteilung, wo dann?

Schon seit ein paar Tagen dachte Martin immer wieder daran, doch wieder mal bei Martina vorbeizuschauen. Er war sich etwas unsicher, ob sie überhaupt Lust hatte mit ihm zu reden. Deshalb hatte er es immer wieder hinausgezögert. Doch irgendwann war der Wunsch, sie zu sehen, einfach stärker. Also ging er in ihr Büro, wo er sie wie so häufig in Berge von Dokumentationen und Diagrammen vergraben fand.

Sie schreckte hoch, als er in der Türe stand und strahlte ihn zu seiner Freude an. »Hallo Martin! Ich dachte schon, du lässt dich überhaupt nicht mehr hier blicken. So schlimm war es doch auch nicht.« Sie zwinkerte ihn an.

Martin hatte nicht damit gerechnet, dass sie ihr Techtelmechtel so direkt ansprechen würde. Ihr Zwinkern sah ganz danach aus, als würde sie nicht ungern daran zurückdenken.

»Du bist gut«, sagte er. »Von wegen schlimm. Es war wunderbar.« Die letzten drei Worte hörte er sich sagen, als würde er neben sich stehen. Die waren nicht geplant. Nicht einmal gewollt. Denn sie hatten ja ausgemacht, dass sich nach dieser Nacht nichts zwischen ihnen ändern sollte. So ein Satz änderte aber etwas. Das zeigte schon Martinas Gesichtsausdruck.

»Sag mal, hast du heute Abend schon etwas vor?«, fragte sie ihn.

»Nein, nichts.«

»Lust auf einen Drink?«

»Immer!«

»Bier und Calvados?«

»Wenn es nicht so viel wird wie beim letzten Mal – alkoholmäßig.«

Martina sah ihm in die Augen und sagte nichts.

»Ich bin um acht Uhr vor der Kneipe gegenüber«, sagte Martin.

»Bis dann.«

Die beiden lächelten sich noch eine Weile an. Dann drehte Martin ab und schwebte zurück in sein Büro.

Mit einem verklärten Ausdruck im Gesicht ging Martin am nächsten Morgen am Empfang vorbei. Als er die Theke schon beinahe passiert hatte, sah er Lea Richter aus dem Pausenraum hinter dem Empfang kommen.

»Guten Morgen!«, strahlte er sie an. Doch Lea strahlte nicht zurück. Ihr Blick trug einen ungewohnten Anflug von Verbitterung.

»Hallo, Herr Guter«, grüßte sie ihn mit einem auffälligen Mangel an Sprachmelodie.

»Was ist denn mit Ihnen los?«, fragte Martin besorgt. »Ist etwas passiert?«

»Nein, es ist nichts passiert.« Lea Richter schüttelte unwillig den Kopf. Doch Martins fragender Blick machte ihr deutlich, dass er sich wohl mit dieser Antwort nicht zufrieden geben würde. »Haben Sie Zeit für eine Tasse Kaffee?«, fragte sie ihn endlich.

»Ja, aber nur, wenn Sie mir erzählen, warum Sie so traurig schauen.«

Die beiden gingen in den Pausenraum und Lea schenkte Martin und sich je einen Pott Kaffee ein. Sie reichte Martin einen davon und lehnte sich an die Spüle.

»Mit meiner Beförderung wird es leider nichts«, rückte sie nach einer kleinen Pause heraus. »Die Teamleitung für die Empfangsbereiche von AGATI Frankfurt wird ein Anderer übernehmen.«

»Ein Anderer? Also ein Mann? Jemand aus einer der anderen Niederlassungen?«

»Nein, hier aus dem Haus.«

»Ich dachte, hier arbeiten nur Frauen am Empfang«, wunderte sich Martin.

»Das stimmt. Es ist auch jemand aus der Hausverwaltung, der bisher nichts mit dem Empfangsbereich zu tun hatte.«

»Und was soll das für einen Sinn haben?«

»Mir wurde gesagt, dass die Position zum Beispiel auch das Beauftragen von Handwerkern und Technikern für Arbeiten an den Empfängen beinhalten würde. Und da hätte ich keine Erfahrungen.«

Martin schüttelte den Kopf: »Hier klingelt doch ständig das Telefon, wenn irgendwo irgendetwas nicht geht. Die Leute drücken einfach auf die Null und fordern Hilfe an. Es ist doch Ihr täglich Brot, diese Hilfe zu organisieren.«

»Stimmt. Aber offiziell gehört es nicht zu unseren Aufgaben. Unterschwellig klang auch ein ganz anderer Grund für meine Ablehnung durch.«

»Und der wäre?«

»Sie trauen das einer Frau nicht zu. Das ist das Problem. Nicht mangelnde Erfahrung, sondern das falsche Geschlecht.«

»Nein.« Martin schüttelte bestimmt den Kopf. »So was gibt es doch heute nicht mehr. Das wäre ja Ungleichbehandlung!«

Lea Richter lachte bitter. »An der Universität wird das anscheinend schon als etwas aus vergangenen Zeiten behandelt. Aber das gibt es sehr wohl noch. Wie man sieht.«

»Dagegen gibt es doch alle möglichen Gesetze und Vorschriften!«, erwiderte Martin.

»Das mag sein. Doch sagen Sie mir einmal, wie ich jemand nachweisen soll, dass dieses dumme Handwerkerargument nur vorgeschoben ist.«

Martin spürte einen starken Unwillen in sich aufsteigen. Da gab es ganz offensichtlich etwas, das es nach seinem Wertempfinden nicht geben durfte und das auch schlichtweg gegen Regeln verstieß.

»Man muss doch irgendetwas dagegen unternehmen können!«

»Nein«, sagte Lea. »Zumindest nicht kurzfristig. Ich habe mit den Leuten gesprochen und sie stellen sich stur.«

»Ich beginne morgen meinen Einsatz in der Personalabteilung. Da kann ich es doch vorbringen«, schlug Martin vor.

»Das ist sehr lieb. Aber wenn Männer den Kampf um Gleichberechtigung für uns führen würden, dann wäre der Erfolg ein zweifelhafter. Im Ergebnis würde uns Frauen vielleicht zwar etwas gewährt werden, doch es ist wichtig, dass wir es uns selbst nehmen. Verstehen Sie?«

»Ich versuche es«, nickte Martin. »Ich kann es einfach nicht glauben. Ein so modernes Unternehmen wie die AGATI. Und dann so etwas. Mit solch einem Verhalten verärgere ich doch die Hälfte der Belegschaft!«

»Ja, allerdings. Die Ungleichbehandlung ist einer der größten Fehler, die ein Unternehmen im Umgang mit den eigenen Mitarbeitern machen kann.«

Fehler 18:
Behandle Frauen schlechter als Männer

»Frauen sind anders – Männer auch« lautet der Untertitel eines erfolgreichen Beziehungsbuches. Viele Unternehmen scheinen diesen Titel verinnerlicht zu haben. Sie behandeln weibliche Beschäftigte anders als ihre männlichen Mitarbeiter. Wobei dieses »anders« immer ein Synonym für »schlechter« ist.

Die Liste der Beispiele ist lang. Frauen bekommen in vielen Unternehmen für die gleiche Arbeit immer noch weniger Geld als ihre männlichen Kollegen. Sie müssen dafür aber häufig mehr leisten. Sie werden seltener befördert. Im Einzelhandel sind die meisten Mitarbeiter weiblich – nur der Filialleiter ist garantiert männlich. Ähnlich sieht es in den Schulen aus. Der Schulleiter ist meist eben genau das: ein Leiter und keine Leiterin. Frauen erreichen nur in Ausnahmefällen die höchste Managementebene. Wenn bei einem Meeting Kaffee zu kochen ist, wird noch oft von den Frauen erwartet, dass sie sich darum kümmern. In der Besprechung wird ihnen von Männern auffallend häufig das Wort abgeschnitten. Nicht etwa deshalb, weil Frauen mehr quasseln würden als ihre männlichen Gesprächspartner – das Gegenteil ist der Fall –, sondern weil diese offensichtlich die Meinung der Frauen als irrelevant betrachten.

Frauen sehen sich auch wesentlich häufiger als Männer verbalen persönlichen Attacken ausgesetzt. Seien es verniedlichende Bemerkungen, herablassende Äußerungen, vermeintlich witzige Sprüche oder mehr oder weniger verbrämte sexistische Kommentare. Überdies werden sie natürlich auch immer wieder von männlichen Kollegen angemacht.

Lange Zeit haben Frauen die unfaire Ungleichbehandlung fatalistisch akzeptiert. »Das ist halt so«, sagten sie. Inzwischen hat sich das Blatt jedoch vielerorts gewendet. Frauen sind selbstbewusster und selbstsicherer geworden. Sie machen sich nicht mehr selbst klein und lassen es auch nicht mehr so ohne weiteres zu, wenn andere versuchen, sie klein zu machen.

Für solch eine selbstbewusste Frau sind die großen und kleinen Benachteiligungen eine ständige Frustrationsquelle. Dass ihr Arbeitgeber es Kollegen nur deshalb, weil sie einen Penis zwischen den Beinen tragen, erlaubt, sich mehr herauszunehmen, ist für sie total unakzeptabel. Noch mehr natürlich, dass das Unternehmen Männer aktiv besser behandelt als sie. Viele Mitarbeiterinnen bauen deshalb im Laufe der Zeit eine Aversion gegen ihren Arbeitgeber auf, die sich auf ihre Arbeitsfreude legt und sich häufig auch irgendwann einmal mit aller Macht entlädt.

Was betroffene Mitarbeiterinnen tun können

Sie werden aufgrund Ihres Geschlechts schlechter gestellt als Ihre männlichen Kollegen?

Dagegen sollten Sie sich wehren!

Bevor Sie jedoch in den Krieg ziehen, sollten Sie sich zunächst einmal ehrlich der Frage stellen, ob Sie denn aus Sicht der entscheidenden Personen wirklich mit den männlichen Kollegen vergleichbar sind. Dabei müssen Sie berücksichtigen, dass in den meisten Unternehmen immer noch primär »Männerregeln« gelten. So wird immer noch mehr auf die Quantität als die Qualität geachtet und erzielte Leistungen werden einer ausgiebigen Selbstbeweihräucherung unterzogen. Das mag beklagenswert und abgrundtief falsch sein – aber es ist nun einmal Fakt. Um aus Sicht der Entscheidungsträger vergleichbar zu sein, müssen Sie also den Mindestanforderungen der männlichen Regeln genügen. Sofern Sie bisher nicht auf die Einhaltung der Männerregeln (so unsinnig oder unproduktiv die Ihnen auch oft erscheinen mögen) geachtet haben, sondern ausschließlich mit Frauenregeln spielten, sind die Chancen, dass Sie als gleichwertig angesehen werden, ziemlich gering.

Am einfachsten bekommen Sie heraus, ob Sie sich aus Sicht der Männerwelt falsch verhalten, wenn Sie sich mit männlichen Kollegen darüber austauschen. Fragen Sie Kollegen, von denen Sie ein ehrliches Feedback erwarten. Wird dabei klar, dass Sie sich offensichtlich an den Erwartungen Ihrer Umgebung vorbei bewegen, liegt die Entscheidung bei Ihnen: Sie können sich künftig anpassen oder müssen mit den Konsequenzen leben. Eine der möglichen Konsequenzen ist, dass Sie mit dem Frust von verlorenen Kämpfen umgehen müssen. Das ist meistens dann der Fall, wenn Sie die betreffende »Männerregel« grundsätzlich in Frage stellen und stattdessen die entsprechende »Frauenregel« propagieren. Die Erfolgsaussichten hierfür sind in männerregeldominierten Unternehmen nach wie vor sehr gering. Das bedeutet allerdings nicht, dass Ihr Kampf vergeblich ist. Für Ihre Geschlechtsgenossinnen wird sich Ihr Einsatz langfristig lohnen. Steter Tropfen höhlt bekanntermaßen den Stein. Das hat die Frauenbewegung in den letzten hundert Jahren eindrucksvoll bewiesen. Nur Sie selbst haben eben nichts davon außer Frust.

Wenn Sie Ihre Sache für gerecht und auch vor dem Hintergrund der Firmenkultur gerechtfertigt halten, sollten Sie auf alle Fälle für Ihre Interessen kämpfen. Das bedeutet in erster Linie einmal, Ihre Interessen den Entscheidungsträgern gegenüber deutlich zu formulieren. Sie wollen den Job, den ein weniger qualifizierter Mann bekommen soll? Sagen Sie das Ihrem Chef! Sie wollen mindestens so viel verdienen wie Ihre männlichen Kollegen? Sagen Sie es! Zeigen Sie, dass Sie sich nicht hinters Licht führen lassen. Zeigen Sie Ihre Unzufriedenheit. Stellen Sie Ihre Forderungen auf und hinterfragen Sie jeden Einwand. Fragen, fragen und nochmals fragen. Es gibt kein stärkeres Mittel. Sie können sich natürlich auch andernorts über Ihren Chef beschweren. Sie können zur Personalvertretung laufen. Sofern es eine Frauenbeauftragte gibt, können Sie auch deren Hilfe in Anspruch nehmen. Manchmal gehen solche Einsätze gut. Schon öfters hat sich auf diese Weise eine Frau eine bestimmte Stelle ertrotzt. Allerdings liegt nach derart erzwungenen Lösungen jedoch jede Menge Spannung in der Luft. Diese auszuhalten fällt vielen schwer.

Wesentlich besser, als gegen bereits getroffene Entscheidungen anzurennen, ist es, seine Interessen bereits im Vorfeld vehement zu vertreten. Die Chancen, einen Abteilungsleiterjob zu ergattern, sind viel größer, wenn noch kein Name im Spiel ist. Agieren Sie also möglichst proaktiv und nicht reaktiv.

Denken Sie immer daran, dass es sich um einen langfristigen Kampf handelt. Die Benachteiligung von Frauen im Berufsleben ist nicht von heute auf morgen zu beseitigen. Deshalb sollten Sie sich auch gut überlegen, ob Sie bereits nach einem verlorenen Kampf kündigen sollten. Auch wenn die persönliche Niederlage Sie schmerzt: Die Chancen, in ein Unternehmen zu kommen, das nicht besser ist, sind ziemlich groß. Vorteilhafter wäre es wahrscheinlich, das schlechte Gewissen der Vorgesetzten dazu zu nutzen, um bei der nächsten Gelegenheit zu gewinnen. Eine verlorene Schlacht ist ja bekanntlich noch lange kein verlorener Krieg.

Sind Sie aber ein Mann und damit potenzieller Nutznießer der Ungleichbehandlung von Frauen, dann sollten Sie gegen eine solche Ungleichbehandlungspraxis klar Stellung beziehen. Setzen Sie sich stets ein, wenn eine Frau ungerechtfertigterweise benachteiligt wird. Dabei brauchen Sie sich nicht als selbstloser Ritter zu fühlen. Vielmehr ist eine Firmenkultur, die primär auf Leistung und Eignung abhebt, in Ihrem ureigensten Interesse. Ein Unternehmen, das Vorurteile und Ungleichgewichte bezüglich Frauen zulässt, wird nämlich auch ganz unverblümt andere Ungleichgewichte zulassen. Dann kann es passieren, dass plötzlich ein anderer Ihren Traumjob erhält, weil seine verwandtschaftlichen Beziehungen zum Chef seine miesen Leistungen ausgleichen.

Oder Sie bekommen plötzlich eine männliche Pfeife vor die Nase gesetzt, weil die wirklich geeignete Kandidatin keine Chance erhielt.

Mit einer ruhigen aber deutlichen Stellungsnahme ist oft sehr viel zu erreichen. Dem Chef wird dadurch klargemacht, dass er bei geschlechtsspezifischer Unfairness nicht mit der allgemeinen, stillschweigenden Unterstützung der männlichen Mitarbeiter rechnen kann. Der betroffenen Mitarbeiterin kann es auch nicht schaden, wenn sie merkt, dass sie nicht vollkommen alleine mit ihrer Meinung steht. Für besonders gute Kolleginnen können Sie auch aktives Lobbying betreiben. Gleichgültig, wie stark Sie Ihre Kollegin unterstützen, sie wird Ihnen Ihre Parteinahme sicherlich nie vergessen.

Versuchen Sie allerdings nicht, den Kampf an Stelle Ihrer Kollegin zu führen. Das wäre eine neuerliche Bevormundung. Vielleicht will sie ihn ja auch gar nicht führen. Mischen Sie sich als Mann deshalb nur in dem Maße ein, wie Ihre Kollegin das will.

Fazit: Die Ungleichbehandlung von Frauen ist eine ebenso spezielle wie traditionsreiche Art der Unfairness. Auch die weite Verbreitung rechtfertigt sie nicht, macht aber den Kampf gegen sie so langwierig.

Lea Richter sah auf die Uhr. »Jetzt muss ich aber wirklich an die Arbeit.«

»Für mich ist es auch Zeit«, nickte Martin.

»Sagen Sie mir noch eines: Als Sie kamen, hatten Sie einen fast verklärten Blick. Was ist Ihnen denn Schönes passiert?«

Martin musste unwillkürlich wieder lächeln. Dieses Lächeln, das man nicht mehr aus dem Gesicht bringt, wenn man frisch verliebt ist.

»Ich hatte einen sehr netten Abend«, antwortete er.

»Der muss aber ausgesprochen nett gewesen sein«, schmunzelte Lea. »Nun muss ich aber wirklich wieder ran. Einen schönen Tag noch!«

Die beiden verabschiedeten sich und Martin schwebte weiter in Richtung Aufzug.

Es hatte ja nur besser werden können: Die letzten Tage im Technischen Dienst waren grauenhaft gewesen. Immerhin hatte Martin kurz hintereinander den Weggang von zwei Bezugspersonen verkraften müssen. Beide hatte er nicht nur als gute Mitarbeiter, sondern auch als sympathische Menschen respektiert. Selbst Eisenschwerts Kontrollmarotte war ihm im Nachhinein nicht mehr so negativ in Erinnerung.

Zwischenzeitlich hatte er auch das letzte der externen Trainings hinter sich gebracht, bei dem den Trainees eine Woche lang Verkaufstechniken eingetrichtert worden waren. Nun, nach knapp neun Monaten, war Martin endlich in der letzten Station seiner Trainee-Laufbahn angelangt, nämlich in der Personalabteilung. Da Michael Bossert als Personalvorstand das Trainee-Programm persönlich verantwortete, wollte er jeden einzelnen der High Potentials auch selbst begutachten. Martin war der letzte, der in seinem Bereich hospitierte. Für Bossert hatte das Programm schon seit einer ganzen Weile den Reiz des Neuen verloren. Auch Großknecht, der Vorstandsvorsitzende, fragte kaum mehr nach, wie sich »die Neuen« denn machten. Deshalb genoss Martin auch nicht mehr das Privileg der ersten Trainees, direkt für Bossert zu arbeiten. Er wurde stattdessen Annegret Schmidt zugeordnet, die die Abteilung Personalentwicklung bei der AGATI AG leitete. Ihre Aufgabe bestand vor allem darin, aus dem Heer von Angestellten diejenigen herauszupicken, die für »höhere« Aufgaben geeignet schienen. Außerdem konzipierte ihre Abteilung Förderprogramme, in deren Rahmen die auserwählten AGATI-Mitarbeiter für diese höheren Aufgaben vorbereitet wurden. Annegret Schmidts Leute waren es gewesen, die mehr oder weniger über Nacht das Trainee-Programm aus dem Boden hatten stampfen müssen, an dem Martin teilnahm.

Martin freute sich darauf, endlich wieder in einem Bereich zu arbeiten, der mehr mit seinem Studium zu tun hatte als der Technische Dienst.

Als Martin in Annegret Schmidts Abteilung anfing, arbeitete man dort gerade fieberhaft an der Einführung eines neuen Förderprogramms für unternehmensinterne High Potentials. Nachdem in den vergangenen Monaten vollkommen überraschend für die Geschäftsleitung einige Hoffnungsträger gekündigt hatten, konnte Michael Bossert Großknecht davon überzeugen, dass nach dem teuren Trainee-Programm für neue Mitarbeiter nun wieder etwas mehr für die vorhandenen Mitarbeiter getan werden musste. Man hatte nun alle Abteilungsleiter aufgefordert, viel versprechende Mitarbeiter für das Programm vorzuschlagen. Darüber hinaus konnten sich Mitarbeiter auch selbst für das Programm bewerben. Diese Gelegenheit wurde aber kaum wahrgenommen, da die Aufnahme in das Programm ohne Unterstützung des Vorgesetzten ohnehin wenig Chancen hatte.

Die Teilnehmer sollten durch Assessment-Center geschleust werden, in denen die individuellen Stärken und Schwächen analysiert wurden. Darauf aufbauend sollten individuelle Entwicklungspläne aufgestellt werden. Da Großknecht und Bossert ihr persönliches Interesse signalisiert hatten, waren der Eifer und der Erfolgsdruck hoch. Also wurde Martin vom ersten Tag an mit Arbeit regelrecht zugeschüttet. Seine Aufgabe bestand darin, die Anmeldungen entgegenzunehmen, Standardanfragen zum Programm zu beantworten und bei der Planung der Assessment-Center mitzuhelfen. Die ersten Tage vergingen wie im Flug. Einmal musste Martin sogar sein mittlerweile allabendliches Date mit Martina absagen, weil er völlig ausgelaugt war. Aber er war rundum glücklich.

Als er sich eines Nachmittags gerade den Kopf darüber zerbrach, wie die angemeldeten Teilnehmer sinnvoll in die Assessment-Center aufzuteilen wären, klingelte das Telefon. Am anderen Ende meldete sich ein Lukas Mahler. Der Name kam Martin bekannt vor.

»Herr Mahler? Doch nicht etwa der Herr Mahler aus der Abteilung von Herrn Marquard?«

»Ja, genau, Produktmanagement Consumer Goods. Kennen wir uns?«

»Ich bin Martin Guter. Ich war im Rahmen meines Trainee-Programmes einige Wochen bei Ihnen in der Abteilung. Ich habe für Frau Schwind gearbeitet.« Martin erinnerte sich an Lisa Schwinds ehemaligen Kollegen als einen noch recht jungen, aber sehr zielstrebigen Mann, für den Lisa nur Lob übrig gehabt hatte.

»Ah, jetzt klingelt es. Frau Schwind hat uns ja zu der Zeit leider verlassen, richtig?«

»Das stimmt«, antwortete Martin. »Und so viel ich gehört habe, ging kurz danach auch ihr Nachfolger.«

»Ja, er hat es ohne Lisa Schwind nicht lange bei uns ausgehalten.« Mahler machte eine kurze Pause und atmete hörbar durch. »Sie arbeiten jetzt in der Personalabteilung?«

»Ich bin hier nur als Trainee. Momentan nehme ich Anmeldungen für das neue Personalentwicklungsprogramm entgegen. Rufen Sie wegen des Programms an?«

»Ja. Ich möchte mich selbst dafür vorschlagen.«

Martin konnte an Mahlers Stimme hören, dass er sich dabei nicht so richtig wohl in seiner Haut fühlte.

»Endlich mal jemand, der sich selbst traut!«, versuchte ihm Martin Mut zu machen.

»Das ist eher ungewöhnlich, nicht?«, fragte Mahler vorsichtig.

»Das schon«, antwortete Martin, »aber es ist ausdrücklich im Programm vorgesehen. Also kann es ja nicht falsch sein.«

»Vor allem, wenn sich der eigene Chef nicht dazu durchringen kann, etwas für seine Leute zu tun«, seufzte Mahler.

»Es ist vorgesehen, dass der Vorgesetzte eine Eigenbewerbung mitträgt«, sagte Martin, der von Annegret Schmidt auf solche Gespräche gründlich vorbereitet worden war. »Wenn er nach Ihrer Bewerbung nicht eine ausdrückliche Empfehlung abgibt, müssen Sie sich allerdings qualifizieren. Das geschieht über die Teilnahme an einem Workshop. Aber warum sollte sich Marquard dagegen wehren?«

»Ich finde es überhaupt erst einmal schade, dass er mich gar nicht vorgeschlagen hat«, erwiderte Mahler, ohne auf die Frage einzugehen. »Das lässt schon tief blicken. Aber letztendlich geht es um meine Karriere und die muss ich nun wohl selbst in die Hand nehmen.«

»Ich leite das an Frau Schmidt weiter«, versprach Martin. »Sie ist momentan in einer Besprechung. Aber sie wird sich sicher heute noch bei Ihnen melden.«

»Gut, ich warte dann auf ihren Anruf.«

Die beiden verabschiedeten sich und Martin machte eine Notiz für Annegret Schmidt.

Wenige Stunden später saßen Annegret Schmidt, Jörg Marquard und Lukas Mahler in einem der Besprechungsräume der Personalabteilung. Auch Martin war dabei. Seine Chefin hatte ihm erlaubt, beim Gespräch anwesend zu sein, zumal er ja auch mit Mahler telefoniert hatte.

Marquard saß in angespannter Haltung, die Hände auf die Knie gestützt, Annegret Schmidt gegenüber. Er sah sie mit leicht zusammengekniffenen Augen an, die immer wieder einmal zu Mahler herüberblitzten, der neben ihm saß. Martin ignorierte er demonstrativ.

Von Beginn des Gespräches an hatte Marquard klargemacht, dass er gegen eine Teilnahme Mahlers war.

»Welche Gründe haben Sie denn, Herrn Mahlers Bewerbung für das Entwicklungsprogramm abzulehnen?«, fragte Annegret Schmidt.

»Zunächst einmal sollte doch der normale Weg sein, dass ein Abteilungsleiter Mitarbeiter empfiehlt«, blockierte Marquard Schmidts Frage. »Und ich habe Herrn Mahler nicht nominiert. Nun bin ich ziemlich überrascht, dass er meine Entscheidung nicht akzeptiert.«

»Mir fällt auf«, sagte Anngret Schmidt betont ruhig, während sie in den Teilnehmerlisten blätterte, »dass aus Ihrem Bereich überhaupt niemand angemeldet wurde.« Sie sah Marquard fragend an.

»Auch dafür werde ich wohl meine Gründe gehabt haben«, gab der zurück.

»Und die wären?« Schmidt wurde sichtlich ungeduldig.

»Ich frage mich, mit welcher Berechtigung Sie hier Entscheidungen hinterfragen, die ich in meinem Bereich fälle. Ich rede Ihnen ja auch nicht in Ihre Arbeit hinein. Wann meine Mitarbeiter reif für weitere Karriereschritte sind und zu welchen mehr oder weniger sinnvollen Programmen sie angemeldet werden, ist ja wohl meine Sache.«

»Das ist es nur zum Teil«, antwortete Schmidt, deren Ruhe Martin bewunderte. »Das Entwicklungsprogramm wird von der Unternehmensleitung unterstützt. Ziel ist es, High Potentials zu identifizieren und zu fördern, und das mit oder ohne Unterstützung ihrer Vorgesetzten. Uns ist es natürlich lieber, wenn alle an einem Strang ziehen. Aber wenn Herr Mahler die Voraussetzungen erfüllt, dann kann er auch gegen Ihren Willen am Programm teilnehmen.«

»Wie stellen Sie sich das eigentlich vor?«, platzte Marquard endgültig der Kragen. »Ich habe vor nicht allzu langer Zeit zwei Mitarbeiter verloren. Und da soll ich jetzt meinen besten Mann in Ihr Programm stecken, damit er im Endeffekt auch noch aus meinem Bereich herausbefördert wird?«

»Ah, so läuft der Hase!«, meldete sich nun auch Mahler selbst zu Wort. »Sie wollen mir die Teilnahme nicht verweigern, weil ich ungeeignet wäre, sondern weil Sie mich auf Biegen und Brechen in meiner Position halten wollen! Das darf doch nicht wahr sein!« Mahler war rot angelaufen.

»Bitte, meine Herren, lassen Sie uns da in Ruhe eine Lösung finden«, bemühte sich Schmidt, die Wogen zu glätten.

»Wie wird denn entschieden, ob ich die Voraussetzungen erfülle?«, fragte Mahler, der das Gespräch nun selbst in die Hand nehmen wollte. Seine Gesichtsfarbe normalisierte sich wieder.

»Am übernächsten Mittwoch findet ein kleiner Workshop statt, in dem wir uns mit den Kandidaten beschäftigen, die sich selbst angemeldet haben. Dort finden wir dann gemeinsam mit Ihnen heraus, ob das Programm für Sie zum jetzigen Zeitpunkt der richtige Schritt ist.«

»Keine Chance!«, polterte Marquard. »Übernächste Woche sind wir auf einer Messe. Da ist Herr Mahler absolut unabkömmlich.«

»Sie würden uns allen einen großen Gefallen tun, wenn Sie für diesen einen Tag eine Lösung finden könnten, Herrn Mahler hier zu lassen, Herr Marquard.« Annegret Schmidt war zwar noch ruhig, aber ihre Stimme klang bereits etwas gepresst.

»Sie können nicht einschätzen, wie wichtig diese Messe für uns ist. Und Herr Mahler muss über die volle Dauer dort sein. Punkt.«

Mahlers Gesicht färbte sich wieder dunkelrot ein und er sprang auf. »Lieber Herr Marquard! Seit zwei Jahren rackere ich wie ein Bekloppter und ich leiste, wie ich glaube, auch qualitativ verdammt gute Arbeit. Was glauben Sie denn, wofür ich das tue? Um mein Leben lang auf dieser Position festzusitzen? Zwei Jahre lang habe ich jetzt den braven Soldaten gespielt. Zwei Jahre, in denen Sie mir keine Möglichkeit gegeben haben, mich weiterzubilden oder in irgendeiner Art zu entwickeln. Nun bietet sich einmal die Chance, etwas für mein Weiterkommen zu tun, und was machen Sie? Sie blockieren! Tun gerade so, als würde ich hier etwas Unverschämtes verlangen!«

Schmidt machte eine beschwichtigende Handbewegung. »Bitte, lassen Sie uns das doch in Ruhe klären.« Doch Martin sah in Mahlers Gesicht nicht die geringste Bereitschaft, sich zu beruhigen.

»Da gibt es nichts in Ruhe zu klären. Sie hören doch Herrn Marquards Null-Argumente. Darauf gibt es nur eine vernünftige Antwort: Ich kündige! Ich lasse mich hier doch nicht veräppeln!« Mahler ging mit schnellen Schritten zur Tür, öffnete sie und knallte sie hinter sich wieder zu. Zurück blieben drei ratlose Gesichter. Marquard fasste sich als erster wieder.

»Sie mit Ihrem bescheuerten Programm! Jetzt muss ich wieder versuchen, ihm diesen Blödsinn auszureden. Eines kann ich Ihnen versprechen: Falls es mir nicht gelingt, wird Ihr Herr Bossert etwas von mir zu hören bekommen. Mir meinen besten Mann zu vergraulen!«, schimpfte er und verließ ebenfalls den Raum.

Annegret Schmidt schüttelte mit starrem Blick den Kopf.

»Passiert so etwas öfter?«, brach Martin das Schweigen.

»Nicht in dieser Heftigkeit.« Schmidts Stimme klang etwas zittrig. »Aber was Sie hier gesehen haben, das kommt in etwas abgeschwächter Form leider ständig vor.«

»Dass Chefs ihre Mitarbeiter nicht weg lassen wollen?«

»Es ist mehr als das. Da wird ein ganz grundlegender Fehler gemacht.«

»Welcher denn?«

»Viele Vorgesetzte versuchen, ihre Mitarbeiter klein zu halten.«

Fehler 19:
Halte deine Mitarbeiter klein – fördere sie nicht

Menschen arbeiten hart, um etwas zu lernen – und zwar vom Säuglingsalter an. Wenn Kleinkinder etwas Neues gemeistert haben, sind sie ungeheuer stolz. Sie zeigen es ihren Eltern und versuchen von da an, die neue Fähigkeit möglichst intensiv anzuwenden. Die daraus resultierenden Erfolgserlebnisse schaffen dem Kind große persönliche Befriedigung, mehr Selbstvertrauen und damit eine größere Selbstständigkeit. Aus dem größeren Selbstvertrauen heraus setzt sich das Kind meist neue, größere Ziele. So krabbelt ein Kleinkind zwar eine Zeit lang ganz begeistert über den Boden. Doch sobald es erkennt, dass die neu gewonnene Reichweite durch den aufrechten Gang noch deutlich erhöht werden kann, wendet es sich dieser neuen Methode zu.

Leider haben offensichtlich viele Manager noch nie Kinder großgezogen. Sonst würden sie nicht dem Irrglauben aufsitzen, sich im Berufsleben gegen das elementare menschliche Bedürfnis nach Weiterentwicklung ungestraft auflehnen zu können. Denn genau das tun sie nur zu oft. Ihr ganzes Bestreben scheint darauf konzentriert, ihre Mitarbeiter möglichst klein und dumm zu halten. Sie geben ihnen nur unbedeutende Aufgaben – oder Aufgaben, die ein hohes Risiko des Scheiterns tragen. Am liebsten beschäftigen sie sie mit den immer gleichen langweiligen Tätigkeiten. Alles Wichtige, Interessante, Neue und Erfolgversprechende reißen sie an sich. Sie sorgen dafür, dass bei Erfolgen alleine sie sichtbar werden – besonders groß und besonders strahlend natürlich, damit die anderen noch kleiner und unscheinbarer wirken. Niemals lassen sie Mitarbeiter wichtige Projekte präsentieren und in wichtige Besprechungen gehen natürlich auch nur sie selbst. Dafür lassen sie ihre Mitarbeiter regelmäßig bei sich selbst antanzen und demonstrieren ihre Macht. Wenn sie die Mitarbeiter im Vorzimmer eine Zeit lang warten lassen können, dann tun sie das mit größtem Wohlgefühl. Wo immer es geht, verhindern diese Manager Weiterbildungsmaßnahmen. Die Mitarbeiter ihres Bereichs sind viel seltener auf Schulungen und Kursen als die der Nachbarabteilungen.

Im Grunde ihres Herzens lieben solche Vorgesetzte Pannen und Misserfolge. Denn dann können sie den verantwortlichen Mitarbeiter abkanzeln und ihm damit zeigen, wer das Sagen hat. Sie kämen bei einer internen Projektbesprechung auch nie auf die Idee, sich über jene 95 Prozent auszulassen, die gut gelaufen sind. Stattdessen reiten sie ewig auf den fünf Prozent herum, die nicht ganz optimal liefen. Wenn sie nicht gerade ihre Mitarbeiter zurechtweisen, befleißigen sie sich im Umgang mit ihnen eines belehrenden Tonfalls, gerade so, als hätten sie es mit unmündigen Kindern zu tun. Lob kommt selten über ihre Lippen – am allerwenigsten natürlich vor den Ohren anderer. Ihr Bestreben, keinem Mitarbeiter eine Perspektive zu geben, geht oft so weit, dass sie nicht einmal einen richtigen Stellvertreter haben. Schließlich würde der Stellvertreterstatus jemanden aus der Menge hervorheben, worauf dieser als eigene Person sichtbar würde. Welch furchtbare Vorstellung!

Für die Mitarbeiter sind solche Chefs kaum zu ertragen. Sie engen ein und frustrieren. Sie vergällen einem die Freude an der Arbeit und rauben einen Teil des Lebenssinns. Letztendlich rauben sie auch das Selbstwertgefühl. Selbst dickhäutige Menschen werden mit der Zeit von Zweifeln befallen und sie fragen sich, ob es nicht vielleicht doch an ihnen selbst liegt, dass sie nicht wichtigere Aufgaben übertragen erhalten.

Was betroffene Mitarbeiter tun können

Ihnen kommt das Beschriebene seltsam vertraut vor?

Auch Sie werden von Ihrem Chef ständig klein gehalten?

Das müssen und das dürfen Sie nicht akzeptieren! Jeder Mensch hat das Recht und auch die Pflicht zur Weiterentwicklung. In Zeiten unsicherer Arbeitsplätze sind umfassende und aktuelle Kenntnisse sowie gesundes Selbstvertrauen nämlich unerlässlich für die langfristige Sicherung der Beschäftigung. Lassen Sie sich deshalb von Ihrem Chef nicht Ihre berufliche und persönliche Zukunft torpedieren.

Mit Ihrem Anspruch stehen Sie nicht alleine. Die Geschäftsleitung vertritt den gleichen Standpunkt. Sie will hochqualifizierte, selbststeuernde Mitarbeiter. Eine zentrale Funktion Ihres Chefs besteht deshalb darin, Sie in Ihrer persönlichen und fachlichen Weiterentwicklung zu fördern. Wenn er diese Funktion nicht wahrnimmt, macht er einen schlechten Job. Dummerweise hat das aber normalerweise mehr negative Konsequenzen für Sie als für ihn.

Sofern Ihr Chef nicht gleichzeitig »Micro-Management« betreibt – sich also nicht in die Details einmischt –, können Sie sich eigenmächtig Aufgaben an Land ziehen, die Ihnen Spaß machen. Leider sind Manager, die ihre Mitarbeiter klein halten wollen, häufig auch gleichzeitig solche, die sich ständig einmischen. Beiden Verhaltensweisen liegt nämlich häufig die gleiche Angst zugrunde. Das bedeutet, dass Sie auch in diesem Falle nur versuchen können, die

Angst zu besänftigen. Die Vorgehensweise ist identisch mit der, die Sie bei micromanagenden Vorgesetzten anwenden: Ein persönliches Gespräch, in dem Sie Ihrem Chef Ihre Unzufriedenheit klarmachen. Dann kommt Ihre Forderung nach interessanteren und umfassenderen Aufgaben. Dabei bietet es sich an, eine spezifische Aufgabe vorzuschlagen, die gerade aktuell ansteht und für deren Erledigung Sie kompetent sind. Ein anderer Ansatz besteht darin, einen Entwicklungsplan vorzuschlagen, der Ihre Weiterqualifikation der nächsten 24 Monate definiert. Sofort anschließend muss die Besänftigung der Angst erfolgen: also die Definition der Meilensteine und Kontrollpunkte, die dem Chef das Gefühl geben, nicht die Kontrolle zu verlieren.

Anschließend müssen Sie kontinuierlich daran arbeiten. Das eigene Aufgabenfeld ist abzusichern und ständig zu erweitern. Wenn der Chef in sein altes Verhaltensmuster zurückfällt – was er zu Beginn häufig tun wird –, muss er an die getroffenen Vereinbarungen erinnert werden.

Was tun Sie, wenn der Vorgesetzte sich nicht ändert? Wenn Sie weder Weiterbildung noch interessante, bedeutungsvolle Arbeiten erhalten? Da hilft nur eines: Suchen Sie sich einen anderen Chef. Bewerben Sie sich intern oder extern. Tun Sie es nicht, werden Sie sich über kurz oder lang an die unzumutbaren Zustände gewöhnen. Ihr Selbstvertrauen wird sich zu einer mikroskopisch kleinen Kugel zusammenziehen und Sie werden beten, dass Sie sich niemals mehr einen anderen Job suchen müssen, weil Sie den sowieso nicht ausfüllen könnten. Für Außenstehende werden Sie wie ein 42-Jähriger wirken, der sich, den Schnuller im Mund, noch immer von seiner Mutter im Buggy durch die Gegend fahren lässt: Lächerlich, lebensuntüchtig und zurückgeblieben.

Fazit: Ein Job, bei dem man fachlich und persönlich nichts dazulernen kann und sich persönlich nicht weiterentwickeln darf, ist kein Job, sondern eine Strafe. Sofern man nicht von einem Richter rechtskräftig dazu verurteilt wurde, sollte man schauen, dass sich etwas ändert – und nötigenfalls gehen.

Es war wieder einer dieser Tage, an denen Martin bis spät abends im Büro saß. Die Szene, die er am Nachmittag erlebt hatte, beschäftigte ihn so sehr, dass es ihm schwer fiel, sich richtig zu konzentrieren. Diesen Mangel an Konzentration büßte er nun eben in Form längerer Arbeitszeit. Vor einer halben Stunde schon hatte er Martina angerufen und ihr gesagt, dass aus ihrem

Treffen heute Abend nichts werden würde. Dabei war ihm aufgefallen, wie schnell aus dem Abenteuer eine Affäre und aus der Affäre eine feste Beziehung geworden war. Schleichend sozusagen. Seine Gedanken waren schon wieder von der Assessment-Center-Planung abgeschweift. Martin überlegte, ob er das mit Martina irgendwie hätte vorhersehen können, als sie sich kennen lernten. Aber er kam zu keinem Schluss. Das warme Gefühl im Bauch raubte ihm die Fähigkeit, klar zu denken. Er dachte an ihre erste Begegnung und die Zusammenarbeit in der EDV-Abteilung. Eines war ihm klar: Martina war sicher mehr als ein Trost dafür, dass er Susi verloren hatte. In diesen gänzlich unproduktiven, dafür aber um so schöneren Gedanken schwelgte Martin, als das Telefon klingelte. Verwundert über den späten Anruf nahm er ab. Sein erster Gedanke war, dass es vielleicht Martina sein könnte.

»Martin Guter.«

»Gehört Ihnen der blaue BMW mit dem Kennzeichen F-AF 3457?«, fragte eine weibliche Stimme, deren kurzatmige Undeutlichkeit an eine kaugummikauende Asthmatikerin erinnerte.

»Ja. Was ist denn damit?«

»Ich fürchte, ich habe ihn ein klein wenig angefahren. Könnten Sie kurz zum Parkplatz kommen? Vielleicht stammt die kleine Schramme ja doch nicht von mir. Falls doch, gebe ich Ihnen meine Versicherungsnummer.«

Martin stöhnte leise. Nicht, dass ihn eine Schramme am Auto sonderlich aufgeregt hätte, aber es nervte ihn, den Weg auf den Parkplatz und zurück machen zu müssen. Wenigstens war ihm jetzt klar, weshalb die Frau so aufgeregt nuschelte.

»Ich bin gleich unten«, sagte er unwillig. »Wir treffen uns an meinem Wagen.«

Er warf einen Blick auf den Bildschirm und überlegte, ob er den momentanen Bearbeitungsstand sichern, das Programm beenden und sich ausloggen sollte. Doch dann zuckte er die Schultern. In spätestens einer viertel Stunde würde er wieder zurück sein. Er nahm das Jackett vom Stuhl und eilte zum Aufzug.

Kaum war die Aufzugtür hinter Martin zugegangen, da öffnete sich neben dem Aufzug die Tür zum Treppenhaus. Ein Mann trat heraus und ging zielstrebig in Martins Büro. Drei Minuten später verließ er den Raum wieder.

»Ich hab' endgültig die Faxen dicke!« Oliver machte eine horizontale Bewegung mit der flachen Hand, die den Abschluss von etwas bedeutete.

Lea Richter und Martin, die mit ihm zusammen im Pausenraum hinter dem Empfang standen, sahen Oliver betreten an.

»Soll das heißen, dass du gehen willst?«, fragte Martin.

»Genau das soll es heißen. Ich warte nun schon eine ganze Weile auf den Bescheid, wann das mit der Rückversetzung in meine alte Abteilung klappt, und nun erfahre ich ganz beiläufig von meinem Chef, dass der Antrag schon seit ein paar Tagen abgelehnt ist. Die nehmen mich einfach überhaupt nicht ernst.« Olivers Stimme wechselte schnell zwischen Wut und Verzweiflung hin und her.

»So ein Mist«, sagte Martin. »Wir werden dich hier alle vermissen.« Er überlegte einen Moment, bevor er fortfuhr: »Ich weiß, es klingt doof, das gerade jetzt anzusprechen: Aber kommst du noch dazu, dich an Louisa Rieger heranzumachen?«

»Das wäre noch eine richtig gute Tat«, nickte Lea Richter.

Olivers Gesichtsausdruck wechselte schlagartig zu einem breiten Grinsen. »Schon passiert! Ich war gestern bei ihr und habe angeblich etwas zu reparieren gehabt. Ich sage euch: Das ist vielleicht ein Hot Shot!«

»Ts, ts«, schüttelte Lea lächelnd den Kopf. »Sie sollen sie aushorchen, nicht ihr verfallen!«

»Keine Sorge! Aber ich glaube, ich war richtig gut. Ich habe für heute Abend ein Date mit ihr.«

»Wie hast du denn das gemacht?«, fragte Martin mit Bewunderung in der Stimme.

»Ich bin mir nicht ganz sicher. Ich möchte ja schon glauben, dass sie mich einfach unwiderstehlich findet. Außerdem hat sie gesagt, ihr Mann wäre auf Geschäftsreise und sie hätte abends noch nichts vor. Aber es könnte auch sein, dass ihr Interesse durch ein paar Dinge geweckt wurde, die ich erzählt habe.«

»Welche Dinge?«, fragte Lea neugierig.

»Zum Beispiel, dass ich gerade von der Kaffeepause komme, bei der ich immer mit Ihnen und mit einem der Trainees, einem Martin, zusammensitze.«

»Hm ..., wenn es das ist, dann wären wir auf der richtigen Spur«, vermutete Martin.

»Aber es kann auch an meiner Lederhose gelegen haben«, grinste Oliver. »Die macht einen knackigen Hintern. Frauen mögen so was. Jedenfalls kann ich nicht abstreiten, dass ich mich auf das Date freue.«

»Du weißt aber schon, auf welcher Seite du stehst, oder?«, versicherte sich Martin.

»Klar. Aber ein wenig Spaß darf ich doch dabei haben, oder?«

»Das sei dir vergönnt.« Martin nahm einen Schluck aus der Kaffeetasse. »Aber was ganz anderes: Gestern ist mir vielleicht wieder etwas Seltsames passiert!«

»Ach ja?« Lea hob den Kopf und sah interessiert zu ihm. »Wieder ein Mobbingversuch?«

»Wenn ich das genau wüsste. Vielleicht ja. Vielleicht nein. Ich glaube manchmal, ich bin bereits paranoid.«

»Und das nicht ohne Grund. Was ist passiert?«, drängte Lea.

»Gestern Abend rief mich eine Frau im Büro an. Sie meinte, sie hätte mein Auto angefahren. Doch als ich zum Parkplatz kam, war niemand da. Ich bin mindestens zehn Minuten um mein Auto herumgekrochen und habe im diffusen Licht der Straßenlampen versucht, einen Schaden zu finden. Fehlanzeige. Nur ein kleiner Kratzer in der Fahrertür. Den habe ich aber schon länger.«

»Vielleicht ist das der Dame beim Warten klar geworden? Oder sie wollte einfach nicht länger auf Sie warten.«

»Das kann ich mir kaum vorstellen. Ich bin sofort nach ihrem Anruf runtergefahren. Wegen des langen Wartens kann es also nicht gewesen sein.«

»Das ist wirklich seltsam«, meinte Lea Richter nachdenklich. »Wie hat die Stimme denn geklungen?«

»Ziemlich undeutlich. Ich habe das auf die Aufregung zurückgeführt. In Zukunft werde ich meine Telefonate wohl mitschneiden müssen. Dann könnte ich die Aufnahmen Susi vorspielen, damit sie mir sagen kann, ob sie die Stimme wiedererkennt. Ich weiß ja immer noch nicht, wer sie damals angerufen und sich als Martina ausgegeben hat.« Martin schluckte. »Das heißt: Sofern Susi wieder einmal bereit sein sollte, mit mir zu reden.«

Lea Richter blickte teilnehmend. »So schlimm?«

»Noch schlimmer!« Martin nippte an seiner Tasse. Der bittere Zug um seinen Mund stammte nicht von dem starken Gebräu. »Aber es gibt auch Gutes zu berichten«, sagte er mit einem versöhnlicheren Gesichtsausdruck. »Das aber ein andermal.«

Am Nachmittag bemerkte Martin eine eigenartig kühle Stimmung. Annegret Schmidt betrachtete ihn ab und zu mit einem etwas schrägen Blick, wenn sie an ihm vorbeikam. Irgendwann fragte er sie, ob er etwas falsch gemacht hätte, weil sie ihn so seltsam ansah.

Sie schüttelte bedächtig den Kopf: »Nein. Nicht bei Ihrer Aufgabe. Aber was Sie da gestern getan haben, ist nicht in Ordnung. Absolut nicht in Ordnung.«

»Was ...?« Martin war derart perplex, dass er nicht weitersprechen konnte.

»Sie werden mit Sicherheit noch heute von Herrn Bossert zu einem Gespräch gebeten. Sie werden sich schon denken können, worum es geht.« Annegret Schmidt drehte sich um und verließ den Raum. Martin konnte sich nicht vorstellen, was er falsch gemacht haben sollte. Dafür, dass das Gespräch mit Marquard und Mahler nicht so optimal gelaufen war, konnte er doch wirklich nichts. Frau Schmidt hatte gestern auch nichts derartiges angedeutet. Sollte sich Marquard bei Bossert beschwert und Frau Schmidt die Schuld auf ihn abgeschoben haben? Martin wurde es warm. Eigentlich konnte es das gar nicht sein. Er hatte ja nur das Telefonat entgegengenommen. Und das sollte reichen, um ihm einen Strick daraus zu drehen?

Eine halbe Stunde später klingelte das Telefon. Eine halbe Stunde, in der sich Martin den Kopf zermartert hatte, was Frau Schmidt wohl gemeint haben könnte.

»Hier Kunert. Herr Dr. Bossert möchte Sie um 14 Uhr sprechen.« Die Stimme der Assistentin des Personalchefs kam kühl und unpersönlich über die Telefonleitung. Martin fragte sich, ob er sich die leise Spur von Abneigung nur einbildete.

»Um was geht es denn?«, fragte er.

»Herr Dr. Bossert meinte, dass Sie das wüssten.«

Nichts wusste er! Gar nichts! Martin zwang sich, sich seine Verzweiflung nicht allzu sehr anmerken zu lassen.

»Könnten Sie mir nicht einen kleinen Hinweis geben? Ich wüsste im Moment wirklich nicht, weshalb mich Herr Dr. Bossert sprechen möchte.«

Am anderen Ende der Leitung herrschte Ruhe. Martin konnte förmlich spüren, wie Frau Kunert nachdachte.

»Sie würden mir wirklich sehr damit helfen«, legte er nach.

Gerade als Martin nochmals drängen wollte, hörte er sie sagen: »Es geht um Ihren Verbesserungsvorschlag.«

Bevor er etwas erwidern konnte, legte sie auf. Wahrscheinlich hatte sie den

Hinweis bereits in dem Moment bedauert, in dem sie ihn ausgesprochen hatte.

Verbesserungsvorschlag? Martin schüttelte den Kopf. Er hatte noch nie einen Verbesserungsvorschlag gemacht. Irgendetwas war hier faul. Er sah auf die Uhr. Sie zeigte kurz vor zehn. Bis zum Termin mit Bossert waren es noch vier Stunden. Martin konnte sich nicht vorstellen, so lange ruhig dazusitzen und zu warten. Er griff zum Telefonhörer, überlegte es sich dann aber anders. Er nahm sein Jackett vom Stuhl. Bosserts Büro war auf dem gleichen Flur. Eine halbe Minute später stand er vor Bosserts Sekretärin. Diese versuchte gar nicht, ihn abzuwiegeln. Sie drückte den Interkom-Knopf. »Herr Guter steht hier bei mir. Er fragt, ob er einen früheren Termin haben könnte. Kann ich ihn einplanen, wenn Herr Beutel gegangen ist?« Der Lautsprecher erwachte knackend zum Leben.

»Nein. Schicken Sie ihn gleich herein.«

Martin hatte beim Eintritt in Bosserts Büro den Eindruck, dass die beiden Manager gerade über ihn geredet hatten. Ihre Begrüßung war distanziert. Schweigend nahm er den ihm zugewiesenen Platz in der Sitzecke ein. Bevor einer der beiden Manager etwas sagen konnte, ging er in die Offensive: »Es geht um einen Verbesserungsvorschlag, den ich angeblich geschrieben haben soll.«

Dr. Bossert zog die Augenbrauen hoch und warf Beutel einen überraschten Blick zu.

»Angeblich?«

»Zumindest hat Frau Kunert etwas Derartiges erwähnt. Ich habe auf jeden Fall noch niemals einen Verbesserungsvorschlag gemacht.«

»Und was ist dann das?«, fragte Beutel. Er reichte Martin einen Computerausdruck, der auf dem Besprechungstisch lag.

Martin überflog den Inhalt. Je weiter er las, desto mehr zog sich sein Magen zusammen. Der Text schlug vor, das »High Potential«-Traineeprogramm entfallen zu lassen. Als Begründung wurde angegeben, dass die Linienmanager weder die Kompetenz noch die Zeit hätten, die Betreuungsaufgaben auch nur halbwegs ordentlich wahrzunehmen. Das sei guten Leuten nicht zuzumuten. Ein direkter Einstieg in eine Abteilung sei viel sinnvoller und preiswerter. Am Ende des Dokuments war sogar eine Rechnung aufgemacht, was AGATI sparen könnte und welche Prämie dem Einreicher deshalb aufgrund der Firmenrichtlinie zustünden. Die Prämiensumme lautete auf 14.500 Euro. Als Einreicher war Martins Name genannt.

Martin gab Beutel das Schreiben zurück. »Das sehe ich zum ersten Mal.«

Beutel und Bossert warfen sich wieder Blicke zu: »Wie kommt dann Ihr Name auf den Antrag?«

Martin zuckte die Schultern. »Keine Ahnung. Da hat sich jemand einen üblen Scherz mit mir erlaubt. Den kann jeder eingetragen haben.«

Bossert schüttelte den Kopf: »Nein. Das geht eben nicht. Der Name wird vom Intranet automatisch eingetragen. Dieser Verbesserungsvorschlag kam unzweifelhaft von Ihrem Rechner und mit Ihrem Login. Wahrscheinlich haben Sie das nicht gewusst, als Sie den Text schrieben. Herr Großknecht ist auf jeden Fall sehr ungehalten. Von meiner Enttäuschung will ich jetzt einmal gar nicht reden.«

Martin saß wie gelähmt auf seinem Stuhl. Die Sache war bis zu Großknecht gedrungen! Martin suchte nach irgendetwas Sinnvollem, das er jetzt sagen könnte. Bossert nahm ihm die Entscheidung ab: »Bitte, gehen Sie jetzt an Ihren Arbeitsplatz. Wir werden hier über die Konsequenzen für Sie entscheiden.«

»Konsequenzen? Aber ich habe das nicht geschrieben!«

»Bitte, Herr Guter ...« Bossert schien nicht mit sich diskutieren lassen zu wollen.

Martin stand auf. Als er die Türe aufmachte, sah er, dass Frau Kunert gerade nicht an ihrem Platz saß. Ihr PC-Bildschirm zeigte eine Anwendung. Martin stieß die Türe ganz auf, so dass die beiden Manager den verwaisten Schreibtisch sehen konnten. Er deutete im Gehen wütend auf den PC. »Wenn ich mich jetzt hinsetze und als Verbesserung vorschlage, dass der Personalleiter ausgetauscht werden sollte, dann ist klar, dass das Frau Kunert geschrieben hat?«

Martin war bereits aus der Tür, als sein Kopf wieder anfing, normal zu arbeiten. Er machte kehrt und ging in Dr. Bosserts Raum zurück. »Mir ist gerade klar geworden, wie das passiert ist. Wer weiß denn von dem Schreiben?«

Mit offenen Augen lag Martin neben Martina im Bett. Sie schlief fest. Es war bereits kurz nach drei Uhr morgens und Oliver hatte sich noch immer nicht gemeldet. Entweder es war wirklich eine lange Nacht für ihn, oder es war alles schief gegangen und er traute sich nicht, seinen Fehlschlag zuzugeben. Nein, anrufen würde er doch wenigstens. Er musste doch wissen, dass Martin sehnsüchtig auf diesen Anruf wartete. Martin hatte Oliver genau eingetrichtert, was er zu sagen hatte. Und ihm eingebläut, sofort anzurufen, wenn er Louisa Rieger verließ. Die Minuten verrannen im Schneckentempo. Endlich erlöste das Läuten des Telefons Martin. Er sprang aus dem Bett und riss den Hörer aus der Gabel. »Oliver?«, fragte er hoffnungsvoll.

»Ja, ich bin es. Agent 007 meldet sich zur Stelle: Einsatz erfolgreich!«

»Super!«, rief Martin so laut, dass Martina davon aufwachte. Ihm fielen mehrere Felsblöcke von der Größe des Ayers Rock vom Herzen. »Sie hat es also gewusst?«

»Ja. Tut mir wirklich leid, dass es so lange gedauert hat. Aber ich bin ewig nicht zu Wort gekommen.«

»Wie das? Redet sie so viel?«

»Es gibt auch andere Wege, jemandem das Reden unmöglich zu machen.«

»Hmm ... das klingt ja interessant. Wie war es denn überhaupt mit dem Hot Shot?«

»Schmerzhaft, aber nicht ohne Reiz.«

»Du sprichst in Rätseln«, sagte Martin.

»Das ist noch nichts für dich. Ich erkläre dir das alles, wenn du groß bist«, witzelte Oliver.

»Wie auch immer: Mein Dank wird dich bis ans Ende deiner Tage verfolgen!«

»Keine Ursache. Aber jetzt muss ich erst mal eine Runde schlafen. Das war wirklich anstrengend.«

»Wir sehen uns morgen um zehn Uhr? Bei mir im Büro?«

»Okay. Gute Nacht, Chef!«

Martina kam mit müden Augen aus Martins Schlafzimmer getrottet. »Und? Hat es geklappt?«

»Ja.« Martin strahlte über das ganze Gesicht.

»Dann lass uns jetzt wieder schlafen.« Martina nahm seine Hand und zog ihn zurück ins Schlafzimmer.

Michael Bossert fühlte sich ein wenig in einen zweitklassigen Agentenfilm versetzt. Ihm gegenüber saßen Martin Guter und Oliver Knoff. Letzterer trug zur Feier des Tages einen Anzug, den er nach Bosserts Einschätzung wohl zur Konfirmation geschenkt bekommen hatte.

Zunächst hatte Martin fast eine Stunde lang über die ständigen Mobbingversuche berichtet, die ihm über Monate weg das Leben schwer gemacht hatten. Er hatte Bossert erklärt, wie er mit Hilfe von Lea Richter einen ersten Hinweis darauf bekommen hatte, aus welcher Ecke die Angriffe kamen. Ausgerechnet aus jener Abteilung, in der er nach dem Traineeprogramm anfangen sollte. Bosserts Miene verdunkelte sich zunehmend, während er Martins Ausführungen lauschte.

Dann kam Olivers Auftritt. Mit aufgeregter Stimme berichtete er davon, wie er nach einer langen Nacht, deren Details er auffallend konsequent im Dunkeln ließ, Louisa Rieger auf den berüchtigten Verbesserungsvorschlag angesprochen hatte.

»Ich habe das wirklich ganz beiläufig eingeflochten. Ich dachte mir schon, dass ich bei ihr an der richtigen Adresse bin, weil sie auffällig an Martin interessiert war. Ich habe dann ein wenig über Martin geflachst, weil er so ein Doofmann ist.« Oliver sah Martin schelmisch von der Seite an. »Sie sagte, sie würde Martin kennen, weil er einmal bei einem Vertriebsmeeting ihrer Abteilung dabei war. Ich habe erzählt, dass er mit seinem dämlichen Verbesserungsvorschlag nun wirklich den Vogel abgeschossen hat. Und BANG! ...« – Bossert zuckte zusammen, als Oliver zur Untermalung mit der Faust auf den Tisch haute – »... ist sie darauf reingefallen. Sie sagte, sie fände das auch ganz schön dumm, weil er mit dem Traineeprogramm ausgerechnet an dem Ast gesägt hat, auf dem er selbst sitzt.«

»Sie wusste also vom Inhalt des Vorschlages«, registrierte Bossert.

»Ja, ganz offensichtlich.«

»Ich bin etwas verwundert, dass sie auf so etwas hereinfällt«, meinte Bossert.

Oliver sah auf den Tisch. »Wie soll ich sagen ... sie war schon ein wenig gelöst zu diesem Zeitpunkt ...«

»Das reicht schon«, unterbrach ihn Bossert, der keinen Wert darauf legte, noch mehr Einzelheiten zu erfahren.

Bossert wandte sich an Martin. »Wir sind uns sicher, dass das Schreiben außer mir nur Herr Großknecht, Herr Beutel, Frau Kunert, Frau Schmidt und Sie gesehen haben. Wir können also davon ausgehen, dass Frau Rieger etwas damit zu tun hat.« Er stand auf und ging ins Vorzimmer. »Frau Kunert, rufen Sie bitte Frau Louisa Rieger aus Herrn Küderleins Abteilung zu mir ins Büro.«

Fünf Minuten lang saßen Bossert, Oliver und Martin schweigend im Raum, bis sich die Türe öffnete. Louisa Rieger stand im Türrahmen und fixierte mit ihren Blicken zuerst Oliver, dann Martin. Oliver starrte auf die Tischplatte vor ihm. Martin sah Louisa interessiert in die Augen.

Bossert stand auf und deutete auf einen freien Sessel am Besprechungstisch. »Bitte, setzen Sie sich, Frau Rieger.«

Zögernd folgte sie Bosserts Aufforderung. Immer wieder versuchte sie,
Olivers Blick zu finden. Doch der schaute angestrengt nach unten.

Bossert hielt Louisa Rieger einen Ausdruck mit dem Verbesserungsvorschlag vor die Nase. »Sie kennen dieses Schreiben, nicht wahr?«

»Ich habe das nicht geschrieben«, antwortete Louisa leise.

»Aber Sie kennen es, so viel wissen wir.«

Louisas Blicke blitzten in Richtung Oliver, der ihr ausnahmsweise einmal
in die Augen sah. Oliver nickte vorsichtig. So klar er auch auf Martins Seite
stand: Unter dem Eindruck der letzten Nacht hoffte er doch, dass Louisa Rieger einigermaßen unbeschadet aus der Sache herauskam. Männer sind eben
schwach.

»Ja, ich kenne den Inhalt. Aber ich habe das nicht geschrieben.«

»Wer hat es dann geschrieben?«, hakte Bossert nach.

Louisa schwieg.

Bossert lehnte sich nach vorne. »Frau Rieger, was da passiert ist, ist wirklich schlimm. Das ist nicht nur unschön, das ist kriminell. Herr Guter wird
sich sicher überlegen, Sie für das anzuzeigen, das ihm da angetan wurde.
Also hätten Sie gute Gründe, uns zu sagen, wer das verfasst hat, wenn Sie es
denn nicht selbst gewesen sind.«

Louisa Rieger zögerte. Martin konnte regelrecht sehen, wie es in ihrem Gehirn arbeitete. »Wenn ich Ihnen den Namen nenne, dann wird es keine Anzeige geben?«, fragte sie dann etwas kleinlaut.

»Das liegt in Herrn Guters Hand«, antwortete Bossert.

»Keine Anzeige gegen Sie, wenn Sie mir sagen, wer es war«, sagte Martin.

»Manfred Michalski«, presste Louisa heraus.

Bossert stand auf und streckte Louisa Rieger die Hand hin, die sie ratlos
nahm. »Danke, Frau Rieger. Sie können jetzt gehen. Machen Sie bitte mit
meiner Sekretärin einen Termin für morgen aus. Ich will Sie dann noch einmal hier sehen.«

Louisa verließ den Raum, ließ sich von Frau Kunert einen Termin für den
nächsten Tag geben und eilte in ihr Büro. Sie brauchte dringend eine Zigarette.

Kurz danach bat Bossert Frau Kunert, Herrn Michalski samt Küderlein,
seinem Chef, in sein Büro zu beordern. Dann setzte er sich wieder und sah
Oliver wohlwollend an.

»Was Sie da für Herrn Guter getan haben, ist mutig und durchaus ungewöhnlich. Schön zu wissen, dass es solchen Zusammenhalt in unserer Firma gibt. Und schön zu wissen, dass wir solche Mitarbeiter haben.«

»Gehabt haben«, korrigierte ihn Oliver vorsichtig. »Ich habe gestern mein Kündigungsschreiben eingereicht.«

»Wieso das?«, fragte Bossert erschreckt.

»Weil in dieser Firma gute Mitarbeiter leider nicht so richtig geschätzt werden.«

Bossert kniff die Augen zusammen. »Können wir darüber nachher noch einmal sprechen?«, fragte er.

»Das hat wenig Sinn. Ich habe schon bei einer anderen Firma unterschrieben.«

»Schon wieder einer«, seufzte Bossert und Martin sah, dass nicht nur ihm der Exodus guter Leute auffiel. »Wie auch immer«, fuhr Bossert fort, »vielen Dank. Beim folgenden Gespräch brauchen Sie nicht mehr anwesend zu sein.« Er stand auf und verabschiedete Oliver.

»Warum haben Sie Frau Rieger gehen lassen, bevor Sie Herrn Michalski gerufen haben?« fragte Martin. »So könnte sie Michalski doch noch warnen?«

»Das kann ich mir beim besten Willen nicht vorstellen«, sagte Bossert. »Sie hat ihn schließlich verraten. Da wird sie einen Teufel tun und ihn auch noch warnen. Je tiefer Michalski nun in die Bredouille kommt, desto besser für sie. Sie will jetzt ihren Kopf aus der Schlinge ziehen.«

»Und was wird mit ihr passieren?«, fragte Martin.

»Ich werde sie bitten, ihre Kündigung einzureichen. Ich glaube, eine möglichst schmerzlose Trennung ist für alle hier das Beste. Immerhin hat sie kooperiert, wenn auch unter Druck.«

Martin konnte das Gefühl nicht loswerden, dass Louisa Riegers Aussehen seine Wirkung sowohl auf Oliver als auch auf Bossert nicht verfehlt hatte, aber seine Wut konzentrierte sich ohnehin auf den Urheber der Gemeinheiten, also Michalski.

Zwei Stockwerke tiefer klingelte das Telefon bei Manfred Michalski. Frau Kunert, die am anderen Ende der Leitung war, ließ keinen Zweifel daran, dass Michalski umgehend bei Bossert zu erscheinen hätte. Beunruhigt versprach Michalski, sofort zu kommen und legte auf. Er zog sein Jackett an und verließ sein Büro. Im Eingangsbereich der Abteilung sah er Louisa Rieger blass an ihrem Schreibtisch sitzen und ihre zweite Zigarette rauchen.

»Ich muss auf einmal ganz dringend zu Bossert in die Personalabteilung«, sagte er ihr im Vorübergehen. »Was die wohl von mir wollen …«

Louisa, an der auch gerade Küderlein vorbeigeeilt war, sah ihn kurz mit leeren Augen an und zuckte mit den Schultern. »Keine Ahnung.«

Als Michalski im Gang verschwunden war, packte sie ihre Sachen und verließ das Büro.

»Herr Michalski, setzen Sie sich bitte!« Bossert deutete auf den leeren Platz neben Küderlein, der bereits dort saß.

Michalski sah Martin und legte seine Stirn in Falten. Langsam setzte er sich, während er die Zusammensetzung dieser Gesprächsrunde zu verstehen begann. Plötzlich war ihm klar, warum Louisa gerade so blass gewesen war.

»Was gibt es?«, fragte Michalski mit einem Kloß im Hals. Küderlein, dem Michalskis unruhiges Verhalten auffiel, wurde ebenfalls nervös.

»Wir wissen, was Sie seit Monaten Herrn Guter antun, Herr Michalski«, erklärte Bossert ohne Umschweife.

Schweigen im Raum. Nur Michalskis lautes Schlucken unterbrach die Stille. Küderlein sah ihn entgeistert an. »Was ist hier los?«

»Wollen Sie, Herr Guter?«, fragte Bossert.

»Ja«, antwortete Martin leise. Er erzählte von all den wundersamen, erschreckenden Dingen, die ihm widerfahren waren. Während Martin sprach, versank Michalski immer tiefer in seinem Sessel. Küderleins Haltung dagegen wurde immer angespannter, bis er mit großen Augen aufrecht wie eine Schaufensterpuppe, die Finger in die Lehnen gekrallt, in seinem Stuhl saß.

Martin vermied es, Schuldzuweisungen zu machen. Er berichtete nur. Aber alle verstanden. Als Martin fertig war, schnaubte Küderlein deutlich hörbar. »Und das waren alles Sie?«, fragte er Michalski. Doch der sagte nichts.

Bossert antwortete für ihn. »Ja, Herr Küderlein. Wir sind uns ziemlich sicher, dass all diese perfiden Dinge von Herrn Michalski eingefädelt wurden.«

Küderlein lehnte sich zurück und atmete tief durch. »So etwas habe ich ja noch nie gehört. Wieso haben Sie denn das getan?«

»Das wissen Sie doch ganz genau«, schnaubte Michalski mit hasserfüllter Stimme. »Sie erzählen doch immer wieder diese Geschichte vom cleveren

Trainee, der dem dummen Michalski ein Geschäft retten muss, weil der zu doof ist, sein Telefon umzustellen!«

»Deshalb?« Küderlein schaute verständnislos. »Das soll der Grund für all diese Fiesheiten sein?«

»Sie haben es sich ganz entsetzlich vorgestellt, dass Herr Guter nun auch noch im Büro nebenan sitzen wird, stimmt's?«, fragte Bossert.

»Ja«, nickte Michalski.

Küderlein schüttelte immer wieder den Kopf. »Ich fasse es nicht. Dafür werden Sie sich bei Herrn Guter entschuldigen, Herr Michalski!«

»Mit einer Entschuldigung ist es nicht getan, Herr Küderlein«, sagte Bossert. »Wir werden uns mit sofortiger Wirkung von Herrn Michalski trennen. Und wenn er Pech hat, wird Herr Guter ihn auch noch verklagen. Mit guten Chancen auf Erfolg.«

»Das wäre jetzt aber sehr ungünstig«, wandte Küderlein ein. »Wir stehen kurz vor Quartalsende. Und wenn Herr Michalski jetzt verschwindet, dann sind Geschäftsabschlüsse gefährdet, die wir dringend brauchen.«

Küderlein wandte sich Martin zu, der ihn entsetzt ansah. »Ich kann gut verstehen, dass Sie lieber heute als morgen Herrn Michalski aus dem Unternehmen verschwinden sehen würden. Aber Sie werden ja bald selbst feststellen, wie viel Arbeit in einem Vertriebsprojekt steckt, und wie schädlich es wäre, kurz vor Abschluss die Pferde zu wechseln.«

»Nein«, sagte Bossert trocken. »Herr Küderlein, das können wir auf keinen Fall machen. Herr Michalski muss gehen, und zwar sofort.«

»Und Sie sind bereit, die Verantwortung für die Umsatzverluste zu tragen?«, fragte Küderlein scharf.

»Wir können ja Großknecht fragen, was er vorzieht«, schlug Bossert vor. »Eine Firma mit einer kaputten Moral oder ein bisschen weniger Umsatz in einem der Geschäftsbereiche. Wobei letzteres nicht einmal sein muss. Das ist ja noch rein hypothetisch.«

»Wieso eine kaputte Moral?«, fragte Küderlein.

»Wir machen bei der AGATI zu viele Fehler im Umgang mit unseren Mitarbeitern. Was glauben Sie, warum wir jetzt dieses große interne Personalentwicklungsprojekt aufgesetzt haben? Weil wir zurzeit einen unheimlichen Aderlass an guten Leuten haben. Und Sie verlangen von mir, dass wir all den gemachten Fehlern auch noch die Todsünde schlechthin hinzufügen.«

»Welche Todsünde?«, fragte Küderlein.

»Mobbing zuzulassen«, erklärte Bossert.

Fehler 20:
Lasse Mobbing zu

Vor nicht allzu langer Zeit war das Wort »Mobbing« und das zugrundeliegen-de Phänomen in Europa noch weitgehend unbekannt. Wie relativ neu bei uns das Thema ist, zeigt schon alleine die Tatsache, dass für den Sachverhalt ein Anglizismus übernommen wurde. In den USA war in den Unternehmen wohl schon früher als bei uns die rücksichtslose Verfolgung persönlicher Ziele auf Kosten anderer gang und gäbe. Vielleicht war man dort auch nur aufgrund des Rechtssystems und der Möglichkeit, große Summen bei nachgewiesener schlechter Behandlung zu erklagen, sensibler für das Thema. Wie auch immer: Inzwischen brauchen wir uns wahrlich nicht mehr hinter den USA zu verste-cken. Die absolute Ich-Orientierung, die die eigenen Interessen in den Mittel-punkt stellt, ist auch bei uns als Massenphänomen eingekehrt. Solidarität ist antiquiert. Egoismus ist in. Nur die eigene Person zählt. Alles, was den eige-nen Interessen entgegensteht, wird als Angriff gesehen, der mit aller Macht zu-rückgeschlagen werden muss. Das gilt auch für Kollegen. Beispielsweise für die, die den eigenen Karriereplänen im Wege stehen oder die, die einen einfach durch ihre pure Anwesenheit ärgern. Alleine die Tatsache, dass sich ein Kollege mehr bemüht oder anderer Meinung ist oder einfach besser ist, ist für viele unerträglich. Sie wollen sich dieses Übels entledigen. Das tun sie mit allen Mit-teln. Und weil Schläge unterhalb der Gürtellinie am wirkungsvollsten sind, be-nutzen sie diese auch am liebsten. Fair braucht man in einer Zeit, in der nur die eigenen Interessen zählen, ja nicht mehr zu sein. Der andere ist kein Mensch, sondern einfach ein Hindernis.

Häufig ist Mobbing mit Feigheit verbunden: Der Betroffene weiß gar nicht, wer hinter den Angriffen wirklich steckt. Die Agitation wird im Hintergrund be-trieben. Für den Betroffenen ist die treibende Kraft oft nur sehr schwer von den Mitläufern zu unterscheiden. Die Angreifer erscheinen als eine feste Front, in der jeder gleich stark in der Verantwortung steht. Dabei ist das fast nie der Fall. Meist steckt nämlich genau eine Person hinter solchen Angriffen. Aber selbst wenn dieser Akteur sich offen zu erkennen gibt – und damit bei den Mitläufern ob seines »Mutes« Bewunderung einheimst –, ist er im Grunde genommen feige, da er einer offenen, fairen Diskussion mit dem Ziel einer einvernehm-lichen Einigung aus dem Wege geht.

Für Betroffene ist Mobbing durch die Kollegen (das Mobbing durch Chefs fällt in eine andere Kategorie und soll hier nicht behandelt werden) in höchstem Maße verletzend. Sich von einer Gruppe, der man sich im Grunde genommen angehörig fühlt, systematisch abgestoßen und unfair behandelt zu sehen, nagt an den Grundfesten des Selbstverständnisses und des Selbstvertrauens. Ganz schlimm wird es, wenn die Vorgesetzten ihre Augen vor Mobbing verschließen. Und das ist leider viel häufiger der Fall, als man denkt. Die Chefs schauen absichtlich weg – teilweise mit der Ausrede, dass eine Gruppe solche Angelegenheiten selbst regeln müsse. Diese »Nichteinmischungstaktik« ist bei Kindern durchaus sinnvoll. Schließlich vertragen sich diese nach einem Streit meist innerhalb kurzer Zeit wieder. Aber sie verfolge ja auch keine langfristigen Ziele. Beim Mobbing unter Erwachsenen liegt der Fall vollkommen anders. Mobbing ist nicht etwas Kurzfristiges, sondern etwas höchst Systematisches. Der Hauptgrund für das Wegsehen liegt in Wirklichkeit meist darin, dass sich Manager Ärger vom Leibe halten wollen. Sie wollen nicht Partei ergreifen, weil sie fürchten, damit wichtigen informellen Führern auf die Zehen zu treten oder einen Teil der Mannschaft gegen sich aufzubringen. Manchmal sind sie sogar insgeheim froh, dass die Gruppe sich gegen einen Kollegen wendet anstatt gegen sie. Und es gibt auch jene Fälle, in denen sie das Mobbing ausdrücklich begrüßen, weil sie selbst ebenfalls nicht mit dem Mitarbeiter umgehen können.

Für den Mitarbeiter ist das Wegsehen ihres Chefs bitter. Sie fühlen sich vom Unternehmen verraten und herabgesetzt.

Im gleichen Maße, wie das Selbstvertrauen und die Ruhe der Gemobbten verschwindet, geht ihre Leistung zurück. Sie machen plötzlich Fehler. Wenn sie ausgegrenzt werden, weil sie bessere Leistung oder mehr Einsatzwillen bringen oder weil sie Dinge hinterfragen, schrauben sie ihre Leistung als Reaktion auf das Mobbing oft absichtlich zurück. So wollen sie wieder von der Gruppe akzeptiert werden. Wenn das geschieht, kehrt auch tatsächlich manchmal wieder Ruhe ein. Für das Unternehmen kann diese Leistungsminderung natürlich überhaupt nicht erstrebenswert sein. Das hindert aber viele Chefs nicht daran, ihre Augen weiterhin zu verschließen und sich zufrieden zurückzulehnen, wenn die Sticheleien aufgehört haben. »Da sieht man wieder mal, dass sich so etwas ganz von alleine regelt!«, sagen sie und denken nicht daran, was sie mit ihrem Nichteingreifen angerichtet haben. Sie haben Menschen demotiviert – vielleicht sogar in die Kündigung getrieben – und den Mobbern das Gefühl gegeben, mit ihren Praktiken durchzukommen. Diese werden sicherlich schnell ein neues Opfer finden.

Es berührt nicht nur die direkt Betroffenen, wenn Mobbing nicht unterbunden wird. Auch an den stillen Beobachtern geht es nicht spurlos vorbei, wenn der

Chef bei persönlichen Übergriffen nicht reagiert. Sie erkennen, dass es Kräfte in der Gruppe gibt, die offensichtlich stärker sind als der Chef. Sie denken – vollkommen zu Recht –, dass ihnen jederzeit das Gleiche passieren kann. Also passen sie entweder ihre Leistung ebenfalls an den vom informellen Leiter der Gruppe gesetzten Standard an oder sie sehen sich nach alternativen Angeboten um.

Gute Leute verkommen zu Mittelmaß oder verlassen das Unternehmen. Die Stimmung in den Abteilungen schlägt um und der Einfluss der Unternehmensführung lässt nach. Doch die Verantwortlichen sehen es oft nicht – einfach deshalb, weil sie es nicht sehen wollen.

Was betroffene Mitarbeiter tun können

Wenn auch Sie von Ihren Kollegen und Kolleginnen geschnitten, ausgegrenzt oder gar offen angegriffen werden, dann wissen Sie, wie ungern man morgens selbst zur interessantesten Arbeit gehen kann.

Konkrete Tipps gegen das Mobbing zu geben, ist deshalb so schwierig, weil die Situationen so unterschiedlich sein können. Deshalb gibt es auch so viele Bücher, die sich nur mit diesem Thema befassen. Der Kauf eines solchen Buches ist deshalb ein sinnvoller erster Schritt, mit der Situation umzugehen, allein schon weil es Ihnen das Gefühl gibt, mit Ihrer Situation nicht allein zu sein. Gehen Sie also in eine gut sortierte Buchhandlung und suchen Sie sich ein passendes Fachbuch aus. Sie können es von der Steuer absetzen (wie übrigens dieses Buch auch).

Beginnen Sie umgehend damit, Protokoll zu führen. Schreiben Sie alle Vorkommnisse genau mit Datum und Uhrzeit auf. Halten Sie auch die bereits vergangenen Vorkommnisse fest, indem Sie aus der Erinnerung notieren, wer wann etwas sagte oder tat und wie sich die anderen Anwesenden verhielten. So dokumentieren Sie den Fall und erkennen anhand der Aufzeichnungen vielleicht selbst Zusammenhänge, die Ihnen sonst entgehen würden.

Es ist sinnvoll, sich gegen direkt vorgetragene Angriffe sofort verbal zu wehren. Zu brüllen oder weinend aus dem Raum zu laufen, hinterlässt durchaus Eindruck, aber sicher nicht den richtigen. Es ist viel wirkungsvoller, wenn Sie den Betreffenden direkt ansehen und ihm sagen, dass *er* Sie durch das, was *er* gerade sagte oder tat, sehr verletzte. Seien Sie ruhig sehr persönlich, reden Sie also nicht darüber, dass »man« das nicht tue, sondern sprechen Sie ihn mit seinem Namen an. Zeigen Sie dabei offen Ihre Gefühle und Ihre Verletztheit. Der Angreifer muss schon sehr abgebrüht sein, wenn er sich dadurch nicht zumindest ein bisschen anrühren lässt. Fragen Sie ihn, weshalb er es so sagen oder tun musste, wie er es tat. Fragen Sie, was sie gemeinsam besser machen könnten, damit so etwas nicht wieder vorkommt. Indem Sie ihn fragen, muss er seinen festgefügten Schutzwall automatisch etwas aufmachen. Das gibt Ihnen Ansatzpunkte. So könnten Sie beim nächsten Mal sagen: »Hatten Sie nicht gesagt, dass ...?«

Sofern sich der Betreffende angeblich keiner Schuld bewusst ist, können Sie dies nutzen, um anwesende Beobachter zu fragen, ob Sie denn mit Ihrer Einschätzung falsch liegen. Damit zwingen Sie Kollegen dazu, Stellung zu beziehen. Wenn diese sich der Meinung Ihres Gegners anschließen, kann das bedeuten, dass Sie selbst mit Ihrer Einschätzung falsch liegen. Diese Möglichkeit sollten Sie niemals ausschließen und offen überdenken. Der Kollege könnte aber ebenfalls dem anderen Lager angehören und durch Ihr Drängen nun gezwungen worden sein, dies zu zeigen. Das ist eine sehr unangenehme Vorstellung, es hilft aber, die Situation besser zu verstehen.

Haben Sie den Eindruck, dass Sie das Problem alleine nicht in den Griff bekommen, sollten Sie offiziell Hilfe anfordern. Suchen Sie Unterstützung bei wohl meinenden Kollegen (passen Sie allerdings auf, dass diese keine versteckten Zuträger für die andere Seite sind) und beim Betriebsrat. Suchen Sie aber vor allem Unterstützung bei Ihrem Chef. Es ist seine Pflicht, Ihnen ein intaktes Arbeitsumfeld bereitzustellen. Machen Sie klar, dass Sie ihn nicht aus dieser Pflicht entlassen werden. Tun Sie sich allerdings den Gefallen und fordern Sie nicht eine bestimmte Lösung. Das würde seinen Lösungsspielraum zu sehr einschränken. Selbstverständlich dokumentieren Sie auch diese Gespräche genau.

Und was, wenn das Mobbing weitergeht? Dann sollten Sie sich nach einem neuen Arbeitgeber umschauen. Niemand muss sich Mobbing antun, wenn er Alternativen hat. Allerdings sollten Sie dafür sorgen, dass Ihr bisheriger Arbeitgeber durchaus etwas zusätzlichen Schmerz über Ihr Ausscheiden verspürt. Beispielsweise könnten Sie eine Klage androhen. Genügend gut dokumentiert haben Sie den Fall ja inzwischen. Den Prozess zu führen, ist meist unersprießlich und bringt auch nicht viel. Die Ankündigung, dass man diesen Weg gehen werde, endet aber häufig in der Zahlung einer Abfindung.

Sofern Sie nicht selbst von Mobbing betroffen sind, aber mitbekommen, wie andere gemobbt werden, müssen Sie sich die Frage beantworten, ob Sie in einem Team arbeiten möchten, in welchem wesentliche Entscheidungen durch nicht zu kontrollierende Strukturen getroffen werden. Ist das nicht der Fall, müssen Sie den Kampf gegen die treibenden Kräfte hinter dem Mobbing aufnehmen – oder sich einen anderen Arbeitgeber suchen.

Fazit: Es ist die verdammte Pflicht von Vorgesetzten, ihre Mitarbeiter vor Mobbing zu schützen. Leider tun sie das viel zu selten. Deshalb muss man sie dazu zwingen. Wenn alles nichts hilft, ist man oft besser daran, das Feld zu räumen, als zwar Recht, aber auch die Hölle auf Erden zu haben.

Küderlein machte eine lange Denkpause. Dann sah er Bossert an. »Einverstanden. Aber tun Sie mir den Gefallen und informieren Sie Großknecht über den Vorfall. Ich habe keine Lust, wegen dieser Sache auch noch für schlechte Zahlen verantwortlich gemacht zu werden.«

»Das werde ich tun«, nickte Bossert. Dann ging er zu seinem Schreibtisch und telefonierte. »Bitte einen Mann vom Sicherheitsdienst in die Personalabteilung.«

Der stämmige Security-Mann betrat einige Minuten später den Raum. »Bitte begleiten Sie diesen Herrn in sein Büro«, erklärte Bossert und deutete auf Michalski. »Er kann seine Aktentasche und persönlichen Gegenstände mitnehmen. Auf keinen Fall Papiere, die auf seinem Schreibtisch liegen oder gar Datenträger. Überprüfen Sie auch den Inhalt der Aktentasche.« Er wandte sich an Küderlein. »Wollen Sie mitgehen und darauf achten, dass Herr Michalski keine Unterlagen mitnimmt?«

»Ja, das mache ich.« Küderlein stand auf. »Es tut mir Leid für das, was Ihnen angetan wurde«, sagte er zu Martin. »Ich hoffe, dass Sie nächsten Monat trotzdem bei uns anfangen.«

Martin zögerte ein wenig. Aber der Anblick des Sicherheitsmannes, der sich sofort wie eine Klette an Michalski geheftet hatte, gab ihm dann doch das Gefühl, dass bei der AGATI noch ein Rest von Gerechtigkeit herrschte. »Ja, ich freue mich darauf«, nickte er.

In dem kleinen Pausenraum hinter dem Empfang herrschte Sektlaune und drangvolle Enge. Martin hatte eine Runde auf den Sieg ausgegeben. Die roten Flecken an Lea Richters Hals deuteten bereits auf das dritte oder vierte Glas hin. Oliver erklärte Martina, wo man die besten Lederhosen einkauft, und der rundliche Günter Wagenheimer machte Lea Komplimente. Martin stand etwas abseits an die Spüle gelehnt und fühlte sich einfach nur erleichtert.

»Warum machen wir nicht etwas zusammen?«, fragte Wagenheimer Lea, nachdem er eine gelungene Salve Schmeicheleien ins Ziel gesteuert hatte.

»Und an was denkst du dabei?«, fragte Lea, schon mit leichten Artikulationsschwierigkeiten.

»Dieser Job hier ist doch auf Dauer zu langweilig für dich«, erklärte Wagenheimer. »Und nachdem du gesehen hast, wie man hier mit guten Leuten umgeht, müsstest du dich doch eigentlich wieder nach deinem alten Tätigkeitsfeld sehnen.«

»Nach der Gastronomie? Schön war's schon. Aber auf Dauer zu aufreibend.«

»Und zu zweit? Ich habe hier mittlerweile genug verdient. Wir könnten was Nettes zusammen aufmachen.«

Lea versuchte klar zu denken, gab es aber sofort wieder auf, weil es ihr Schwindel bereitete. »Du willst meinen Schwips ausnutzen, um mich zu etwas zu überreden«, grinste sie.

»Genau.« Wagenheimer legte ein Stück Papier auf die Küchentheke. »Gegenüber gibt es eine kleine Kneipe. Der Laden nebenan steht leer. Ich habe mit der Pächterin und dem Eigentümer des Hauses gesprochen. Das hier ist ein Pachtvertrag für beides. Eine Wand muss raus, dann ist das ein wirklich schönes Objekt.«

Lea schluckte. »Du willst, dass ich hier und jetzt ...?«

»Ich habe schon unterschrieben«, nickte Wagenheimer. »Hier fehlt noch deine Unterschrift.« Er zückte gekonnt den Füller.

»Ihr habt was miteinander, gell?«, fragte Oliver Martina.

»Du kannst wirklich ziemlich direkt sein«, antwortete sie. »Aber wenn du Martin und mich meinst ...« – sie schaute zu Martin hinüber. »Du, Martin, haben wir was zusammen?«

»Ja, haben wir«, grinste Martin. »Nicht neidisch sein, Olli.«

Oliver sah sich im Raum um. »Sieht so aus, als wären alle Frauen hier vergeben. Damit wäre auch der letzte Grund weg, bei der AGATI zu arbeiten. Gut, dass ich schon einen neuen Job habe. Ihr wollt hier bleiben?«

Die beiden nickten. »Mal sehen, wie lange es dauert, bis sie auch uns mürbe gemacht haben«, antwortete Martina.

»Vielleicht haben sie aus den Kündigungen der letzten Monate ja auch etwas gelernt«, ergänzte Martin.

»Optimist«, bemerkte Oliver trocken.

Martina gesellte sich zu Martin. »Weißt du, wo ich jetzt noch gerne hingehen würde?«, fragte sie.

»Ja, ich glaube schon«, sagte Martin.

»Dann lass uns gehen.«